AF654309

বিবাহৰ বাবে আমি ইজনে-সিজনেই নাজানা কিমানে যে প্ৰস্তুতি কৰা হয়, কিন্তু যৌন শিক্ষাৰ ফালে কোনেও এখোজো নিদিয়। প্ৰস্তুত কিতাপখনে এই অভাবটোৰ পূৰ্তিৰ ফলে এখোজ দিছে য'ত বৈজ্ঞানিক জানকাৰী শিষ্ট আৰু সহজ-সৰল ভাষাত দিয়া হৈছে।
সুখী দাম্পত্য জীৱনৰ বাবে ই এক অমূল্য উপহাৰ!

ডাঃ সতীশ গোয়েল

সেক্স আৰু পতি পত্নী

ডায়মণ্ড বুকস

প্ৰকাশক ঃ
ডায়মণ্ড পকেট বুক্স প্ৰাঃ লিঃ
X-30, ওখলা ইণ্ডাষ্ট্ৰিয়েল এৰিয়া (ফেজ-2)
নতুন দিল্লী-110 020
ফোন ঃ 011-40712200
লেজাৰ কম্পোজীং ঃ কাৰ্তিক দে, 9810633190
ই-মেইল : sales@dpb.in
ৱেবচাইট : www.dpb.in

SEX AUR PATI-PATNI : By : Satish Goel

অনুক্ৰমণিকা

মানৱ জীৱন আৰু চেক্স

যদি এই সংসাৰৰ ৰচনা আৰু ক্ৰমিক বিকাসত গভীৰতাৰে দৃষ্টি দিয়া যায় তেতিয়া আমাৰ ওচৰত দুটা বস্তুৱে স্পষ্ট হৈ যায়। এই সৃষ্টিৰ নিৰ্মাণ আৰু বিকাসত দুটা বিপৰীত বস্তুৰ হাত আছে। সেইটো মানৱ জাতিয়েই হওক পশু-পক্ষী বা গছ-গছনি আৰু বনস্পতিয়েই হওক। ইয়ালৈকে যে সেই শিল আৰু ভূমি ৰ নিৰ্মাণ আৰু বিকাসতো হৈ দুটা বস্তুৰ হাত থাকে যাক আমি নৰ আৰু পিসাচৰ চীধা-চীধা নামৰ পৰা সহজে বুজিব পৰা যায়।

সমুচী সৃষ্টিৰ নিৰ্মাণ আৰু বিকাসৰ আধাৰ ভূত কেৱল দুটা তত্ত থাকে যিটো পৰস্পৰে মিলি সৃষ্টিৰ নিৰ্মাণ কৰে আৰু আকৌ অন্য তেওঁৰ সহায়তাৰ পৰা নিজে সেই নিৰ্মাণৰ বিকাস কৰে। স্হৈটোৰ এটা তত্ত নিজৰ গৰ্ভত দ্বিতীয় তত্তৰ সেই শক্তিক গহণ কৰি সহ্য কৰি লয় যিটো এটা নিশ্চিত অৱধিৰ পাছত এটা নতুন অংকুৰৰ ৰূপত ফুটি লাহে-লাহে বিকসিত হব ধৰে।

মানৱজাতিতে নহয় পশু-পক্ষি, গছ-গছনি আৰু বিভিন্ন প্ৰকাৰৰ বনস্পতিতো দুটা তত্ত পোৱা যায়। আকাশক চুই যোৱা পৰ্বতৰ শিখৰ ও নিৰ্মাণৰ ইতিহাসো এই দুটা তত্তৰ পাৰস্পৰিক মিলনৰ পৰিণাম হয়।

মানৱ এই সৃষ্টিৰ সৰ্বাধিক মহত্বপূৰ্ণ প্ৰাণী হয় যিটো এই সৃষ্টিৰ নিৰ্মাণ আৰু বিকাসত নহয় এই সৃষ্টিক সুন্দৰ বনোৱাত মহত্বপূৰ্ণ সহযোগো দিছে। আজি আমি এই সৃষ্টিক যি সুন্দৰ আৰু বিকসিত ৰূপত দেখিছো, এই মানৱৰ সতত সংঘৰ্ষ আৰু অনৱৰতে পৰিশ্ৰমৰে পৰিণাম হয়।

আমি সম্পূৰ্ণ মানৱ জাতিক দুটা ভাগত ৱিভাজিত কৰিব পাৰে। স্ত্ৰী আৰু পুৰুষ সমুচী মানৱ জাতিৰ এই দুটা বৰ্গ হয়। যিটোত মানৱ জাতিৰ বিকাসৰেই নহয় এই সৃষ্টিৰ বিকাসৰো উত্তৰদয়িত্ব আছে। মানৱ জাতি

যি-যি বিকসিত আৰু সমুন্নত হৈ থাকে সৃষ্টিৰ সৌন্দৰ্য্য তথা জীৱন-যাপনৰ সুখ-সুবিধাও সেই দ্রুত গতিৰে বাঢ়ি যায়।

মানৱ জাতিৰ বিকাসৰ ইতিহাসৰ বস্তুতঃ সৃষ্টিৰ ক্রমিক বিকাসৰ ইতিহাস হয়। স্ত্রী আৰু পুৰুষৰ পাৰস্পৰিক সম্বন্ধ অনাদি কালৰ পৰা চলি আহিছে। সেই সম্বন্ধৰ কাৰণ আৰু আধাৰ অনাদি কালৰ পৰা চলিছে অৰ্থাৎ স্ত্রী আৰু পুৰুষৰ উদদম বাসনাৰ পুৰ্তি। আজি যি মানুহে এইটো কয় যে স্ত্রী আৰু পুৰুষক সমাগম বা সম্ভোগ কেৱল সন্তান প্রাপ্তিৰ বাবে কৰিব লাগে, সেইটো এইটোক কোৱা যে যায় এইটো পাহৰি যায় চাগে যে স্ত্রী আৰু পুৰুষৰ পাৰম্পৰিক মিলন এটা স্বাভাৱিক প্রক্রিয়া হয়।

অনাদি কালত স্ত্রী আৰু পুৰুষৰ সম্বন্ধ ঠীক সেই ধৰণে মানৱীয় জীৱনৰ স্বাভাৱিক প্রক্রিয়া মানা গৈছিল যি ধৰনে সিহঁতে নিজৰ ভুখ নাইকীয়া কৰিবৰ বাবে পশুৰ মাংস, ফল আদি খাইছিল। সেই কালত যিকোনো স্ত্রী নিজৰ মন পচন্দ যি কোনো পুৰুষৰ লগত যেতিয়াই তেওঁৰ ইচছা হয় সমাগম বা সম্ভোগ কৰিব পৰা গৈছিল। সমাজ নাছিল আৰু সমাজ বন্ধনো নাছিল। কিন্তু লাহে লাহে যেনেদৰে মানৱ সুসংস্কৃত হব ধৰিলে আৰু স্বীকৃতি প্রাপ্ত মানৱ সমুদায় সমাজৰ ৰূপ গ্রহণ কৰিব ধৰিলে, সামাজিক নিয়ম আৰু মান্যতাৰ স্হাপন হব ধৰিলে স্ত্রী আৰু পুৰুষৰ সম্বন্ধক নবীন ৰূপ পালে কিন্তু স্ত্রীক প্রধানতা প্রাপ্ত আছিল। তেওঁলোক নিজৰ ইচছাৰে এটা সময়তে কিমান পুৰুষক স্বামীৰ ৰূপত নিজৰ ওচৰত ৰাখিব পাৰিছিল। কিন্তু লাহে-লাহে মাতৃসভাত পুৰুষ সত্তা প্রভাব পৰে। সমাজত পুৰুষৰ আধিপত্য স্হাপিত হব ধৰিলে। স্ত্রী আৰু পুৰুষৰ সম্বন্ধৰ স্বৰূপো পৰিৱৰ্তন হব ধৰিলে। স্ত্রী সম্পূর্ণ ৰূপেৰে পুৰুষৰ ওপৰত আশ্রিত হব ধৰিলে আৰু আকৌ লাহে-লাহে এইটো স্হিতি হৈ গল যে স্ত্রী পুৰুষৰ দাসী বনি থাকিলে।

কিন্তু সভ্যতা আৰু সংস্কৃতিৰ বিকাসৰ লগতে স্ত্রী আৰু পুৰুষ সম্বন্ধক বৈধানিক আৰু সামাজিক মান্যতা দিবৰ বাবে বিবাহৰ প্রথাৰ জন্ম হয় আৰু এইটো নিয়ম বনাই দিলে যে যিকোনো পুৰুষ যিকোনো স্ত্রীৰ লগতে ভোগ সম্বন্ধ তেতিয়া স্হাপিত কৰিব পাৰে যেতিয়া সেইটো সামাজিক বিধি বিধানৰ অনুসাৰে তেওঁৰ লগত বিবাহ কৰি লব। বিবাহৰ বিনা স্ত্রী পুৰুষৰ যৌন সম্বন্ধক অসামাজিক অৰু অবৈধানিক ঘোষিত কৰিলে সমাজৰ স্বৰূপত পৰিৱৰ্তন আহি গৈছে।

প্ৰচীন কাতল সমাজে চাৰি প্ৰকাৰৰ বিবাহক মান্যতা দিয়ে। কিন্তু লাহে-লাহে সভ্যতাৰ বিকাস হব ধৰিলে মানুহ পেশাচিক বিবাহক ঘৃণাৰ দৃষ্টিৰে চাব ধৰিলে আৰু এতিয়া সামাজিক তথা বৈধনিক ৰূপেৰে দুটা প্ৰকাৰৰ বিবাহক মান্যতা প্ৰাপ্ত কৰিলে।

আজিৰ অৰ্থ প্ৰধান ভৌতিকতাবাদী যুগত স্ত্ৰী কিছুমান অংশত আৰ্থিক ৰূপেৰে স্বতন্ত্ৰ হৈ যায় আৰু জীৱনৰ ক্ষেত্ৰত সেইটো সমান অধিকাৰ প্ৰাপ্ত হল, বিবাহৰ বাবেও সেইটো স্বতন্ত্ৰ হৈ গল। আজি সেইটো নিজৰ ইচ্ছাৰে স্বামীৰবৰণ কৰিব পাৰে আৰু যদি স্বামী দূৰ্ব্যৱহাৰ কৰে তেতিয়া সেইটোৰ পৰিত্যাগো কৰিব পাৰে। আৰু এই ধৰণে বিবাহ স্বামী-পত্নীৰ মাজত কেৱল এট বুজি মত্ৰ বলি থাকিল। এই বুজা-বুজিৰ কাৰণে স্বামী-পত্নীৰ মাজত যদি কেতিয়াবা সামন্য মনোমলিন্য সৃষ্টি হৈ যায় তেয়িা সেইটোৰ অন্ত তালাকত যায়। ইয়াৰ পৰিণাম এই হল যে আমাৰ দেশৰ পাৰম্পৰিক পৰম্পৰাৰ লগতে সেই সকলো পুৰণা সম্বন্ধ আৰু প্ৰচীন মান্যতা ভাঙি চিভি গৈছে যিটো সমাজৰ ডাঙৰ বেয়া অনুভৱ আৰু জানবান ব্যক্তিয়ে সমাজত ব্যাপ্ত ব্যভিচাৰ আৰু অনাচাৰক সমাপ্ত কৰাৰ পউদ্দেশ্যৰে স্হাপিত কৰিছিল।

আজিও কমেও ভাৰতত স্ত্ৰী সম্পূৰ্ণ ৰূপেৰে নিজৰ ভৰিত ঠিয় হোৱাৰ শক্তি আৰু সামৰ্থ্য নিজে নিজে সৃষ্টি কৰিব নোৱাৰে। ইয়াৰ বাবে স্ত্ৰী নিজে দোষী নহয়। তেওঁৰ শৰীৰ ৰচনা কিছু এনে ধৰণৰ কৰিছে যে তেওঁ হাৰ মানি পুৰুষৰ সংৰক্ষণ প্ৰাপ্ত কৰিবৰ বাবে বাধ্য হব লগীয়া হয়।

স্ত্ৰী আৰু পুৰুষৰ মাজত কোনে দৃষ্টিকোণৰ পৰা একৰূপতা নহয়। তেওঁৰ শাৰীৰিক ভাগক সমানতা থাকে কিন্তু সেই ভাকে নিমিত শৰীৰত অনেক ডঙৰ আৰু মহত্বপূৰ্ণ পৰিৱৰ্তন তথা অসমানতা পোৱা যায়। স্ত্ৰী আৰু পুৰুষৰ অংগৰ বনোৱাত বহুত ডাঙৰ অন্তৰ পোৱা যায়। তেওঁৰ স্বভাৱ আৰু ক্ৰিয়াতো বহুত ডাঙৰ অন্তৰ থাকে। তেওঁ প্ৰায়ঃ এজনে-সিজনৰ পৰা ভিন্ন থাকে। কিন্তু এজনে-সিজনৰৰ এইটো শাৰীৰিক অসমান্যতা এজনে-সিজনৰ প্ৰতি আকৰ্ষণৰ প্ৰমুখ কাৰণ আৰু আধাৰ হয়। যি ধৰণে পুৰুষৰ হৃদয়ত নাৰীক পোৱাৰ স্বাভাৱিক কামনা থাকে সেই ধৰণে নাৰীৰ মনত পুৰুষৰ প্ৰতি এটা সহজ আসক্তি থাকে। এইটো প্ৰকৃতিৰ বিধান হয়। এজনে-সিজন বিনা থাকিব লোৱা তেতিয়া সংসাৰৰ সুখৰ উপভোগ কৰিব পাৰে। আৰু নিজৰ জীৱন সুখেৰে ব্যতীত কৰিব নেৱাৰে।

সাধাৰণতে দেখা যায় যে যি স্ত্ৰী বা পুৰুষ এক দীঘল বয়সলৈকে বা আজীৱন অবিবাহিত থাকে বা আকৌ স্বামী বা পত্নীৰ মৃত্যুৰ পাছত দ্বিতীয় বিবাহ নকৰে অথবা সমাজৰ ভয়ত স্ত্ৰী বা পুৰুষৰ পৰা দুৰত থাকে, তেওঁলোকৰ সামান্য জীৱন আৰু ব্যৱহাৰত ভাঙৰ পৰিৱৰ্তন আহি যায়। তেওঁৰ অন্তৰমনৰ কোমল ভাবনা কঠোৰ বনি যায় যাৰ কাৰণে তেওঁৰ স্বভাৱ আৰু ব্যৱহাৰত ৰখি যায় আৰু কঠোৰতা আহি যায়।

সৃষ্টিৰ আৰম্ভৰে স্ত্ৰী আৰু পুৰুষ এজনে-সিজনৰ আৰ্কৰ্ষণ কেন্দ্ৰ থাকে। কিশোৰবস্থাক পাৰ কৰি যেনেদৰে কিশোৰ আৰু কিশোৰীৰ যৌবনৰ বাগিচাত ভৰি দিয়ে তেতিয়া এজনে সিজনৰ প্ৰতি গম নোপোৱাকৈ আসক্ত হব ধৰে। আৰু যত কোনো যুৱকক যুবতীৰ নিকটতা প্ৰাপ্ত হয়, সিহঁতৰ সেই স্বাভাৱিক আৰু সহজ আকৰ্ষণ এজনে সিজনৰ প্ৰতি গভীৰতাৰে থাকে আৰু প্ৰেমত পৰিৱৰ্তন হৈ যায়। সিহঁতৰ স্পষ্ট অনুভৱ হব ধৰে যে আগৰ জীৱনত একাংক ভাবে গলেও আহিব লগীয়া জীৱনত এজনে-সিজনৰ বিনা কটোৱা কঠিনেই নহয়। অসম্ভৱো হয়। পৰিণামস্বৰূপ তাত শাৰীৰিক ভাৱে নহয় ভাবাত্মকো বাঢ়িব ধৰে। এজনে-সিজনৰ প্ৰতি ত্যাগ, বলিদান আৰু সহানুভূতিৰ ভবনা সৃষ্টি হৈ যায় আৰু যিটো তেওঁক তেওঁৰ কৰ্তব্যৰ প্ৰতি জাগৰুক বনাই দিয়ে।

কিন্তু বাস্তৱিক প্ৰেমৰ আৰম্ভ বিবাহেৰে হয়। যত স্হায়িত্বই নহয়। পবিত্ৰতাও হয় আৰু যি যাক সামাজিক আৰু বৈধানিক ৰূপেৰে মান্যতা প্ৰাপ্ত হয়।

যেনেদৰে আগতে কোৱা গৈছে যে নৰ আৰু পিসাচ এই দুটা তত্তৰ পাৰস্পৰিক মিলনেই সৃষ্টিৰ বিকাস আৰু সংৰচনাৰ আধাৰ মুল কাৰণ হয়। পশু-পক্ষী আৰু সৃষ্টিৰ চেতন-অচেতন পদাৰ্থৰ সমাগম বা যৌন-ব্যৱসায় স্পষ্ট ৰূপেৰে সন্তান উৎপত্তিৰ বাবে হয় কিন্তু মানৱ জাতিক সেইটো পুৰুযেই হওক বা স্ত্ৰী যৌন-ব্যৱহাৰৰ উদ্দেশ্য কেৱল সন্তানৰ উৎপত্তিয়েই নহয়, শাৰীৰিক তথা মানসিক সুখ প্ৰাপ্তীত হয় কাৰণ মানৱ এই সৃষ্টিৰ সৰ্বোৎকৃষ্ট প্ৰাণী হয়। তেওঁ নিজৰ স্বভাৱ, নিজৰ পচন্দ তথা নিজৰ আন্তৰিক ভাৱনাৰ লগত নিজৰ বুদ্ধি বিবেক তথা বুজা-পৰক অত্যাধিক পৰিস্কৃত তথা পৰিমাৰ্জিত কৰি লয়। সেইকাৰণে যৌন-ব্যৱসায় তেওঁৰ নিকট কেৱল সন্তান উৎপত্তিৰ আধাৰেই নহয় মনোবিনোদন আৰু সুখ প্ৰাপ্তিৰ সাধনো হয়।

দাম্পত্য জীৱন

বাস্তৱত যৌন-ক্রিয়া অথবা চেক্স মানবীয় ভাৱনা হয় যিটো মানৱক সন্তনোৎপত্তিৰ প্ৰেৰণাহি নহয় সেইটো শাৰীৰিক তথা মানসিক সুখো প্ৰদান কৰে। যেতিয়ালৈকে মানৱ-জীৱন থাকে তেওঁৰ জীৱনৰ প্ৰত্যেক অৱস্থাত সেইটোত বিদ্যমান হৈ থাকে। ভিন্ন-ভিন্ন অৱস্থাত যৌন ক্রিয়া মানৱক বিভিন্ন প্ৰকাৰে প্ৰভাৱিত কৰে। বিশেষ ৰূপত যুৱাবস্তাত মানৱ জীৱনত যৌন ভাবনা স্পষ্ট ৰূপেৰে দেখা দিয়ে। পৌঢ়াবস্থাত তথাপি যৌন তথা জীৱনৰ সম্বন্ধ অত্যধিক ঘনিস্ট থাকি নাযায়, কিন্তু এই আয়ুহত যৌন সম্বন্ধিত অনেক উত্তৰদায়িত্বও বৃদ্ধি হৈ যায়। আৰু যেতিয়া মানব বৃদ্ধাবস্থাত পদাৰ্পন কৰে তেতিয়া শাৰীৰিক দুৰ্বলতা আৰু অসমৰ্থতা আহিলেও সেইটো যথা-সম্ভৱ যৌন-সুখ প্ৰাপ্ত কৰিবৰ চেস্টা কৰি থাকে।

বিবাহৰ এই যৌন বেপাৰৰ লগত ঘনিস্টতম সম্বন্ধ থাকে বিবাহৰ দ্বাৰা এজন যুৱক আৰু যুৱতীক মনমানে ধৰণেৰে যৌন ক্রিয়া কৰাৰ সমাজ অথবা আইনৰ দ্বাৰা স্বীকৃতি প্ৰাপ্ত হৈ যায়। বিবাহিত জীৱনক সুখময় বনোৱাৰ মুল আধাৰ হল পতি তথা পত্নীক এজনে ইজনৰ প্ৰাপ্ত হব লগীয়া যৌন সুখ হয়। সাধাৰণে দেখা গৈছে যে দাম্পত্য জীৱনত যিমানেই অভাৱ নাথাকক যদি পতি-পত্নীক পৰস্পৰ যৌন-সুখ প্ৰাপ্ত হয় তেতিয়া সিহঁতে অভাৱতো সুখৰ অনুভৱ কৰে। কিন্তু যদি ঘৰত সম্পূৰ্ণ সুখ-সুবিধা আৰু অপাৰ ধন থাকোতেও পতি-পত্নীক পৰস্পৰ যৌন সুখ প্ৰাপ্ত নহয় তেতিয়া তেওঁৰ দাম্পত্য জীৱন দুখময় বনি যায়।

কিন্তু সম্পূৰ্ণ ৰূপত যৌন সুখ প্ৰাপ্ত কৰা সামান্য প্ৰক্ৰিয়া নহয়। যৌন ব্যৱসায় যাক আপুনি প্ৰেম ব্যৱসায়ো কব পাৰে, এইটো নিজৰ মাজত এটা বহু ডাঙৰ কলা হয়। যদি পতি বা পত্নী কোনো এটাক এই কলাৰ যথেষ্ট জ্ঞান নাথাকে তেতিয়া সিহঁতে নিজৰ দাম্পত্য জীৱনত বাস্তৱিক যৌন সুখ প্ৰাপ্ত কৰিব নোৱাৰে সেই কাৰণে আৱশ্যক হল যে দাম্পত্য জীৱনত প্ৰৱেশ কৰিলে পূৰ্ব এই কলাৰ কমেও প্ৰাৰম্ভিক শিক্ষা প্ৰত্যেক যুৱক আৰু যুৱতীক পাব লাগে।

পিছৰ কিছুমান শতাব্দিৰ পৰা আমাৰ দেশৰ এই দুৰ্ভাগ্য আছে যে আমাৰ সমাজে এই কলাক অনুচিত বুলি ভাৱে। যাৰ কাৰণ কাম-শাস্ত্ৰৰ শিক্ষা সমাপ্ত কৰি দিছে। কিন্তু এতিয়া কিছুমান বৰ্ষৰ পৰা কাম-বিজ্ঞানৰ মহত্বক চাই চেক্সৰ প্ৰতি সাধাৰণ মানুহৰ বিচাৰত পৰিবৰ্তন আহি গৈছে আৰু এতিয়া সেইটো নিন্দনীয় বুলি নাভাবে।

আমাৰ দেশত স্বাধীনতাৰ পিছতো শিক্ষাৰ বহুত অভাৱ আছে, যাৰ কাৰণ আজিও দেশত লৰা-ছোৱালীৰ বিবাহ যোগ্য আয়ুহ হোৱাৰ আগতে কৰি দিয়ে। সেইটো লৰা-ছোৱালীক শাৰীৰিক আৰু মানসিক ৰূপেৰে যৌন ব্যৱসায়ৰ বাবে সমৰ্থ আৰু যোগ্য নহয়। দাম্পত্য জীৱনৰ গম্ভীৰ আৰু মহত্বপূৰ্ণ প্ৰক্ৰিয়া আৰু কৰ্তব্যক বুজি পোৱাৰ বুদ্ধি নাথাকে আৰু সামৰ্থ্যও নাথাকে। ইয়াৰ পৰিণাম বহুতে ভয়ংকৰ হয়। সৰু বয়সত বিবাহ হোৱাৰ পাছত যেতিয়া আন আৰু সমৰ্থন হোৱাত যৌন ক্ৰিয়াত সংলগ্ন হৈ যায় তেতিয়া তেওঁৰ শাৰীৰিক মানসিক বিকাস একেবাৰে ৰখি যায়। তেওঁ ভালদৰে যৌৱনত ভৰি দিব নোৱাৰে যে বৃদ্ধাবস্থা আহি যায়। পৰিণামস্বৰূপ তেওঁৰ শৰীৰত অনেক ৰোগ সৃষ্টি হৈ যায় আৰু সেই সময়ৰ পৰা বহুত আগতে এই পৃথিৱীৰ পৰা নাইকীয়া হৈ যায়।

সেই কাৰণে আৱশ্যক যে যেতিয়া লৰা-ছোৱালী পূৰ্ণ ৰূপত যুৱক হৈ যায় তেতিয়া তেওঁৰ বিবাহ কৰা যায় যাতে তেওঁলোক জীৱনত অধিকাৰ পৰা অধিক কাম-সুখ প্ৰাপ্ত কৰিব পাৰে আৰু তেওঁলোকৰ দাম্পত্য জীৱন সুখত ব্যতীত হব পাৰে।

মানৱ শৰীৰ বিজ্ঞানৰ অনুসাৰে 25 বৰ্যৰ আয়ুহত মানৱ শৰীৰৰ নিৰ্মাণ কাৰ্য্য পুৰা হব পাৰে। গৰ্ভাবস্থাৰ পৰা লৈ 25 বৰ্যলৈকে মানৱ শৰীৰত হাড়, তথা বিভিন্ন ধাতু লাহে-লাহে বনি থাকে সেইকাৰেণ বিবাহৰ বাবে 25 বৰ্যৰ আয়ুহ সবাধিক উপযুক্ত আয়ুহ হয়। শৰীৰ নিৰ্মাণৰ দৃষ্টিৰ পৰা 12 বৰ্যৰ আয়ুহৰ পৰা 25 বৰ্যৰ আয়ুহলৈকে সময় বহুত মহত্বপূৰ্ণ হয়। মানৱ শৰীৰত যিমান গ্ৰন্থি থাকে সেইটো সকলো 1`2-13 বযৰ আয়ুহ হলে নিজৰ কাৰ্য্য কৰে।

এই গ্ৰন্থিৰ স্ৰাৱৰ পৰাই শৰীৰৰ হাড়, স্নায়ু পেশি তথা বিভিন্ন ধাতুক লাহে লাহে শক্তি প্ৰাপ্ত হব ধৰে। শৰীৰ-শাস্ত্ৰিয়ই এই গ্ৰন্থিক নলিকা গ্ৰন্থি বুলি কয় কাৰণ এই গ্ৰন্থিত কোনো নলী নাথাকে। ইয়াত কেৱল নিৰন্তৰ স্ৰাৱ হৈ থাকে যাক হৰমনচ বুলি কয়। এই নলিকা বিহীন গ্ৰন্থিৰ পৰা উলিয়া স্ৰাৱ যিমান পৰিপূৰ্ণ আৰু সমুচিত মাত্ৰাৰ থাকে, মানৱ শৰীৰৰ বিকাশে সিমানেই সুন্দৰ হয়। মানৱ শৰীৰৰ আকাৰ, প্ৰকাৰ, গঠন, সৌদৰ্য্য, অংগৰ সুডোলতা শক্তি আৰু পুৰুযত্ব অথবা স্ত্ৰীত্ব আদিৰ নিৰ্মাণ এই হৰমনচৰ দ্বাৰা হয়। হাৰমনচ দুই প্ৰকাৰৰ হয়। পুৰুয হৰমনচ তথা স্ত্ৰী হৰমনচ কিন্তু দুই ধণৰ হৰমনচ স্ত্ৰী তথা পুৰুযৰ শৰীৰত পোৱা যায়। যদি পুৰুযৰ শৰীৰত পুৰুয হৰমনচ কম হয় আৰু স্ত্ৰী হৰমনচ অধিক হয় তেতিয়া তেওঁৰ শৰীৰৰ কৃত্ৰিমত অন্তৰ আহি যায়। আপুনি এনেকুৱা ব্যক্তিক অৱশ্যে দেখিছে যাৰ দাৰি-মুছ নগজে বা আকৌ গজে তেতিয়া সাধাৰণ সেইটো স্ত্ৰী হমনচৰ অধিকতাৰ তেওঁৰ স্বভাৱতো বহুত ডাঙৰ প্ৰভাৱ পৰে। যি পুৰুযৰ শৰীৰত স্ত্ৰী হৰমনচৰ অধিকতা থাকে সিহঁতে স্ত্ৰীৰ দৰে লজ্জা আৰু ভয়াতুৰ হৈ যায়। তেওঁৰ স্বভাব স্ত্ৰী স্বভাৱৰ দৰে হয়। কেতিয়াবা-কেতিয়াবা যেতিয়া সিহঁতৰ শৰীৰত হৰমনচৰ মাত্ৰা অত্যাধিক বাঢ়ি যায় তেতিয়া তেওঁৰ পুৰুযোচিত সমস্ত বিশেযতা সমাপ্ত হৈ যায় এনে পুৰুষ জনখা বা শিখণ্ডীৰ ৰূপত দেখা দিয়ে।

যি পুৰুযত স্ত্ৰী হৰমনচৰ মাত্ৰা অধিক হয় তেওঁ নিজৰ পত্নীৰ লগত সম্ভোগৰ সময় স্ত্ৰীৰ দৰে ব্যৱহাৰ কৰে।

আৰু ঠীক এইটো স্থিতী থাকে এই স্ত্ৰীৰ যাৰ শৰীৰত পুৰুয

হৰমনৰ অধিক থাকে। তেওঁৰ শৰীৰত পুৰুষৰ দৰে চুলি সামান্য স্ত্ৰীৰ অপেক্ষা অধিক হয়। কোনো-কোনো স্ত্ৰীৰ দাৰি-মুছ দেখা পোৱা যায়। যৌন ক্ৰিয়াও পুৰুষৰ দৰে কৰে। তেওঁৰ শৰীৰ আৰু স্বভাৱত স্ত্ৰীয়োচিত কোমলতা আৰু লজ্জা তথা সংকোচ পোৱা নাযায়।

এই হৰমনচৰ নিৰ্মাণ 12 বৰ্ষৰ অৱস্থাৰ পৰা আৰম্ভ হয় আৰু 25 বৰ্ষৰ আয়ুহত পূৰ্ণ তথা পৰিপক্ক হৈ যায়। 12 বৰ্ষীয় কিশোৰ বা কিশোৰী পূৰ্ণ ৰূপেৰে যুৱক আৰু যুৱতী বলি যায়। ইয়াৰ শৰীৰ পূৰ্ণ ৰূপেৰে বিকসিত হৈ সুৰে, সুপুস্ট আৰু আকৰ্যক বলি যায়।

বিবাহৰ উদ্দেশ্য

বিবাহ, জন্মৰ পাছত মানৱ জীৱনৰ সৱাধিক মহত্বপূৰ্ণ ঘটনা হয়। এনেকুৱা ঘটনা যত মানৱৰ জীৱনভৰৰ সুখ-দুখ নিৰ্ভৰ হৈ যায়। বিবাহৰ অৰ্থ হল এটা এনেকুৱা বিচাবি লাগে যে যি দুখ আৰু সুখত লগত থাকিব পাৰে।

সাধাৰণতে দেখা যা যে ছোৱালীৰ মাক-দেউতাকে ছোৱালীৰ বাবে লৰা বিচৰা সময়ত লৰাৰ গুণ-দোষ নাচাই তেওঁৰ কেৱল আৰ্থিক স্থিতিক মহত্ব দিয়ে। কেতিয়াবা-কেতিয়াবা এইটোও দেখা নাযায় যে ছোৱালীৰ তুলনাত লৰা অত্যাধিক কুৰুপ হয়, কম শিক্ষিত হয়। যিকোনো দৃষ্টিকোণৰ পৰা ছোৱালীৰ যোগ্য নহয় কিন্তু তেওঁৰ ধন বৈভৱক চাই অপূৰ্ব সুন্দৰ আৰু শিক্ষিতা ছোৱালীক সেই অযোগ্য আৰু কুৰুপ লৰাৰ মাথাত মাৰি দিয়া যায়। ইয়াৰ পৰিণাম এইটো হয় যে ছোৱালী জীৱনভৰ নিজৰ সেই অযোগ্য আৰু কুৰুপ পতিক প্ৰেম কৰিব নোৱাৰে আৰু পতিয়ে সম্মানো দিব পাৰে, যিটো এক পত্নী হোৱাৰ বাবে নিজৰ পতিক দিব লাগে। তেওঁ জীৱনভৰ সুখ আৰু সন্তোষৰ উশা লব নোৱাৰে। পতিৰ যৌন ক্ৰিয়া তেওঁক বলাৎকাৰৰ দৰে অনুভৱ হয়।

আৰু এইটো দশা যোগ্য সুন্দৰ আৰু নিজৰ অনুৰূপ পত্নী নোপোৱাত পতিৰ হয়। তেওঁ পত্নীৰ ফালে বিমুখ হৈ নিজৰ মনৰ অতৃপ্ত প্যাস গুচাবলৈ বাবে ভুল ৰাস্তাত চলি যায়। সাধাৰণতে দেখা যায় যে সেই যুৱক বেশ্যা বা মদৰ আশ্ৰয় লোৱাত বিবশ হৈ যায়, যাক মনপচন্দ পত্নী না পায়।

ডাঙৰ-বুঢ়ৰ কোৱামতে বিবাহ আৰু মৈত্ৰীৰ সমান স্তৰ আৰু সমান যোগ্যত থকা ব্যক্তিতেই স্থায়ি থাকে। সেইকাৰণে বিবাহ কৰাৰ সময়ত ধ্যান দিব লাগে। বৰ-বধুৰ বিচাৰ কৰাৰ সময়ত তেওঁৰ শৈক্ষণিক যোগ্যতাৰ অতিৰিক্ত তেওঁৰ স্বাস্থ্য, স্বভাৱ আৰু ৰুপ সৌদৰ্য্যৰ ধ্যান দিয়াতো অত্যন্ত আৱশ্যক হয়। যুৱকৰ ছোৱালীৰ দৰে মাতত গভীৰতা আৰু

বৰ আহি যায় আৰু যুৱতিৰ মাত আৰু অধিক মধুৰ, আকৰ্ষক আৰু মাদক হৈ যায়। তেওঁৰ অংগৰ পূৰ্ণৰূপত বিকাস হৈ যায়। স্তনৰ আকাৰপূৰ্ণ হৈ যায় যিটো তেওঁৰ শৰীৰক আৰু অধিক আকৰ্যক বনাই দিয়ে।

এই অয়ুহলৈকে পাওঁতে তন-মনত যৌনভাৱনা জাগৃত হৈ যায় আৰু সিহঁতে নিজৰ মাজত সহজে আকৰ্ষিত হব ধৰে। বাস্তৱত বিবাহৰ এইটো উপযুক্ত অৱস্হা হয়। এই আয়ুহত যি যুৱক-যুবতিৰ বিবাহ হয়, তেওঁলোকৰ দাম্পত্য জীৱন অধিকাংশ ৰূপেৰে সফল আৰু সুখী হয়।

এইটো হব লাগে যে বিবাহৰ পূৰ্বত লৰা আৰু ছোৱালীক স্পষ্ট ভাৱে তেওঁলোকৰ সম্বন্ধত সকলো কথা কোৱাৰ লগতে তেওঁলোকৰ মাজত দেখুৱাহিও দিব লাগে। যাতে এজনে সিজনক পছন্দ কৰিব পাৰে। চহি-চিঠি চাব পাৰে। তেওঁলোকৰ স্বীকৃতি পালেহে পিতৃ-মাতৃক আগবঢ়াব পাৰিব।

সাধাৰণতে মানুহ দৰাৰ বিচাৰ কাৰ সময়ত কয় যে ডাঙৰ-বুঢ়া যিটো বিচাৰ কৰে তাত কোনো ভুল থাকিব নোৱাৰে। তেওঁলোকে নিজৰ লৰা বা ছোৱালীৰ অহিত কেতিয়াও কৰিব নোৱাৰে। তেওঁলোকৰ অনুভৱী চকু যিটো বস্তু দেখা পাব পাৰে তেতিয়ালৈকে যুৱকৰ আগত যাব নাৱাৰে। ৰূপ সৌন্দৰ্য্যক চাবৰ বাবে লৰাছোৱালীৰ দৰাৰ কিয় হয়। এইটোতে ঘৰৰ ডাঙৰেও দেখিব পাৰে। সেইকাৰণে লৰা-ছোৱালী ইজনে সিজনত দেখুৱাৰ দৰকাৰ নহয়। এইটো আৱশ্যক নহয় যে যিটো বস্তু এজন ব্যক্তিক সুন্দৰ লাগে তেওঁ দ্বিতীয়কো সুন্দৰহে লাগে। যিটো বস্তু এজন ব্যক্তিৰ বাবে দেখিব বেয়া তেওঁ সকলোকে দেখিবলৈ বেয়াই দেখে।

প্ৰেম আৰু দাম্পত্যৰ মনোবিজ্ঞানৰ পৰা বহুত ঘনিষ্ট সম্বন্ধ আছে আৰু মনোবিজ্ঞান ইমান সহজ বিষয় নহয় যে তেওঁক সহজে বুজিব পৰা যায়। বিদ্বানৰ মতে সকলে আকৰ্ষিভত বস্তু সোন নহয়। হীৰা যেতিয়া খনিৰ পৰা ওলাই তেতিয়া বহুতে বেডোল আৰু অনাকৰ্ষক হয়। তেওঁৰ সৌন্দৰ্য্য বিচৰা হাতৰ কুশলতাৰ ওপৰত নিৰ্ভৰ কৰে। বিবাহৰ পাছত পতি-পত্নীৰ স্হিতিও খনিৰ ৰ পৰা ওলাই থকা সেইটো বেডোল আৰু নগঢ়া হীৰাৰ দৰে হয়। এজনে ইজনৰ স্নেহেই সেইটো সজাই পৰাই সৌন্দৰ্য্য প্ৰদান কৰে। যদি সেই নগঢ়া হীৰাক স্নেহৰ কলমৰ পৰা চাফা কৰা নাযায় তেতিয়া তেওঁৰ কুৰূপতা আৰু বাঢ়ি যায়।

ৰুচিৰ ভিন্নতাৰ দাম্পত্য জীৱনত কেতিয়াবা-কেতিয়াবা বহুত বেয়া প্ৰভাৱ পৰে। কিছুমান যুৱক আৰু যুৱতি ইমান ভাবুক আৰু সংবেদনশীল হয় যে তেওঁ কোনো বিশিস্ট প্ৰকাৰৰ স্ত্ৰী বা পুৰুষৰ লগতে সম্ভোগ কৰিব পাৰে। সেই ধৰণে পুৰুষ বা স্ত্ৰীৰ অতিৰিক্ত যদি কোনো আৰু স্ত্ৰী বা পুৰুষ হয় তেতিয়া তেওঁৰ কামোত্তেজনা জাগৃতই নহয় আৰু

তেওঁ নিজৰ ৰুচিৰে ভিন্ন ব্যক্তিৰ লগত সম্ভোগ কৰাত আনন্দ প্ৰাপ্ত হয়। ৰুচিৰ ভিন্নতাৰ কাৰণ প্ৰত্যেক ব্যক্তিৰ সুন্দৰতাৰ মাণদণ্ড পৃথক-পৃথক হয়, সেই কৰণে কেৱল সৌন্দৰ্য্যকেই বিবাহৰ এটা সন্দেহমানিব নোৱাৰে।

কিছুমান মানুহৰ মতে য়ুৰোপ আৰু আমেৰিকা তথা পাশ্চাত্য অভ্যতাৰ পৰা প্ৰভাৱিত দেশৰ দৰে ভাৰততো 'কোৰ্টশিপ'ৰ প্ৰচলন হব লাগে। কাৰণ কোৰ্টশিপত যুৱক আৰু যুৱতি এজনে ইজনৰ অত্যধিক নিকট আহি যায় আৰু এজনে। ইজনক ভালদৰে জনাৰ সুযোগ পায়। তেওঁলোকে এজনে-ইজনৰ স্বভাৱ, তেওঁলোকৰ ৰুচি আদিৰে ভালদৰে পৰিচিত হৈ যায়।

কোৰ্টশিপৰ পাচাত্য সভ্যতাৰে প্ৰভাৱিত দেশত প্ৰচলন হয়। কেতিয়াবা কেতিয়াবাএইটো কোৰ্টশিপ মাহ আৰু বৰ্ষলৈকে চলি থাকে। কিন্তু এটা কথা হল যে এই দেশত তালাকৰ সংখ্যা সকলোতকৈ অধিক হয়। কেতিয়াবা-কেতিয়াবা বিবাহৰ দ্বিতীয়-তৃতীয় দিনত তালাকৰ কাৰ্য্য আহি যায়। আজি তালাকৰ এই বৃদ্ধি হোৱা এই দেশৰ বিচাৰক আৰু চৰকাৰ বাবে চিন্তাৰ বিষয় বলি গৈছে। কোৰ্টপিশৰ পৰিণাম হল যে ইংলেণ্ড আৰু আমেৰিকাত যি কেচুৱা জম হয় তাৰ প্ৰত্যেক আঠটা কেচুৱাৰ এটা কেচুৱা অবৈধ হয় আৰু এই ধৰণে বাৰং শতাংশ কেচুৱা সেই মাতৃৰ গৰ্ভৰ পৰা জম লয় যি অবিবাহিত হয়। এই কথাৰ পৰা স্পস্ট হৈ যায় যে কোৰ্টশিপ কেৱল পৰিচয় বা এজনে-ইজনক জানিব লৈ নহে সীমিত নাথাকে সম্ভোগলৈকে পায়গৈ- ইয়াৰ দুপ্ৰভাৱ আজি সেই দেশৰ সভ্যতা আৰু সংস্কৃতিত গভীৰ প্ৰভাৱ পৰিছে।

এই ধৰণে বিবাহৰ পূৰ্বে লৰা বা ছোৱালীক মিলা-জুলা বা কোৰ্টশিপৰ অনুমতি বা স্বাধীনতা দিয়া কেৱল তেওঁলোকৰ বাবেই নহয় সমুখ সমাৰ বাবে ঘাতক হয়। যেতিয়া সমাজত কোনো বেয়া হয় তেতিয়া সেইটোৰ দুপ্ৰভাৱ ৰাস্ট্ৰতো বিনা পৰি থাকে। কোনে দেশৰ চাৰিত্ৰিক গুণ আৰু তেওঁৰ পবিত্ৰতা কোনো ৰাষ্ট্ৰক মহান বনাই। যদি নাগৰিকৰ চৰিত্ৰ নস্ট হৈ যাব তেতিয়া সেই ৰাস্ট্ৰ কিমান দিনলৈ জীৱিত থাকিব পাৰে।

সেই কাৰণে ইমানেই ঠী যে লৰা আৰু ছোৱালীৰ সম্বন্ধত পুৰা বিবৰণ জনাৰ পাছত ঘৰৰ ডাঙৰে নিজৰ জানকাৰী লৰা-ছোৱলীক কয় দিয়ে আৰু আকৌ এজনে ইজনক দেখা দিয়ে। যদি লৰা-ছোৱালী বুজা হয় তেতিয়া নিজৰ ঘৰ ডাঙৰৰ দ্বাৰা দিয়া জানকাৰীক ওচৰত ৰাখি এজনে ইজনক জানিব পাৰে। যদি স্বীকৃতি দিয়ে তেতিয়া তেওঁৰ বিবাহ কৰিব লাগে, অন্যথা নালাগে।

প্ৰেম ঃ বিবাহৰ পূৰ্ব

কিশোৰাবস্থাক পাৰ কৰি যেতিয়া লৰা আৰু ছোৱালী যুৱাৱস্থাত খোজ ৰাখে তেতিয়া সহজে তেওঁলোকৰ মনত এজনে-ইজনৰ প্ৰতি আকৰ্ষণ সৃষ্টি হৈ যায়। এইটো সেই সময়ত হয় যেতিয়া নলিকা বিহীন গ্ৰন্থিৰ কাৰ্য্য আৰম্ভ হৈ থাকে। তেওঁলোকৰ স্থিতি ঠীক সেই কলীৰ সমনা হয় যিটো অলপ-অলপকে খিলি উঠে আৰু সেইটো পূৰ্ণৰূপত খিলি উঠিবলৈ এতিয়া বহুতসময় লাগে। এই বয়সত লৰা-ছোৱালীৰ মনত চেক্সৰ সম্বন্ধত স্বতঃ এটা অনুৰাগ বা লগাৱ সৃষ্টি হৈ যায়। তেওঁলোকে চেক্সৰ সম্বন্ধত অধিকৰ পৰা অকি জানিবৰ বাবে উৎচোক হয় এটা সামান্য কথা তাত যৌন উত্তেজনা সৃষ্টি কৰি দিয়ে। এইটো সেই কাল হয় যেতিয়া তাত হস্ত মৈথুন তথা সমলিংগিক সম্ভোগৰ প্ৰবৃত্তি সৃষ্টি হয় আৰু নিজৰ সেই যৌন-উত্তেজনাক শান্ত কৰিবৰ বাবে তেওঁ যিকোনো ৰাস্তা, যিমানেই ঘাতক আৰু ঘৃণিত নহয়, নিজৰ কৰিবলৈ বিবশ হৈ যায়। তেওঁৰ এই উত্তেজনাৰ লাভ উঠাই বহুতো চৰিত্ৰহীন ব্যক্তি নিজীৰ জালত ফচাই তেওঁৰ জীৱন নষ্ট কৰি দিয়ে। অধিকাংশ ছোৱালী এই বয়সত বদমাচৰ আগত ফচি ঘৰ-বাৰী এতে আৰু আকৌ ঘৰৰ পৰা উলাই তেওঁৰ খোজ কোনো কোঠাত পায় ৰখে।

বাস্তৱত বাৰ বছৰৰ পৰা লৈ পচিচশ বছৰলৈকে এই বাৰ-তেৰ বছৰৰ লৰা আৰু ছোৱালীৰ জীৱনৰ সৰ্বাধিক উথল-পুথল ভৰা বছৰৰ হয়। তেওঁৰ জীৱনৰ বাস্তৱিক নিৰ্মাণ, তেওঁৰ শৰীৰিক নিৰ্মাণৰ দৰে এই বছৰত হয়। যদি এই কালত তেওঁৰ কোনো বেয়া আহি যায় তেতিয়া তেওঁ জীৱনৰ অন্তিম পৰ্য্যায়লৈকে তেওঁৰ পীছা নেৰে।

ফিল্ম, চটপটী চেক্স-সম্বন্ধী পত্ৰ-পত্ৰিকা আৰু বেয় কাহানী তথা উপন্যাস পঢ়ি এই বয়সৰ লৰা-ছোৱালী নিজক কোনো ফিল্মৰ হীৰো-হীৰোইন বা আকৌ কোনো কাহানী বা উপন্যাসৰ নায়ক-নায়িকা

বুজাৰ ভুলত পৰি যায় আৰু আকৌ তেওঁ কোনে শাৰী বা বস্তুৰ খোজত জুৰি যায়।

তথাকথিত প্ৰেমৰ ৰোগ এইবয়সত ছুতৰ বেমাৰী বনাই লাগি যায়। এই বয়সত লৰা আৰু ছোৱালীৰ মাজত স্হাপতি প্ৰেম সম্বন্ধত স্হায়িত্ব নহয় কিন্তু তেওঁক স্হায়ী বনোৱাৰ উৎকট চাহ অৱশ্য হয়।

বিবাহৰ পূৰ্বে হোৱা প্ৰেম সম্বন্ধ হাজাৰৰ এটা দুটাহে এনেকুৱা উলাই যিটো অন্তলৈকে বনি থাকে।

ভাৰতত অধিকাংশ প্ৰেম-বিবাহ সফল নহয়। সেইটো কেইবাটাও কাৰণ আছে। বিবাহৰ পূৰ্ব যদি কোনো লৰা-ছোৱালীৰ মাজত প্ৰেমস্বন্ধ স্হাপিত হৈ যায় তেতিয়া সেইটো বিবাহৰ আগতে সমাপ্ত হৈ যায় আৰু যদি সৌভাগ্যৰে সেই দুজনৰ বিবাহ হৈ যায় তেতিয়া প্ৰেম বিবাহৰ পাছত প্ৰেম কমি যায়। আমাৰ দেশত এতিয়াও জাতি আৰু বৰ্গ জীৱিত আছে। 65 শতাংশ ব্যক্তি আজি এনেকুৱা হয় যিটো নিজৰ জাতিৰ পৰা ভিন্ন জাতিত নিজৰ ছোৱালী বা লৰাৰ বিবাহ পূৰ্বে প্ৰেম কাৰোবাৰ লগত কৰে তেতিয়া তেওঁৰ বিবাহ হব নাপায়। জাতি ভেদৰ প্ৰবাহ তেওঁলোকৰ মিলত বাধক বলি যায়। কেতিয়াবা-কেতিয়াবা তেওঁৰ প্ৰেম এই সীমালৈকে পাইগৈ যে এৰা-এৰি হোৱা পিছত প্ৰেমী অথবা প্ৰেমিকাৰ লগতে ভাল যোগ্য আৰু সুন্দৰ জীৱন-লগৰী পোৱাৰ পাছতো তেওঁ নিজৰ প্ৰথম প্ৰেমক পাহৰিব নোৱাৰে। এই প্ৰেম তেওঁৰ দাম্পত্য জীৱনত বিষ হানি দিয়ে আৰু কেতিয়াবা-কেতিয়াবা এইটে দাম্পত্য বিষ এই সীমালৈকে বাঢ়ি যায় যে তেওঁ জীৱনৰ সমস্ত সুখ-সুবিধা আৰু সুযোগ্য জীৱন-লগৰী থাকোতেও আত্মহত্যা কৰাত বিবশ হৈ যায়।

"বিবাহৰ পূৰ্ব যেতিয়া তুমি মোৰ লগত ইমান ঘনিস্ঠ সম্বন্ধ স্হাপিত কৰিব পৰিলেহেতেন তেতিয়া এই কথাটো কি গেৰাণ্টী যে কোনো দ্বিতীয় যুৱকৰ লগত তোমাৰ ইমান অধিক সম্বন্ধ নাই"–এইটো ধাৰণা প্ৰেম-বিবাহক ট্ৰেজেডিত পৰিৱৰ্তনৰ সকলোতকৈ ডাঙৰ কাৰণ হয়। বিবাহ পূৰ্ব প্ৰেম কৰা যেতিয়া বাস্তৱিক জীৱনত প্ৰৱেশ কৰে মানে তেওঁ বৈধানিক ৰূপেৰে পতি-পত্নী বলি যায় তেতিয়া তেওঁৰ মনত এজনে ইজন চৰিত্ৰৰ প্ৰতি সন্দেহ অনায়াসে সৃষ্টি হৈ যায়। এজনে ইজনৰ ওপৰত অবিশ্বাস কৰিব ধৰে। ইয়াৰ পৰিণাম এইটো হয় যে বিবাহৰ কিছু দিনৰ পাছতে এজনে-সিজনক এৰি দিয়াৰ পৰিস্হিতি আহি যায়।

যি দিনত যুৱক আৰু যুৱতী প্ৰেমৰ জুলনাত জুলি থাকি ভৱিষ্যতৰ

সপোন দেখে তেওঁৰ ওচৰত ভৱিষ্যৰ যৰ্থাথ কাল্পনিক চিত্ৰ নাথাকে।

সেই দিনত তেওঁ শুওঁতে জাগোতে সেই কাল্পনিক সপোনত দেখি থাকে। তেওঁৰ বিচাৰ হয় যে সংসাৰত কেৱল প্ৰেমেই এনেকুৱা বস্তু যে যিটো তেওঁক জীৱনৰ বাস্তৱিক সুখ প্ৰদান কৰিব পাৰে আৰু বিবাহৰ পাছতো এজনে ইজনৰ প্ৰেম কৰি কৰি নিজৰ দাম্পত্য জীৱন বহুতো সুখেৰে ব্যতীত কৰি লব। কিন্তু তেওঁ এইটো নাজানে যে সংসাৰত কেৱল প্ৰেমৰ সহায়ত জীৱন নচলায়। বিবাহৰ পাছত যেতিয়া তেওঁ নিজৰ স্বপ্ন জগতৰ পৰা উলাই আহি যৰ্থাৰ্থ জগতত খোজ ৰাখে তেতিয়া তেওঁ সকলো সপোন ভাঙি যায় আৰু জীৱন এটা বোজা বনি থাকে।

বিবাহৰ পূৰ্বে যদি প্ৰেমি-প্ৰেমিকাক একান্তত মিলোৱাৰ কাৰ্য্য প্ৰাপ্ত হয় তেতিয়া তেওঁৰ সেই ভাৱনাত্মক প্ৰেম শাৰীৰিক লগাৱলৈকে পাইগৈ। সেই কালত তেওঁৰ যৌন-উত্তেজনা এই সীমালৈকে ডাঙৰ হয় যে একান্ত হোৱাত তেওঁ নিজৰ ওপৰত সংযম ৰাখিব নোৱাৰে আৰু যৌন সম্বন্ধ স্থাপিত কৰে। ইয়াৰ পৰিণাম কেতিয়াবা-কেতিয়াবা এইটো হয় যে প্ৰেমিকা গৰ্ভৱতী হৈ যায় আৰু যেতিয়া তেওঁ নিজৰ প্ৰেমীক এই কথা কয়, প্ৰেমী ভয়তে বা সমাজৰ পৰা ভয় বা সেইটো সদায়ৰ বাবে এৰি গুচি যায় বা আকৌ তেওঁক গৰ্ভপাত কৰোৱাৰ উপদেশ দিয়ে। হাজাৰৰ কোনো এটা প্ৰেমী এনেকুৱা ওলায় যি নিজৰ ভুলক স্বীকাৰ কৰি প্ৰেমিকাৰ লগত বিবাহ কৰি লয়। অন্যথা গৰ্ভপাত কৰোৱাৰ পাছত সেই ছোৱালীৰ জীৱনলৈকে ব্লেকমেল কৰি থাকে।

সেই কাৰণে এইটো আৱশ্যক যে মা-দেউতা নিজৰ কিশোৰ সন্তানৰ ওপৰত পুৰা-পুৰা চকুত দিয়ক আৰু তেওঁলোকৰ জীৱন কোনো এনেকুৱা ক্ষণ আনিব নালাগে যিটো তেওঁৰ জীৱনত বিষ খালি দিয়ক বা আকৌ তেওঁক আত্মহত্যা কৰাত বিৱশ কৰি দিয়ক।

কিছুমান মানুহৰ বিচাৰ যে যদি এই বয়সত লৰা বা ছোৱালীৰ বিয়া কৰি দিয়া যায়। এইটো উপায় যিকোনো সীমালৈকে উচিত হয় কিন্তু সম্পূৰ্ণ ৰূপেৰে উচিত নহয়। জোৱন পিন্ধোৱাৰ পিছত লৰা বা ছোৱালী নিজৰ হবলগীয়া পতিৰ কল্পনতা কেতিয়াবা-কেতিয়াবা ইমনা উত্তেজিত হৈ যায় যে তেওঁ কোনো দ্বিতীয় ছোৱালী বা লৰাৰ লগত যৌন সম্বন্ধ স্থাপিত কৰে আৰু যদি দুৰ্ভাগ্যেৰে এইটো সম্বন্ধ প্ৰগাঢ় হৈ যায় তেতিয়া সেই জোৱন ভাঙিব পাৰে বা আকৌ বিবাহৰ পাছত সম্পূৰ্ণ ৰূপেৰে নিজৰ পতি বা পত্নীৰ প্ৰেম কৰিব নোৱাৰে কাৰণ বিবাহৰ পূৰ্বে তেওঁৰ জীৱনত আহিব লগীয়া লৰা বা ছোৱালী তেওঁৰ মনত ইমান গভীৰ

প্ৰভাৱ পৰে যে যাৰ পাহৰিৰ যোৱাতো তেওঁৰ বাবে অসম্ভৱ নহলে কঠিন অৱশ্য হয়।

বিবাহৰ বাবে মা-দেউতা ঘৰৰ ডাঙৰে দৰা কন্যাৰ বিচাৰ কৰে বা লৰা বা ছোৱালী নিজেই বিচাৰ কৰে। দৰা-কন্যাৰ সৌন্দৰ্য্য আৰু গুণৰ আগতে এই কথা জাঞ্চ কৰাতো অতি আৱশ্যক যে তেওঁৰ পৰিবাৰত অথবা তেওঁ কোনো ছুতৰ ৰোগ নহয়তো, সাধাৰণতে দেখা যায় যে কোনো প্ৰৰিবাৰত কিছুমান ঘাতক বেমাৰ এই সীমালৈকে স্থায়ী হয় যে এটা পুৰুষৰ পৰা আনটো পুৰুষলৈ পীছা নেৰে। কিছুমান ৰোগ এনেকুৱাও হয় যে যাৰ চীধা সম্বন্ধ চেক্সৰ হয়। এই ধৰণৰ ৰোগৰ ভেনলে ডিজীজ (Veneral Disease) বুলি কয়। এইটো শ্ৰেণীতে আতশক আৰু সুজাকৰ দৰে ৰোগ আহে। এইটো ৰোগ ভয়ানক হোৱাৰ লগতে ঘাতকো হয়। ইয়াৰ চীধা প্ৰভাৱ পতি বা পত্নীৰ লগতে তেওঁৰ দ্বাৰ সৃষ্টি হব লগীয়া সন্তানৰ ওপৰতো প্ৰভাৱ পৰে। যদি কোনো লৰাৰ আতশক বেমাৰ হয় তেতিয়া যেনেদৰে বিবাহৰ পাছত তেওঁ নিজৰ পত্নীৰ লগত সম্ভোগ কৰিব, পত্নীকো এইটো ৰোগ লাগি যাব আৰু যেতিয়া পত্নীক এইটো ৰোগ লাগি যায় তেতিয়া তেওঁৰ গৰ্ভৰ পৰা জন্ম লোৱা সন্তানৰ শৰীৰতো সেই ৰোগ বীজাণু প্ৰৱেশ কৰিব। এই ধৰণে ভয়ানক ৰোগৰ কেতিয়াবা-কেতিয়াবা গৰ্ভস্থ শিশু ওপৰতো ইমান ঘাতক প্ৰভাৱ পৰে যে গৰ্ভতো তেওঁৰৰ মৃত্যু হৈ যায়। সেইকাৰণে এইটো বহুতো আৱশ্যক যে লৰা বা ছোৱালীৰ বিচাৰ কৰাৰ পূৰ্বে এই কথাৰ পুৰা সন্তুষ্টি কৰি লব লগে যে তেওঁ কোনো পৈতৃত বা ৰতিজন্য ৰোগ নাইতো।

কেতিয়াবা-কেতিয়াবা এইটো দেখা যায় যে লৰা বহুত স্বাস্থ্যবান তথা শক্তিবান দেখা দিয়ে কিন্তু তাত সম্ভোগশক্তি নহয়, ব াতেতিয়া তেওঁ নপুংসক হয় বা আকৌ নিজীৰ কিশোৰৱস্থাৰ পাহৰাৰ কাৰণ নিজৰ পুৰুষত্বৰে হাত ধোৱে। এনেকুৱা লৰাক লাগে যে তেওঁ বিবাহৰ পূৰ্বে নীজৰ এই বেমাৰৰ পুৰা চিকিৎসা কৰিব লাগে আৰু যেতিয়া তেওঁ পূৰ্ণ ৰূপেৰে ৰোগ-মুক্ত হৈ যায় তেতিয়া বিবাহ কৰিব, অন্যথা ইয়াৰ অনেক দু পৰিাম হোৱাৰ আশংকা থাকে। যেতিয়া এই ধৰণৰ ৰোগেৰে গ্ৰসিত পতি বিয়াৰ ৰাতি নিজৰ পত্নীক পূৰ্ণ ৰূপেৰে কাম-সুখ প্ৰদান কৰিব নোৱাৰে তেতিয়া পত্নক গভীৰ আঘাত পায়। তেওঁ তেতিয়া অযোগ্য আৰু পুৰুষ্য বহীন পতিক এৰি দিয়ে বা আকৌ নিজৰ কাম পিপাসাৰ পৰিতৃপ্তিৰ বাবে পৰ-পুৰুষৰ আগত আত্ম-সমৰ্পণ কৰাত

বিবশ হৈ যায়। আৰু এই ধৰণে তেওঁৰ দাম্পত্য জীৱন তেওঁৰ বাবে অভিশাপ বনি যায়।

সাধাৰণতে নপুংসকাত দুটা প্ৰকাৰৰ হয়। কিছুমান পুৰুষ জন্মজাত নপুসংক হয় কিছুমান মানসিক ৰূপত হয়। মানসিক ৰূপৰ নপুংসক যুৱক হয় যি কোনো স্ত্ৰীৰ লগত সম্ভোগ কৰাৰ সময়ত বা সম্ভোগৰ পাছত এইটো বুজে যে স্ত্ৰী সম্ভোগৰ যোগ্য নহয়। সাধাৰণতে পুৰুষক মানসিক ৰূপেৰে নপুংসক বনোৱাত স্ত্ৰীয়েই মুখ্য কাৰণ হয়। কেতিয়াবা-কেতিয়াবা এনেকুৱাও হয় যে অত্যধিক উত্তেজনা হৈ যোৱাত অথবা অন্য কোনো কোনো কাৰণত পুৰুষ স্ত্ৰীৰ লগত ভালদৰে সম্ভোগ কৰিব নোৱাৰে। স্ত্ৰীৰ কাম-উত্তেজনা সেই ধৰণে বনী থাকে তেতিয়া পীড়াতকত স্ত্ৰীৰ মুখৰ পৰা এনেকুৱা শব্দ ওলাই যে যিটো পুৰুষক মানসিক ৰূপেৰে নপুসংক বনাই দিয়ে। সাধাৰণ মানুহৰ বিচাৰ হল যে নপুসংকতা দূৰ হোৱা অসম্ভৱ হয় কিন্তু এতিয়া আধুনিক আৰ্য়ুবেদ বিজ্ঞানে সকলো প্ৰকাৰৰ নপুংসকতাৰ উপচাৰ বিচাৰি উলিয়াই ললে।

কিন্তু সমস্যাতো হ'ল যে যুৱকক লাজৰ কাৰণে নিজৰ ৰোগক লুকাই নিজৰেই নহয় এটা নিৰ্দোষ যুৱতীৰো জীৱন নষ্ট কি দিয়ে। অন্য ৰোগৰ স্পষ্ট চিহ্ন দেখা দিয়ে কিন্তু নপুংসকতাৰ তেতিয়া গম পায় যেতিয় পুৰুষ স্ত্ৰীৰ লগত সম্ভোগ কৰি লয়। যদি পুৰুষে নিজকে সাধাৰণভাৱে কম দেখা দিয়ে তেতিয়া তেওঁ নিজেকে নপুসংক মানি স্ত্ৰীৰ পৰা দুৰ যাবলৈ চেস্টা কৰিব ধৰে।

যি মানুহে জন্মজাত বা পুৰ্ণ ৰূপেৰে নপুংসক হয় তেওঁৰ চেক্সৰ প্ৰতি স্বাভাৱিক ৰুচি নাথাকে যিটো সামান্য পুৰুষত পোৱা যায়। ইয়াৰ লগতে তেওঁ স্ত্ৰীৰ লগত সম্ভোগ কৰাতো অসমৰ্থ হয়। কিছুমান ব্যক্তিগত সেক্স প্ৰতি ৰুচি পোৱা যায় কিন্তু তেওঁৰ সম্ভোগ কৰাৰ ক্ষমতা নাথাকে।

কিছুমান ব্যক্তিৰ ৰুচিও থাকে কিন্তু তেওঁৰ যৌন উত্তেজন ইমানেই কম হয় যে সম্ভোগ কৰাৰ পূৰ্বেই উত্তেজনা সমাপ্ত হৈ যায় অথবা সম্ভোগ ক্ৰিয়াৰ আৰম্ভ কৰোতেই তেওঁ স্খলিত হৈ যায়।

পুৰুষ সম্ভোগ কালত তেতিয়াৰ সময়ৰ পূৰ্বে স্খলিত হয় যেতিয়া বা তেতিয়া তেওঁ শাৰীৰিক ৰূপেৰে অস্বস্থ হয় বা সম্ভোগ-ক্ৰিয়া আৰম্ভ কৰাৰ পূৰ্বে এই সীমালৈকে উত্তেজিত হয় যায় যে ভালদৰে সম্ভোগ ক্ৰিয়া কৰিব নোৱাৰে। কেতিয়াবা-কেতিয়াবা যদি পুৰুষ চিন্তিত হয়, কোনো অসুবিধাত থাকে তেতিয়া তেওঁ সম্ভোগ-ক্ৰিয়াত

ৰুচি লব নোৱাৰে আৰু শ্ৰী তেওঁৰ এই স্হিতিক তেওঁৰ নপুংসকতা বুলি ভাৱে।

কিন্তু সমাগমৰ কঠিনতাৰ ওচৰত কেৱল পুৰুষকেই নহয় স্ত্ৰীকো কৰিব লগীয়া হয়। কিছুমান স্ত্ৰীক সম্ভোগৰ প্ৰতিৰুচি কম হয় আৰু যেতিয়া পুৰুষ তেওঁৰ লগত সম্ভোগ কৰিব ধৰে তেতিয়া সম্ভোগত কোনো ৰুচি নাথাকে, কেতিয়াবা-কেতিয়াবা যদি পুৰুষ চিন্তিত হয়, কোনো অসুবিধাত থাকে তেতিয়া তেওঁ সম্ভোগ-ক্ৰিয়াত ৰুচি লব নোৱাৰে আৰু স্ত্ৰী তেওঁৰ এই স্হিতিক তেওঁৰ নপুংসকতা বুলি ভাৱে।

কিন্তু সমাগমৰ কঠিনতাৰ ওচৰ কেৱল পুৰুষকেই নহয় স্ত্ৰীকো কৰিব লগীয়া হয়। কিছুমান স্ত্ৰীক সম্ভোগৰ প্ৰতি ৰুচি কম হয় আৰু যেতিয়া পুৰুষ তেওঁৰ লগত সম্ভোগ কৰি ধৰে তেতিয়া সম্ভোগত কোনো ৰুচি নাথাকে, কেতিয়াবা-কেতিয়াবা স্পষ্টভাৱে মান্তি নহয়।

কিছুমান স্ত্ৰীৰ যোনি ইমান সংকুচিত হয় যে সম্ভোগ কৰাৰ সময়ত পিছলতা হব ধৰে। এই ধৰণেৰ স্ত্ৰৰ লগত সম্ভোগ কৰাতো আনন্দ প্ৰাপ্ত নাপায় আৰু তেওঁ তেওঁক সম্ভোগৰ অযোগ্য মানি ঘৃণা কৰিব ধৰে।

পুৰুষক নপুংসকতা তথা স্ত্ৰীক যৌন অক্ষমা তথা এই ধৰণৰ যৌন কঠিনতা কিছুমান বিভিন্ন কাৰণেৰে সৃষ্টি হয়। ইয়াত সকলোতৈকে ডাঙৰ কাৰণ তেওঁৰ নিজৰ মানসিকা থাকে। সম্ভোগত অসফলতা বা ঘৃণা, অৰুচি, পাৰস্পৰিক বেমন্য, গৰ্ভ থাকি যোৱাৰ ভৱ, জৱন-নগৰীৰ প্ৰতি বৈমন্য, ঘৃণ্য বা উপক্ষোৰ ভাৱনা, প্ৰেমৰ অভাব, সম্ভোগৰ সময়ত কোনোবা আহি যোৱাৰ ভয়, শাৰীৰিৰিক অৱস্হতা, যৌন বিকাৰ, আয়ুহ আৰু গুপ্তাংগৰ আকাৰৰ অসমনতা আদি এনেকুৱা অধিক কাৰণ থাকে যিটো পুৰুষ আৰু স্ত্ৰীৰ সম্ভোগ ক্ষমতা আৰু ৰুচিত গভীৰ প্ৰভাৱ ভালে। এই কাৰণত পুৰুষ মানসি ৰূপেৰে নপুংসক আৰু স্ত্ৰী 'কোল্ড' হৈ যায়।

স্ত্ৰী তথা পুৰুষৰ যৌংগ

বিবাহৰ আগত যুৱক আৰু যুৱতীৰ বাবে এইটো বহুত আৱশ্যক যে তেওঁলোকে ইজনে সিজনৰ যৌনাংগৰ ৰচনা, ইয়াৰ কাৰ্য্য-প্ৰণালী আৰু ইয়াৰ ভেদ আদিৰ্ সম্বন্ধে সম্পূৰ্ণ জানকাৰী প্ৰাপ্ত কৰে যেন। এই জানকাৰী স্বাস্থ্য আৰু সুখী দাম্পত্য জীৱনৰ বাবে অত্যন্ত প্ৰয়োজন হয় কাৰণ যৌনেন্দ্ৰিয়ৰ কেৱল সম্ভোগৰ সৈতেই সম্বন্ধ আছে তেনে নহয় পাৰম্পৰিক প্ৰেম প্ৰদৰ্শনৰ সৈতেও আছে।

স্ত্ৰী আৰু পুৰুষৰ যৌনাংগৰ সকলোতকৈ বেছি পাৰ্থক্যটো এইটো যে স্ত্ৰীৰ যৌনাংগ শৰীৰত ভিতৰত স্হিত কিন্তু পুৰুষৰ যৌংগ শৰীৰ বাহিৰৰ ভাগত স্হিত।

পুৰুষৰ জননেন্দ্ৰিয়

পুৰুষৰ দুটা এনে জননেন্দ্ৰিয় আছে যিয়ে পুৰুষৰ শৰীৰৰ বাহিৰৰ অংশত স্পষ্টকৈ দেখা যায়। তাৰ ভিতৰত এটা হ'ল লিংগ আৰু দ্বিতীয়টো অণ্ডকোষ যি দুটা সংখ্যাত থাকে আৰু ই ছালেৰে তৈয়াৰী সোনাৰ দৰে যি লিংগৰ তলত ওলমি থাকে। এই সোনাটোত ছালৰ সৈতে চৰ্বী নাথাকে। অণ্ডকোষৰ আমাৰ বহুখিনি ডিমাকাৰৰ দৰে। বাওঁ অণ্ডকোষটো সোঁ অণ্ডকোষতকৈ অলপ ডাঙৰ, সেইকাৰণে সো। অণ্ডকোষটো অলপ তললৈ ওলমি থাকে। অণ্ডকোষ যিটো সোনাত থাকে সেইটো গৰমৰ দিনত বহুলি যাশ লাৰবাবে অণ্ডকোষ ওলনি পৰে কিন্তু ঠাণ্ডাদিনত ই নিজে-নিজে ফোচ খাই খায়। অণ্ডকোষৰ ৰচনা মানৱ শৰীৰৰ অন্যান্য ংগবাক ৰচনাতকৈ একেবাৰে বেলেগ বহুতেই বহুতেই অদ্ভূত হয়। যদি অণ্ডক কাটি চোৱা যায় তেন্তে এনে লাগে যেনে অগণণ দঘল নকি এক বিশেষ প্ৰকাৰৰ সাঁপৰ দৰে একেলগ কৰি দিয়ে যেন।

এই অগনন দীঘল নলিৰ মুঠিতেই শুক্ৰ কীটৰ নিৰ্মাণ হয়। সেই কাৰণে ইয়াক শত্ৰু কীঠ বনোৱা ফেক্টৰী বুলি কোৱা হয়। পুৰুষৰ শৰীৰত অনেক নলিকা বিহীন গ্ৰন্থি থাকে। অণ্ডকোষতে এক নলিকা বিহীন গ্ৰন্থি আছে য'ত 'গোনাচ' নামৰ হ'ৰমনৰ শ্ৰাব কৰে। পুৰুষৰ বাবে এই হ'ৰমেন বেলেগ হ'ৰমনৰ তুলনতা অধিক মহত্বপূনু কাৰণ গোনাড নামৰ হ'ৰমনৰ পৰাই পুৰুষৰ পুৰুষত্ব তথা সম্ভোগ শক্তি জম হয়। এই শ্ৰাৱ যিমান বেছি ডাঠফ হয় সিমানেই বেছি সম্ভোগ ক্ষমতা বাঢ়ে।

প্ৰকৃতিয়ে শুক্ৰকীটৰ সুৰক্ষাৰ বাবে অণ্ডকোষক ছালাৰ সোনাত বন্ধ কৰি দিছে। গৰমৰদিনত শৰীৰৰ উষ্ণতাই শুক্ৰাণুক হানি নকৰিবৰ বাবে এই সোনাটো স্বতৰই শৰীৰতকৈ অধিক ওলমি যায় আৰু ঠাণ্ডাৰ দিনত শৰীৰৰ উষ্ণতা পাবৰ বাবে কোচ খাই শৰীৰৰ ওচৰলৈ আহি যায়। সোনাটো বহল হোৱা আৰু ফোচ খাই যোৱা প্ৰক্ৰিয়াৰ দ্বাৰা শক্ৰকীটে সিমানে তাপ পাই যিমনা অপৰ সিহতক প্ৰয়োজন। প্ৰত্যেক অণ্ডকোষৰ ওপৰ ভাগত এডাল নলী থাকে যাক 'শুক্ৰৰজ্জু' কুলি কয়। এই শুক্ৰৰজ্জুত শুক্ৰ নলিকাৰ অতিৰিক্তে শিৰা আৰু ধমনিও থাকে। যেতিয়া এই শুক্ৰনলিকা বৰ্হি যায় তেতিয়া শুক্ৰাশয়ৰ ৰূপ লয় য'ত শুক্ৰ-কীট শুক্ৰ নলিকাৰ পৰা ওলাই বৈ যায়। এই শুক্ৰাশয় সূত্ৰাশয়ৰ পিছত থাকে। এই শুক্ৰাশয়ৰ স্টোৰ বুলি কব পৰা যায় কাৰণ ইয়াত কনাৰ পাছত শুক্ৰকীট জমা হৈ যায়। আৰু ইহত তেতিয়াহে এই স্টোৰৰ পৰা ওলাই যেতিয়া পুৰুযে সম্ভোগ কৰে।

পুৰুষৰ শৰীৰত যিমান জননেন্দ্ৰিয় বা যৌনাংগ থাকে তাৰ ভিতৰত সৰ্বাধিক মহত্বপূৰ্ণ হ'ল লিংগ যাৰ ওপৰত দাম্পত্য জীৱনৰ নিৰ্ভৰ কৰে। ইয়াৰ দ্বাৰা পুৰুয স্ত্ৰী সৈতে সম্ভোগ কৰে। ইয়াৰ দ্বাৰা বীৰ্য্য স্খলিত হৈ শুক্ৰাণু স্ত্ৰীৰ যোনিত প্ৰবেশ কৰি গৰ্ভাশয়লৈ পাইগৈ য'ত স্ত্ৰীৰ পৰিপক্ক ডিম্বৰ লগহৈ গৰ্ভৰ সৃষ্টি কৰে।

বিভিন্ন পুৰুষৰ শৰীৰৰ আকাৰ অনুপাতে তেওঁলোকৰ লিংগৰ আকাৰৰো পাৰ্থক্য পোৱা যায়। কিছুমান ব্যক্তিৰ লিংগ তেওঁলোকৰ শৰীৰৰ আকাৰৰ অনুপাতে বহুত দীঘল আৰু কিছুমান ব্যক্তিৰ সৰু হয়। ইয়াক যৌনাংগৰ বিষমতা বা অসামনতা বুলি বাব পৰা যায়, সাধাৰণতে লিংগ ঢিলা আৰু কোচখাই থাকে কিন্তু যেতিয়া পুৰুষৰ শৰীৰত কামোত্তেজনা জাগে, লিংগ টান আৰ, ডাঙৰ হৈ যায়। যদি লিংগ টান আৰু দৃঢ়তা নাথাকে তেনেহলে ই স্ত্ৰীৰ যোনিত প্ৰবেশেই

কৰিব নোৱাৰি। লিংগৰ সৃষ্টি তিনিটা মুখ্য পেশীৰ দ্বাৰা হয়। ওপৰৰ দুটা পেশী অলপ তিনি কোনীয়া আকাৰৰ আৰু দীঘল হয়। এইটো লিংগৰ মুলৰ পৰা উলাই আহি লিংগৰ মুণ্ডলৈকে যায়। ইয়াৰ নিৰ্মাণ স্পঞ্জৰ সমান খোখলে কোষেৰে হয়। যেতিয়া লিংগত স্হিৰতা সৃষ্টি হয় তেতিয়া এই শেষত ৰক্ত ভৰি যায় আৰ, লিংগত দৃঢ়তা আৰু স্হিৰতা সৃষ্টি হয়। তৃতীয় পেশী লিংগৰ তলতৰ ভাগত থাকে। ইয়াৰ নিৰ্মাণঙৰ স্পঞ্জৰ দৰে কোশেৰে থাকে। এইয়েৰে মাজত মুত্ৰ-নলী যায় যিটো মুত্ৰাশয়ৰে আৰম্ভ হৈ লিংগ মুণ্ডৰ বাহিৰত ছিদ্ৰলৈকে যায়। এই তৃতীয় পেশীৰ অগ্ৰভাগ লিংগমুণ্ড বুলি কোছা হয়। লিংগ-মুণ্ড লিংগৰ শেষ ভাগৰ ফালে কঠোৰ নহয় বৰঞ্চ নৰম আৰ, কোমল হয়। প্ৰকৃতিয়ে চাগে ইয়াৰ এই কাৰণে নৰম তথা কোমল বনালে যাতে স্ত্ৰীৰ সৈতে সম্ভোগ কৰাৰ সময়ত লিংগক যোনিত প্ৰৱিস্ট কৰাৰ সময়ত পীড়া নহয় আৰু লিংগৰ নিৰন্তৰ আবেগতেৰে স্ত্ৰীৰ যোনি মাৰ্গত খাৱ নলগায়। যেতিয়া পুৰুষৰ বীৰ্য্য স্খলিত হৈ যায়। তেতিয়া লিংগ আকৌ ই সাধাণ স্হিতিলৈ আহে।

পুৰুষৰ যৌনাংগত লিংগ সৰ্বাধিক সংবেদনশল অংগ হয়। কোনো সুদৰ স্ত্ৰীক দেখি বা স্পৰ্শ কৰি পুৰুষৰ হৃদয়ত যেতিয়াই কাম বাসনা জম হৈ যায় লিংগত উত্তেজনা আহি যায়। স্ত্ৰীৰ শৰীৰৰ স্পৰ্শ পালেই লিংগ উত্তেজিত হৈ যায়। বাস্তৱত লিংগ উত্তেজনাই পুৰুষৰ বাস্তৱিক উত্তেজনা হয়। বিশেষ ৰূপোৰ লিংগ মুণ্ড আৰু পিছত উঠি থকা গোল কাষৰ অংশখনিতো সৰ্বাধিক চেতনাশীল আৰু সংবেদনশীল হয়।

লিংগ আৰু অণ্ডকোষৰ অতিৰিক্তে পুৰুষৰ জননেন্দ্ৰিয় শুক্ৰাশয় পৌৰুষ-গ্ৰন্হি আৰু কাওপৰ গ্ৰন্হি হয়। শুক্ৰাশয়ৰ সৃষ্টি শুক্ৰমাৰ্গ বহলি যায়। শুক্ৰাশয়ত ডাট পিছল আৰু অলাপ হালধীয়া ৰঙৰ স্ৰাৱ উলাই যি শুক্ৰ কীটক গতিবান বনায়।

পুৰুষৰ ভিতৰি জননেন্দ্ৰিয়ত পৌৰুষ গ্ৰন্হি থাক Prostrate গ্ৰন্হি বহুত মহত্ত্বপূৰ্ণ হয়। এই গ্ৰন্হি প্ৰায় মূত্ৰাশয়ৰ আগত হয় আৰু ইয়াৰ মাজেদি মূত্ৰনলী পাৰ হয়। এই গ্ৰন্হি প্ৰায় ডেঢ় ইঞ্চি আৰু দুই ইঞ্চি বহল হয়। এই গ্ৰন্হিৰ পৰা দুগ্ধ ৰংৰ স্ৰাৱ ওলাই-যেতিয়া বীৰ্য্য স্খলিত হয় তেয়িা এই স্ৰাৱ বীৰ্য্যৰ লগত সম্মিলিত হৈ যায়। এই স্ৰাৱত স্পখিন নামৰ এক বিশেযে তত্ত্ব পোৱা যায় যাৰ কাৰণে হ'ল বীৰ্য্যত এক বিশেষ প্ৰকাৰ মাদক বন্ধ জম হয়। এই গ্ৰন্হিত দীঘল দীঘল তন্তু থাকে যি লিংগৰ মূলত মূত্ৰনলীৰ চাৰিওফালৰ পৰা অৱৰি থাকে তাৰু তাক

ৰক্ষা কৰে আৰু য'ত মূত্ৰাশয় পেচাৰেৰে ভৰি যায় বা লিংগত উত্তেজনা জম হৈ যায় তেতিয়া তাৰ হেচা মূত্ৰনলীৰ কাষৰ অংশত পৰে। কামোত্তেজনা জাগৃত হ'লে আৰু সম্ভোগ কালত এই পেশীতন্তু মূত্ৰ ভাগৰ ফুটাক কোচ খাই বন্ধ কৰি দিয়ে। এই ক্ৰীয়াৰ মূত্ৰ বীৰ্য্যত সম্মিলিত হব নোৱাৰে। যদি বীৰ্য্যত মূত্ৰ সম্মিলিত হৈ যায় তেনেহলে শুক্ৰাশয়ৰ স্ৰাৱত খাৰজাতীয় পদাৰ্থ উৎপন্ন হৈ যায়, যিয়ে শুক্ৰ কীট বাবে বহু এই ঘটক হয়। যেতিয়া বীৰ্য্য স্খতি হৈ যায় আৰু কামোত্তেজনা পূৰ্ণ ৰূপেৰে শান্ত হৈ যায় তেতিয়া সূত্ৰ মাৰ্গ খুলি যায়।

কাওপৰ গ্ৰন্থি পৌৰুষ গ্ৰন্থিৰ আগত মূত্ৰ ভাগত থাকে। এই গ্ৰন্থি বহুতে সৰু-সৰু হয়, কামোত্তেজনা ওপজিলে এই গ্ৰন্থিৰ পৰা এক জট স্ৰাৱ ওলাই যি ক্ষাৰীয় হৈ যায়। মূত্ৰ মাৰ্গত যদি কৰবাত মূত্ৰ জনিত অম্ল তত্ত্ব জম হয় তেতিয়া সেই স্ৰাৱে তাক দুৰ কৰি তাৰ পৰিবেশক ক্ষাৰীয় বনাই দিয়ে, ইয়াৰ দ্বাৰা শুক্ৰ কীটক কোনো ধৰণৰ হানি কৰিব পোৱাৰে। এই স্ৰাব কামোত্তেজনা জাগৃত হ'লে মূত্ৰ মাৰ্গেৰে বৈ লিংগ মূত্ৰ লৈকে আহি যায়। ইয়াৰ দ্বাৰা লিংগ মুণ্ড পিছল হৈ যায় যাৰ বাবে লিংগক যোনিত প্ৰবিষ্ট কৰাত সহজ হৈ যায়।

পৰী জননেন্দ্ৰিয়

পুৰুষৰ সমান স্ত্ৰীৰ জননেন্দ্ৰিয় শৰীৰ বাহিৰ ভাগত স্হিত নহয়, ই স্ত্ৰীৰ ভিতৰত স্হিত হয়। ইয়াৰ অতিৰিক্ত পুৰুষৰ জননেন্দ্ৰিয় য'ত দীঘল তথা আৱৰি থাকে। ত'ত স্ত্ৰীৰ জননেন্দ্ৰিয় গভীৰ আৰু গাতৰ ৰূপত থাকে। স্ত্ৰী আৰু পুৰুষৰ প্ৰমুখ জননেন্দ্ৰিয় লিংগ আৰু যোনিৰ সৃষ্টি এনেদৰে কৰা হৈছে যে ই এটাই যিটোৰ এনেদৰে সমাবেশ কৰে দুয়োৱে ইটোৱে যিটোৰ পুৰক যেন লাগে আৰু আচলতে ই ইটো মিটাৰ পুৰুষে হয়।

স্ত্ৰী জননেন্দ্ৰিয়ত মূখ্য ৰূপৰ যোনিয়ে এনে ইন্দ্ৰিয় যি চাব পাৰি। আৰু যোনিৰ যি বাহিৰ ভাগ দেখা পায়। তাৰ তিনিটা মুখ্য অংশ থাকে। যি স্পষ্টকৈ দেখা পায়–ভগ, ভগোষ্ট আৰু ভগনাশা। বাহিৰৰ পৰা দেখা পোৱা ভাগৰ সম্মিলিত নাম ভগ হয়। ভগৰ মাজে-মাজে এক দীঘল ওখ অংশ দেখা দিয়ে যিয়ে তাগ দুটা ভাগত বিভাজিত কৰে। দুয়ো ফালে সাৱৰি থকা ভাগেই ভগোষ্ট বুলি কোৱা হয়। ভগোষ্টাৰ ভিতৰৰ চৰ্বী শকত অংশ থাকে সেই কাৰণে ই আৱৰি থকা

আৰ, কোমল হয়। ভগোষ্টই ভিতৰৰ কোমল ইন্দ্ৰিয়ক ৰক্ষা কৰে লগাত যেতিয়া পুৰুষ সৈতে সম্ভোগ কৰে তেতিয়া পুৰুষৰ আঘাতৰে পৰাও সম্পূৰ্ণ যোনি আৰু যোনিৰ ভিতৰি ভাগক ৰক্ষা কৰে।

যেতিয়ালৈ যোনি অক্ষত থাকে তিয়ালৈকে সাধাৰণতে পৰস্পৰ লাগি থাকে। কিন্তু যেতিয়াই সম্ভোগৰ সংখ্যা বৃদ্ধি হৈ থাকে ভগোষ্ট ইটোসিটোৰ পৰা দুৰ হৈ যায় আৰু তাৰ মাজত দুৰত্ব বাঢ়ি যায়। ওপৰ ভগোষ্ট তলত ইয়াতকৈ আলপ সৰু আৰু বহুত কোমল দুটা ভগোষ্ট আৰু থাকে যাক লঘু ভগোষ্ট বুলি কোৱা হয়। বাহিৰৰ বৃহৎ ভগোষ্টৰ ছাল শৰীৰৰ বাকী জ্বালৰ নিচিনাই হয়। তাৰ ৰঙও বাকী ছালাৰ ৰঙৰ নিচিনা হয় কিন্তু অত্যাধিক সম্ভোগৰ কাৰণে ভগোষ্টৰ ৰং ক'লা হৈ পৰে। ওপৰৰ ভগোষ্টত ফুলিও থাকে যিয়ে মলি আৰু ঘামৰ পৰা ভিতৰি অংগক ৰক্ষা কৰে। লঘু ভগোষ্ট বৃহৎ ভগোষ্টৰ তলত লুকাই থাকে। আৰু বহুতেই কোমল ঝিলীৰে বনোৱা থাকে। সেইকাৰণে ইয়াৰ ৰং গুলপীয়া হয়।

স্ত্ৰীৰ সমস্ত জননেন্দ্ৰিয়ত কাম চেতনাক সৰ্বাধিক আৰু সহজেই গ্ৰহণ কৰাৰ প্ৰমুখ অংশটো হ'ল ভগনাশা হয়। শৰীৰ শাস্ত্ৰৰ বৈজ্ঞানিক ভগনাশাক পুৰুষ লিংগৰ প্ৰতিৰূপ বুলি মানা হয়। ইয়াৰ নিৰ্মাণেই পুৰুষৰ লিংগৰ সমান কোলেৰে হয়। যেতিয়া নাৰীৰ কামোত্তেজনা জাগৃত হয় তেতিয়া লিংৰ নিচিনাই ফটোৰ হৈ যায় আৰু তাৰ আকাৰো বাঢ়ি যায়। লিংগৰ নিচিনা ইয়াৰ ভিতৰতো বহুত সৰু মুণ্ড থাকে। ভগনাশাই স্ত্ৰীৰ বাহিৰৰ জননেন্দ্ৰিয়ত নহয় বৰঞ্চ স্ত্ৰীৰ সমস্ত জননেন্দ্ৰিয়ত এক বিশেষ মহত্ব আছে। ই ভগোষ্টৰ ভিতৰৰ মূত্ৰ ছিদ্ৰৰ প্ৰায় এক ইঞ্চি ওপৰ ফালে থাকে, ইয়াৰ সাধাৰণ আকাৰ মটৰ গুটিৰ সমান হয়। সম্ভোগৰ সময়ত ইয়াক স্পৰ্শ কৰিলে নাৰী বহুত বেছিকৈ উত্তেজিত হৈ পৰে। পুৰুষৰ শৰীৰৰ আঘাতেৰে এই উত্তেজনাক আৰু বেছি ৰঢ়ায় দিয়ে।

লঘু ভগোষ্টৰ ভিতৰৰ ফালে যোনি লাগও এন পাতল পৰ্দা থাকে। ইয়াক যোনিচছদ বা কুমাৰীচছদ বুলি কোৱা হয়। সাধাৰণতে ই তেতিয়া ফাটে যেতিয়া যোনিত লিংগ প্ৰবেশ কৰে। সেই কাৰণে ইয়াক যোনিৰ অক্ষত হোৱাৰ প্ৰমাণ মানা যায়। কিন্তু কেতিয়াবা ই জপিয়ালে বা মাহেকীয়াত অত্যাধিক ৰক্ত স্ৰাব হোৱাৰ বাবেও ফাচি শষ। এই পৰ্দাত এটা শুৰু ফুটা থাকে যাৰ দ্বাৰা মাহেকীয়াত ৰক্ত স্ৰাব ওলাই। প্ৰত্যেক যোনিত এই ঝিলী একে সমান নহয়। কাৰোবাৰ সোনিতো এই ঝিলী

ইমানেই পাতল যে সাধাৰণ আঘাতাত ফাটি যায় কিন্তু কাৰোবাৰ যোনিত ইমান ডাট ঝিলী থাকে যে দুবাৰ সম্ভোগ কৰিলেও নাফটে।

ওগৰ পৰা গৰ্ভাশয় মুখলৈকে এডাল নলী থাকে যাক যোনি মাৰ্গ বুলি কয়। পুৰুষ লিংগই এই যোনি মাৰ্গত প্ৰবেশ কৰি সম্ভোগ ক্ৰিয়াৰ সাপাত্তন কৰে। এই যোনিমাৰ্গৰ গৰ্ভাশয় পৰা ওলাই শিশু বাহিৰলৈ আহে। মাহেকীয়া ঋতুৰ স্ৰাৱও এই দ্বাৰেই বাহিৰওল ওলাই। এই নলীৰ সৃষ্টি বহুতেই আচৰিত ধৰণৰ। ইয়াৰ দেৱালত ঠায়ে ঠায়ে বলিৰেখা থাে। ইয়াৰ দেৱাল শ্লেস্মা ঝিলীৰ কোমল-অস্তৰেৰে বনোছা হয় আৰু এনে অস্তৰেৰে ঠায়ে-ঠায়ে বলি ৰেখা থাকে। বীৰ্য্য স্খলিত হোৱাৰ পিছত বীৰ্য্যৰ শুক্ৰাণু এই বলিখোত লুকাই থাকে। যোনিমাৰ্গৰ দেৱালৰ পৰা এক টেঙা ৰস উলাই থাকে। এই ৰসক যোনিমাৰ্গৰ প্ৰহৰী বুধিল কব পাৰি। এই টেঙা স্ৰাৱৰ কাৰণে যিকোনো বাহিৰা যোগ-কীটাণু যোনি মাৰ্গত প্ৰবিস্ট হব নোৱাৰে। এই অম্ল স্ৰাৱ শুক্ৰাণুৰো নস্ট কৰি দিয়ে। কিন্তু এই অম্ল ৰসৰ প্ৰভাৱ যোনিমাৰ্গৰ প্ৰবেশ দ্বাৰৰ পৰা অলাপ দুৰলৈকে থাকে। যোনিমাৰ্গৰ পিছ ফালেও য'ত গৰ্ভা শয়ৰ মুখ থাকে তাত গৰ্ভাশয়ৰ মুখৰ পৰা এক ক্ষাৰীয় স্ৰাৱ হৈ থাকে। যাৰ কাৰণে অম্ল স্ৰাৱৰ প্ৰভাৱ নস্ট হৈ যায় আৰু শুক্ৰাণু নস্ট হোৱাৰ পৰা বাচি যায়। এই বাচি যোৱা শুক্ৰাণু লহে লাহে গৰ্ভাশয়ৰ মুখলৈকে পায়গৈ আৰু তাৰ ভিতৰত কোনো শুক্ৰাণু যদি গৰ্ভাশয়ৰ মুখ খুলি থাকে, তেনেহলে তাৰ ভিতৰত প্ৰৱিস্ট হৈ যাব যিয়ে স্ত্ৰীৰ পৰিপক্ক চিম্বৰ সৈতে লগ হৈ শিশুৰ ৰূপ লৈ লয়। সম্ভোগ ফলাত যোনিমাৰ্গৰ দেৱালৰ পৰা এক প্ৰকাৰৰ পিছল স্ৰাবও ওলাবলৈ লব। এই পিছল স্ৰাৱৰ কাৰণে লিংগক যোনিমাৰ্গত প্ৰবেশ কৰাত সহজ হয়।

যোনি মাৰ্গৰ নিৰ্মাণ পিছল পেশীয়ে হয়। এই পিছল পেশীৰ কাৰণে যোনিত পুৰুষ লিংগৰ নিচিনাকৈ কম বেছি হোৱাৰ ক্ষমতা থাকে। যোনি মাৰ্গৰ উচ্চতা ভিন্ন-ভিন্ন হয়। সাধাৰণতে চাপৰ স্ত্ৰীৰ যোনিমাৰ্গ উচ্চতাও কম হয়। কিন্তু যি স্ত্ৰী ওখ আৰু হৃস্ট-পুস্ট হয় তেওঁলোকৰ যোনিমাৰ্গৰ উচ্চতাও বেছি হয়। কিন্তু এইটো জৰুৰী নহয়। সাধাৰণতে এই উচ্চতা আঢ়ৈ ইঞ্চি লৈকেও হয় কিন্তু কিছুমান স্ত্ৰীৰ যোনিমাৰ্গৰ উচ্চতা ছয় ইঞ্চিলৈকেও থাকে। অত্যাধিক সম্ভোগ বা শিশু জন্ম হোৱা বাবেও যোনি মাৰ্গৰ পেশী ঢিলা হৈ যায় আৰু যোনিমাৰ্গৰ উচ্চতা পৃস্ট বাঢ়ি যায়। সম্ভোগৰ কিছুমান এনে আসন আছে যিয়ে যোনিমাৰ্গৰ উচ্চতাকো কম কৰি দিয়ে আৰু তাক সংকোচিত কৰি দিয়ে।

এই বাহিৰত দেখা পোৱা জননেন্দ্ৰিয়ৰ অতিৰিক্তে স্ত্ৰীৰ শৰীৰ ভিতৰৰ যি অন্য জননেন্দ্ৰিয় থাকে তাৰ ভিতৰত গৰ্ভাশয় মূখ্য হয়। সম্ভোগত যেতিয়া পুৰুষৰ বীৰ্য্য স্খলিত হয় তেতিয়া শুক্ৰাণু গৰ্ভাশয়ৰ মুখত প্ৰবেশ কৰি ভিতৰত গুচি যায়। গৰ্ভাশয়ৰ মুখ যোনিদ্বাৰৰ অন্তিম কাযত থাকে। গৰ্ভাশয়ৰ আকাৰ বহুত খিনি এটা নাচপতিৰ দৰে মিলে। ইয়াৰ ভিতৰৰ ভাগ স্পেপোলা হয়। গৰ্ভাশয় স্ত্ৰীৰ বস্তি কৰৰত বহুত তত্ত্বৰ সহায়ত ওলমি থাকে।

গৰ্ভাশয়ৰ মুখৰ সংকুচিত ভাগক গ্ৰীৱা বুলি কোৱা হয়। গৰ্ভাশয় এই মুখ জীৱাৰ দ্বাৰা যোনিমাৰ্গৰ পিছফালাৰ দ্বাৰত ফচী থাকে। সম্ভোগ কৰাৰ সময়ত পুৰুষৰ লিংগ গৰ্ভাশয়ৰ মুখক লগ লাগে। এই মুখৰ দ্বাৰা শুক্ৰাণু গৰ্ভাশয়ৰ ভিতৰত প্ৰবেশ কৰে।

গৰ্ভাশয়ৰ নিৰ্মাণ পিছল মৌখিক তত্ত্বৰে হয়। ইয়াৰ পেশীত বহল হোৱা আৰু কোচখোৱাৰ এক অদ্ভূত শক্তি আছে। সাধাৰণত গৰ্ভাশয়ৰ পুস্ট প্ৰায় তিনি-চাৰে তিনি ইঞ্চি লৈকে হয় কিন্তু গৰ্ভস্হাপনাৰ পিছত যেতিয়া শিশু বাঢ়িবলৈ লয়, গৰ্ভাশয়ৰ আকাৰও বাঢ়িবলৈ ধৰে আৰু বাঢ়ি-বাঢ়ি ২১ ইঞ্চি লৈকে বাঢ়ি যায়।

পুৰুষৰ শুক্ৰ নলিকাৰ দৰে স্ত্ৰীৰ গৰ্ভাশয়ৰ সোঁ আৰু বাওঁ মুৰত এডাল-এডাল নলি ওলাই। এই নলিকাত ওলমি-ওলমি ডিম্বগ্ৰন্থি পৰা ওলাই ডিম্ব গভাশয়ত পাইগৈ কিন্তু ডিম্ব আৰু শুক্ৰামুৰ পৰস্পৰ মিলন এই ডিম্ব নলিকাওতে হয়। মাহেকীয়া ঋতুৰ পিছত যেতিয়া ডিম্ব পৰিপক্ক হৈ হযায় তেতিয়া নিজৰ স্হানৰ পৰা ওলাই ই নলিকাৰ মাৰ্গৰ বৈ গৈ এটা ঠাইত ৰৈ যায় আৰু শুক্ৰাণুলৈ অপেক্ষা কৰি থাকে। যদি শুক্ৰাণু সৈতে তাৰ মিলন হৈ যায় তেনেহলে গৰ্ভ স্হাপিত হৈ যায় আৰু ডিম্ব গৰ্ভাশয়ৰ দেৱালৰ সৈতে লাগি ধৰি লাহে-লাহে ভ্ৰুণৰ ৰূপ বাঢ়িবলৈ লয় কিন্তু যদি শুক্ৰাণুৰ সৈতে মিলাপ নহয় তেনেহলে মাহেকীয়া ঋতুৰ স্ৰাৱৰ লগত গৰ্ভাশয়ৰ মুখৰ পৰা বাহিৰলৈ ওলাই নস্ট হৈ যায়। পুৰুষৰ শৰীৰত যি কাৰ্য্য অণ্ডকোষ কৰে স্ত্ৰীৰ শৰীৰত সেই কাৰ্য্য ডিম্ব গ্ৰন্থিয়ে কৰে। এই দুয়োটাৰ মাজৰ সকলোতকৈ ডাঙৰ পাৰ্থক্যটো এইটো যে পুৰুষৰ অণ্ডকোষ শৰীৰৰ বাহিৰা ভাগত তথাকে আৰ ডিবগ্ৰন্থি স্ত্ৰীৰ ভিতৰি ভাগত থাকে। ডিম্ব গ্ৰন্থিৰ থাকাৰ বহুত খিনি বাদামৰ সৈতে মিলে। এই ডিম্ব গ্ৰন্থি গৰ্ভাশয়ৰ দুয়ো কাযে প্ৰায় তিনি-তিনি ইঞ্চিৰ দূৰত্বত থাকে। পুৰুষৰ অণ্ডকোষৰ দৰে স্ত্ৰীৰ ডিম্ব গ্ৰন্থিৰ পৰা 'অভাৰিয়া হৰমন' ওলাই মাৰ প্ৰত্যক্ষ প্ৰভাৱ ডিম্বৰ উৎপাদন, মাহেকীয়া

ঋতু, স্ত্ৰীৰ শৰীৰৰ যৌনাংগ আৰু কাম কেন্দ্ৰত পৰে। অভাৰিয়ান হ'ৰম'নেই স্ত্ৰীৰ মাজত স্ত্ৰীয়োচিত লজ্জা, সংকোচ, কোমলতা আৰু সৌদৰ্য্য আদি গুণক জমায় আৰু ইয়াক সদায় ৰাখিবলৈ সহায় কৰে।

যদিও স্ত্ৰী শৰীৰত স্তনৰ সৃষ্টি শিশুক গাখীৰ খুৱাবলৈ কৰা হৈছে কিন্তু আচলতে স্তনৰ স্ত্ৰীৰ যৌনাংগৰ সৈতে ঘনিস্ট সম্বন্ধ আছে। স্তনৰ বৃদ্ধি, সুডোলতা আৰু সৌদৰ্য্যৰ সৃষ্টি অভাৰিয়ান হ'ৰম'নৰ দ্বাৰাই হয়। স্তন 'নাৰীৰ শৰীৰত বহুতে মহত্বপূৰ্ণ কেন্দ্ৰ হয়। ইয়াৰ নিৰ্মাণ অত্যাধিক সংবেদনশীল আৰু চেতনাশীল নাড়ীৰ দ্বাৰা কৰা হৈছে, স্তনক পুৰুষৰ দ্বাৰা, স্পৰ্শ কৰিলে নাৰীৰ কামোত্তেজনা লাগি উঠে। বিশেষকৈ স্তনৰ বিন্দু বা নিপল আৰু তাৰ চাৰিওফালৰ স্তনবৃত্ততো বহুতেই সংবেদনশীল হয়। যেতিয়া নাৰীৰ কামোত্তেজনা জাগে তেতিয়া স্তনবিন্দু টান হৈ থিয় হৈ পৰে।

পুৰুষৰ শৰীৰত যেনেদৰে বীৰ্য্য থাকে তেনেদৰেই স্ত্ৰীৰ শৰীৰত ৰজ থাকে সম্ভোগ ক্ৰিয়াৰ অন্তিম ক্ষণত যেনেদৰে পুৰুষৰ বীৰ্য্য স্খলিত হয় তেনেদৰেই যেতিয়া স্ত্ৰীয়ে কমাসুখ প্ৰাপ্তি কৰে তেতিয়া তেওঁৰ যোনিমাৰ্গৰ দেৱালাৰ পা পাতল ৰঙৰ ৰস ওলাবওল লয়। স্খলিত হোৱাৰ ময়ত সত্ৰীৰ কামোত্তেজনা নিজৰ অন্তিম সীমালৈকে পাইগৈ আৰু ৰজস্ৰাৱ পৰ্যাপ্ত মাত্ৰাত ওলাই তেতয়িা তেওঁৰ সম্পূৰ্ণ শৰীৰ শিথিল হৈ পৰে। সিদৰে বীৰ্য্যৰ অভাৱ বা বীৰ্য্য দুৰোপযোগ পুৰুষৰ বাবে হানিকাৰক তেনেদৰেই ৰজৰ অত্যাধিক অনাৱশ্যক আৰু সামান্য উত্তেজনাতেই স্ৰাৱ ওলোৱাটো নাৰীৰ কাৰণে হানিকাৰক হয়। অনাৱশ্যক ৰজস্ৰাৱৰ বাবে সত্ত্ৰী কেৱল দুৰ্বলতাই নহয় বৰঞ্চ সম্ভোগৰ প্ৰতি অৰুচি জাগে। বহুত ৰোগ হবলৈ লয়। গৰ্ভধাৰণ শক্তি কমি যায় আৰু কমি-কমি এদিন পুৰ্ণ ৰূপত সমাপ্ত হৈ যায়।

বিবাহৰ পাছত

বিবাহৰ পাছত দাম্পত্য জীৱনৰ প্ৰাৰম্ভ সুহাগৰাতিৰে হয়। কিন্তু স্বামী-বিচনাতত যোৱাৰ পূৰ্বে কিছুমান এনেকুৱা কথা হল যে যিটো পতি আৰু পত্নী দুয়োটাকে ভালদৰে জানিব লাগে। এই কথাৰ জানকাৰী যে অভাৱত সুহাগৰাতৰ প্ৰেম মিলনৰ আনন্দ মাতিত মিলি যায়।

সাধাৰণ মানুহৰ ধাৰণা যে প্ৰথম বাৰ সম্ভোগ কৰাত কাৰণ সেই সময়ত দৰা আৰু কন্যা দুটাই যুৱক আৰু যুৱতী হয় আৰু শৰীৰৰ অংগ নিজৰ-নিজৰ ক্ৰিয়াৰ সম্পাদনৰ পূৰ্ণ ৰূপেৰে সমৰ্থ আৰু সক্ষম হয়, সেই কাৰণে গৰ্ভৰ স্হাপনা হব পাৰে। অতঃ প্ৰথম মিলনেৰেই তেওঁ সন্ততি নিৰোধিৰ উপায় কামত আনিব লাগে। এইটো বিচাৰ আৰু ইয়াৰ বিচাৰৰ আধাৰত দুটাকে দিয়া লাকত যদি অমল কৰা যায় তেতিয়া দৰা-কন্যা সুহাগৰাতৰ বাস্তৱিক আনন্দৰে বঞ্চিত থাকি যাব। প্যাসী কুঁৱাৰ ওচৰত আহিও প্যাস নাইকীয়া হব। এই কথাত বিৰোধকি নোৱাৰে যে আজি দেশৰ বৰ্তমান স্হিতিক চাই সীমিত সন্তান জন্ম কৰিবৰ বাবে প্ৰথম মিলনৰ পৰা সাৱধান হব লাগে। কিন্তু ইয়াৰ লগত এনেকুৱা পদেশ দিলগীয়া এইটো পহৰে যে যৌন সম্বন্ধৰ অৰ্থ কেৱল সন্তানৰ প্ৰাপ্তিয়েই নহয় আনন্দ প্ৰাপ্তিও হয়। সংসাৰত যিমানেই সুখ সেইটোত কাম-সুখ সবধিক আনন্দপূৰ্ণ সুখ হয়। প্ৰথম মিলনতেই যদি মনত এইটো ভয় থাকি যায় যে সম্ভোগৰ পাছত কন্যা নিশ্চিত ৰূপেৰে গৰ্ভৱতী হৈ যাব তেতিয়া প্ৰথম মিলনৰ সুখ ক্ষণৰ সমুচা ৰোমাঞ্চ সমাপ্ত হৈ যাব। যাক পেৱাৰ ৰুচিত সেই দুটাই বৰ্ষ প্ৰতীক্ষা কৰিছিল।

সুহাগৰাতক দৰা আৰু কন্যা দুটা সাজি কাচি থাকে কিন্তু সুহাগৰাতৰ পাছতো পতি-পত্নীক লাগে যে তেওঁলোক ৰাতি শুৱাৰ সময়ত এনেকুৱা বেয়া কাপোৰ পিন্ধিব নালাগে যিটো দেখি এজনে ইজনৰ প্ৰতি ঘৃণা বা উপেক্ষাৰ ভাবনা সৃষ্টি কৰে। অধিকাংশ পত্নি ঘৰৰ কাম-কাজত

গোটেই ৰাতিলৈকে ব্যস্ত থাকে আৰু আকৌ সেই দৰেই পৰি থকা চুলি আৰু ঘামেৰে লথপথ শৰীৰ বাবে পতিৰ ওচৰৰ গুচি যায়।

ইয়াৰ পৰিণাম এইটো হয় যে পতিৰ মনত তেওঁৰ প্ৰতি বিতৃষ্ণা জাগি উঠে। তেওঁৰ লগত সম্ভোগ কৰাৰ প্ৰাপ্ত নহয় আৰু আকৌ এদিন এনেকুৱা হয় যেতিয়া এনেকৰা পত্নীৰ লগত সম্ভোগ কৰাৰ ইচ্ছা সমপ্ত হৈ যায়। সেইকাৰণে এই বহুতো দৰাৰী যে ৰাতি যেতিয়া পতি-পত্নী শুৱাৰ কোঠাও যায় তেতিয়া নিজৰ শৰীৰক ভালদৰে চাফা কৰি লব লাগে। যদি চৰ্দি লগা নাই তেতিয়া গা ধুই শৰীৰৰক সুদৰ কৰি লওক আৰু যদি চৰ্দি লাগিছে তেতিয়া তেলেৰে শৰীৰক চাফা কৰি লব লাগে। স্ত্ৰীক অলপমনা মেকআপ কৰি ল লাগে যাতে তেওঁৰ প্ৰতি পতিৰ মনত আকৰ্ষণ বনি থাকে। কামেচছাক জাগৃত কৰাৰ সুগন্ধিত পদাৰ্থৰ বহুত ডাঙৰ হাত থাকে। সুগন্ধিত পাউদাৰ, চেন্ট বা ইএৰ প্ৰয়োগেৰে কাম-কাজৰ ভাগৰ পৰা আহিবলগীয়া নহয় যৌন ক্ৰিয়াৰ সময়ত আহিব লগীয়া ঘামৰ দুৰ্গন্ধিও কমি যায়। পান আৰু ইলচী খালে মুখ আৰু শুহাৰ দুৰ্গন্ধি দুৰ হৈ যায়। ইয়াৰ দ্বাৰা চুম্বন কৰাৰ সময়ত অধিক প্ৰাপ্ত হয়। কিছুমন স্ত্ৰী-পুৰুষৰ শৰীৰৰ পৰা স্বাভাৱিক ৰূপেৰে বিভিন্ন প্ৰকাৰৰ গোন্ধ ফুটী থাকে। তেওঁ যদি সুগন্ধিত পদাৰ্থৰ সেৱন নকৰেও তেতিয়া কোনো কথা নাই কিন্তু কিছুমান স্ত্ৰী-পুৰুষৰ শৰীৰৰ পৰা উলোৱা ঘাম দুৰ্গন্ধপূৰ্ণ হয় যে তেওঁৰ লগত সম্ভোগ কৰাতো দুৰৰ কথা চুৱাৰো ইচছা নাথাকে।

সম্ভোগ দাম্পত্য জীৱনৰ মুখ্য আধাৰ হয়। সামান্যতঃ মানুহৰ বিচাৰ হল যে স্ত্ৰী তথা পুৰুষৰ যৌনাংগৰ এজনে ইজনৰৰ সম্বন্ধ স্থপিত কৰাতোৰেই সম্ভোগ হয়। এইটো এটা বহুত সামান্য কথা হয়। এইটো দেখি শুনি সকলো জানি লয়। ইয়াৰ বাবে কোনো যুৱক-যুৱতক কোৱাৰ দৰকাৰ নহয়। মানে সম্ভোগ কেৱল এট শাৰীৰিক ক্ৰিয়া মাত্ৰ যেনে চলা ফুৰা।

অনাদি কালতে সম্ভোগক কেৱল ইমানেই মহত্ব প্ৰাপ্ত আছিল। তেওঁক বিশুদ্ধ শাৰীৰিক প্ৰক্ৰিয়া আৰু ভুখ-প্যাসৰ দৰে শৰীৰৰ সামান্য অংগ বুজা গৈছিল কিন্তু যেতিয়া-যেতিয়া মানৱ সভ্যতাৰ ফালে বাঢ়ি যোৱা এই শাৰীৰিক প্ৰক্ৰিয়াৰ চাৰিওফালে এট ৰূমানী বাতাৱৰণৰ বনি থাকে যে সম্ভোগ প্ৰক্ৰিয়াই মানৱ জীৱনৰ সৰ্বাধি সুখ আনন্দ আৰু উল্লাসৰ ক্ষণৰ ৰূপ লৈছে। মানুহক বিধিবত সম্ভোগ বা কাম কলাৰ শিক্ষা দিব ধৰিলে।

সম্ভোগ পশু আৰু পক্ষীলৈকে সকলো প্ৰাণীয়েই কৰে। কিন্তু সম্ভোগ ক্ৰিয়াৰ সমাপনৰ পাছত তেওঁলোক এজনে ইজনক এইদৰে পাহৰি যায় যেনেদৰে কেতিয়াবা পৰিচয় নাছিল।

কিন্তু মানৱৰ যেতিয়া-যেতিয় জীৱৰ আৰু ৰুচিত সুন্দৰতা অহা তেনে-তেনে সম্ভোগ প্ৰক্ৰিয়াও তেওঁ নতুন-নতুন প্ৰয়োগ কৰি গৈছে।-

বাস্তৱত সম্ভোগ বহুতো সংবেদনশীল কাৰ্য্য হয়। অলপমান অসাৱধনীয়ে জীৱনভৰ অভিশাপ বলি যায়। সম্ভোগৰ দ্বাৰা নৱবিৱাহিত পতি-পত্নী এজনে ইজনক এইটো বিশ্বাস দিয়াই যে এতিয়া শাৰীৰিক ৰূপেৰে এক হৈ গৈছে আৰু আজিৰ পৰা তেওঁৰ জীৱনত কিছুমান গোপনীয় নহয়। তেওঁ অজীৱন এজনে ইজনৰ ওপৰত বিশ্বাস কৰিব আৰু কোনো লুকুৱাই ৰাখিব।

সম্ভোগ প্ৰক্ৰিয়াৰ কিছ সামান্য নিম আছে। সম্ভোৰ কাতল যদি ইয়াৰ পালন নকৰে তেতিয়া পতি-পত্নীৰ একীকৰণত বাধা আহি যায়। সম্ভোগ প্ৰক্ৰিয়াৰ প্ৰথম নিয়ম হল যে সম্ভোগৰ বাবে উচিত বাতাবৰণ তৈয়াৰ কৰা যায়। সম্ভোগৰ বাবে উপযুক্ত স্থান যত কোনো প্ৰকাৰৰ ব্যৱধান সৃষ্টি নকৰিব নোৱাৰে, শুনিব লাগে। উপযুক্ত সময় হয় যেতিয়া তেওঁ কোনো কাৰ্য্য কৰাৰ চিন্তা নাথাকে। যদি পতি বা পত্নীৰ ওচৰত কোনো আৱশ্যক কাৰ্য্য অধুৰা থাকে তেতিয়া সম্ভোগ কালত তেওঁৰ ধ্যান সমানে সেইফালে গুচি যায় আৰু তেওঁ পূৰ্ণ মনোযোগেৰে সম্ভোগ ক্ৰিয়াৰ ধ্যান দিব নোৱাৰে।

সম্ভোৰ বাবে এনেকুৱা স্থান বিচাৰিব লাগে যত ভালদৰে একান্ত হয়। কাৰোবাৰ অচানক অহা গালি দিয়াৰ সম্ভাৱনা নাথাকে। সেই স্থানৰ ওচৰ পাজৰৰ বাতাবৰণ সম্ভোগৰ প্ৰতি ৰুচি আৰু আকৰ্যণ সৃষ্টি কৰিব পাৰে। সম্ভোগ ক্ৰিয়াৰ বাবে যিটো পালেং ব্যৱহাৰ কৰা যায় তাত চাফা বিচনা পাৰিব লাগে।

সম্ভোগৰ বাবে বাতাবৰণ তৈয়াৰ কৰাত ঋতুৰ বহুত ডাঙৰ হাত থাকে। সকলো ঋতুত স্ত্ৰী আৰু পুৰুষৰ কামৰ আবেগ একেদৰে নহয়। প্ৰায়ঃ বসন্ত ঋতুত যেতিয়া গন্ধভৰী মাকে বিয়েৰ বৈ যায়। চাৰিওফালে ফুল আৰু গোন্ধৰ সাম্ৰাজ্য থাকে-বাতাবৰণত স্বতঃ কামেচছা জাগি দিয়ে। এই ধৰণৰ বৰ্ষ ঋতুত যেতিয়া আকাশত কঁলা মেঘ চাৱনী থাকে বাতাবৰণ ময়ুৰ পপীহা আদি পক্ষিৰ মধুৰ মাতেৰে বিয়পি থাকে তেতিয়া কামেচছা উৎপন্ন হোৱাতো সামান্য কথা। পৰমৰ চন্দ্ৰমাৰ ৰাতিত যেতিয়া গোটেই দিনটো অতি পাত গৰম শান্ত হৈ যায় আৰু

ঠাণ্ডা-ঠাণ্ডা শীতল বতাহ বব ধৰে বা আকৌ যেতিয়া বহুত শীত পড়ে, পুৰুষ বা স্ত্ৰীৰ শৰীৰ এজনে ইজনৰ শৰীৰে মেৰিয়াই ঠাণ্ডা দুৰ কৰিবৰ বাবে স্বয়ং অধীৰ হৈ উঠে।

পুৰুষৰ অপেক্ষা স্ত্ৰীৰ স্বভাৱ অত্যধিক সংকোচশীল আৰু লজ্জালু হয়। সম্ভোগ কালত তেওঁলোক নিজৰ মুখেৰে একো নকয়। সম্ভোগ বাবে যেতিয়া পুৰুষ তেওঁৰ ওচৰত প্ৰস্তাৱ ৰাখে তেতিয়া মুক বনি থাকে। সেই কাৰণে পুৰুষক তেওঁলেকৰ মনত সম্ভোগৰ ইচ্ছা জগাব লগয়ী হয়। পুৰুষ আলিংগন তথা চুম্বনৰ দ্বাৰা স্ত্ৰীৰ মনত কাম-আবেগক বঢ়োৱাই দিয়ে।

কিছুমান মানুহৰ বিচাৰ যে স্ত্ৰীৰ শৰীৰত বিভিন্ন অংগৰ কাম বাসনা লাগি থাকে। তেওঁৰ শৰীৰৰ কুন কিছুমান এনেকুৱা স্হান থাকে, যিটোক চিৰে, মৰম বা মোহাৰিলে আৰু চুম্বন কৰাত স্ত্ৰী সম্ভোগৰ বাবে লালায়িত হৈ উঠে। স্ত্ৰীৰ ওঁঠ, গাল আৰু স্তন তথা গৰ্দনৰ চুম্বন স্ত্ৰী আৰু পুৰুষ দুয়োটাৰ বাবে আনন্দ প্ৰদান কৰে। কৰঙণ নিতম্ব আৰু পেডুক মোহাৰিলেও স্ত্ৰীত কামোত্তেজনা জাগৃত হৈ যায়। স্ত্ৰীৰ স্তন পুৰুষৰ বাবে বহুত মহত্ব হয়। স্তনেৰে পুৰুষক সম্ভোগৰ প্ৰেৰণা পায়। বাস্তৱত স্তন নাৰী শৰীৰৰ সৌন্দৰ্য্য আৰু আকৰ্ষণক বঢ়াই দি পুৰুষৰ মনত সহজে কামোত্তেজনা সৃষ্টি কৰি দিয়ে। স্ত্ৰীৰ স্তনত চুমা দিলে, মোহাৰিলে স্ত্ৰীত কামেচ্ছা বহুত তীব্ৰতাৰে জাগৃত হয়। স্তনক মোহাৰিলে তেওঁলোকৰ বিন্দু কঠোৰ হৈ টন স্তনত অৱাক আৰ, কাড়া আহিদ যায়। যদি স্তনৰ বিন্দু ক মখত লৈ চুদিলে স্ত্ৰী নিজকে ৰাখিব নোৱৰে। স্ত্ৰীৰ স্তনেৰে যেতিয়া পুৰুষ নিজৰ বুকু ঘৰ্ষে তেতিয়া স্ত্ৰীৰ শৰীৰত কামৰ তৰঙ্গ উঠিব ধৰে আৰুস্ত্ৰী সম্ভোগৰ বাবে অধীৰ হৈ উঠে।

শৰীৰত কামবেগৰ তৰঙ্গ উঠিলে স্ত্ৰী আৰু পুৰুষ এজনে ইজনৰ যৌনাংগ মোহাৰিব ধৰে। স্ত্ৰী পুৰুষৰ লিংগ আৰু অণ্ডকোষক তেতিয়ালৈ মোহাৰে যেতিয়া লৈকে তাত ভালদৰে তনাৱ আহি নাৱায়। এই ধৰণে পুৰুষেও স্ত্ৰীৰ যোনীক তেতিয়ালৈক মোহাৰে যেতিয়ালৈকে যোনিত সংকুচন আৰু প্ৰসৰণ প্ৰাৰম্ভ নহয়। স্ত্ৰীৰ ভগনাসা তেওঁৰ শৰীৰত কামোত্তেজনাৰ এটা প্ৰমুখ কেন্দ্ৰ হয়। স্ত্ৰীৰ যোনিত আঙুলী ভৰাই ভগনাসাক লাহে-লাহে আঙুলিৰে ঘৰ্ষিত কৰিব লাগে। যদি আঙুলীৰে ভগনাসাক ঘৰ্ষিত কৰে তেতিয়া স্ত্ৰীত কামবেগ আৰু অধিক বাঢ়ি যায়।

কেৱল লিংগক যৌনিমাৰ্গত প্ৰবিষ্ট কৰি তেওঁক টানি থকিলে স্ত্ৰীক সম্পূৰ্ণ সুখ নাপায়। সম্ভোগ কৰাৰ সময়ত স্ত্ৰীৰ ওঁঠ আৰু গাল স্তন আদক চুমা দিলে তথা মোহাৰিলে বহুতো আৱশ্যক হয় ইয়াৰ দ্বাৰা তেওঁৰ সম্পূৰ্ণ শৰীৰত ৰোমাঞ্চ বলি থাকে।

কিছুমান এনেকুৱা পুৰুষ আৰু স্ত্ৰীয়ো আছে যি এজনে ইজনে যৌনাংগক চুমা দিলে আৰু চুলে অত্যধিক আনন্দ প্ৰাপ্তি হয়। যি ধৰণে পশুত পশুৰ যেনিক শুভি নৰ পশত কামোত্তেজনা সৃষ্টি হয় সেই ধৰণে কিছুমান পুৰুষ আৰু স্ত্ৰীতে তেওঁ প্ৰবৃত্তি জাগৃত হৈ যায়। ইয়াৰ বাবে আৱশ্যক যে লিংগ আৰু যৌনিক ভালদৰে চাবুন আদিৰে ধোই চাফা কৰি লব লাগে আৰু তেওঁৰ ওচৰ পাজৰৰ চুলীকো চাফা কৰি দিয়া যায় আৰু যোনি বা লিংগত কোনো ঘা নাথাকে। তেওঁ কোনো ৰোগেৰে গ্ৰসিত নহয়। এই ধৰণেৰ কামশাস্ত্ৰিয়ই মুখ-মৈখৰ নাম দিছে।

অপাকৃতিক কাম ব্যৱহাৰ

অপ্ৰাকৃতিক কাম ব্যৱহাৰৰ মুল কাৰণ পুৰুষৰ বাবে স্ত্ৰী আৰু স্ত্ৰী আৰু পুৰুষৰ অভাৱ। অধিক বয়সলৈকে অবিবাহিত থকা যুৱক-যুৱতী বা আকৌ এনেকুৱা বিধুৰ বা বিধবা স্ত্ৰী যি সমাজৰ কোনো স্ত্ৰী বা পুৰুষৰ লগত যৌন সম্বন্ধ স্হাপিত কৰিব নোৱাৰে, অপ্ৰাকৃতিক মৈথুনৰ সহায় লোৱাত বিবশ হৈ যায়। সামাজিক তথা আইনৰ দৃষ্টিকোণেৰে স্ত্ৰীৰ যোনিৰ অতিৰিক্ত আৰু কোনো ধৰণেৰে মৈথুন কৰা অনুচিত আৰু অপৰাধ মানি যায়। এই ধৰণে পশু তথা সমলেংগিক ব্যক্তিৰেও মৈথুন কৰাতো অপৰাধ মানি যোৱা যায়। প্ৰচীন কালতো অপ্ৰাকৃতিক মৈথুন কৰা পুৰুষ তথা স্ত্ৰীক দণ্ড দিয়াৰ ব্যৱস্হা আছিল।

অপ্ৰাকৃতিক মৈথুনত সকলোতকৈ অধিক প্ৰচলন হস্ত মৈথুনৰ হয়। সংসাৰত যিমানেই পুৰুষ হয় তেওঁলোকৰ 90 শতাংশতকৈ অধিক এ নেকুৱা পুৰুষ হয় যোনে কেতিয়াবা কেতিয়াবা হস্ত মৈথুন অৱশ্য হয়। স্ত্ৰীত হস্ত মৈথুনৰ কা কম হয় কিন্তু আকৌ 50 শতাংশ স্ত্ৰী হস্ত মৈথুন কৰা পোৱা যায়। সাধাৰণতে এইটো কিশোৰাৱস্হাত সৃষ্টি হয়। ছোৱালী আৰু লৰাক কাম সুখৰ প্ৰথম অনুভৱ হস্ত মৈথুনেৰে কৰে। আকৌ লাহে-লহে এই কাম সুখক প্ৰাপ্ত কৰিবৰ বাবে নিয়মিত ৰূপেৰে হস্ত. মৈথুন কৰি ধৰে।

এনেকুৱা দেখা গৈছে যে হস্ত মৈথুন কিশোৰ কিশোৰিয়া নিজতকৈ ডাঙৰৰ পৰা শিকে। স্কুলত আৰু কলেজত ডাঙৰ বয়সৰ ছাত্ৰ-ছাত্ৰী সৰু বয়সৰ ছাত্ৰ-ছাত্ৰীৰ হস্ত মৈথুনৰ কাৰ্য্য কৰি দিয়ে। ডাঙ বয়সৰ অবিবাহিত ছোৱালী বা বিধবা কুমাৰী আৰু কম বয়সৰ ছোৱালীক হস্ত মৈথুনত নিপুন বনাই দিছে। কেতিয়াবা-কেতিয়াবা হস্ত মৈথুনৰ আধা ছোৱালী ইয়াৰ পৰা আগ বাঢ়ি যায় আৰু নিজৰ যোনি মাৰ্গত কোনো দীঘল আৰু কোমলতা বস্তু দি কাম সুখ প্ৰাপ্ত কৰাৰ চেস্টা কৰে। এই

কামৰ বাবে তেওঁ গাজৰ, মুলা বেঙেনা আৰু কলৰ দৰে পাচলি প্ৰয়োগ কৰে।

কাৰণ এইটো ঘৰত সহজে পোৱা যায় আৰু ইয়াৰ আকাৰ পুৰুষ লিংগ লগত মিলে।

কোনো পুৰুষ স্ত্ৰীৰ অভাৱত আৰু কোনো স্ত্ৰী পুৰুষৰ অভাৱত সমলংগক কৰাত প্ৰথমে বিবশ হয় আৰু আকৌ এই মৈথুনৰ অভ্যস্ত হৈ যায়। লাহে-লাহে ইয়াক সমলংগিক মৈথুনত ইমান আনন্দ প্ৰাপ্ত হব ধৰে যিমান তেওঁক বিপৰীত লিংগক মৈথুনৰে প্ৰাপ্ত নহয়। পুৰাতন কালত গ্ৰীচ তথা মিস্ত্ৰত সমলিংগক মৈথুনক অত্যধিক সম্মানপূৰ্ণ দৃষ্টিৰে দেখা গৈছিল। আৰব আদি পশ্চিমী দেশত আজিও সমলিংগক মৈথুনৰ বহুত প্ৰচলন হয়।

য়ুৰোপৰ কিছুমান দেশত স্ত্ৰী বেশ্যাৰ দৰে পুৰুষ বেশ্যাও হয়। সেই সমলিংগক মৈথুন কৰাই নিজৰ অজীৱিকা চলাই। ভাৰতত কিশোৰ আৰু হিজড়াৰ লগত পুৰুষ মৈথুন কৰে। সমলিংগক মৈথুনত যি পুৰুষক অত্যাধিক কাম সুখৰ প্ৰাপ্তি হয় তেওঁ নিজৰ পত্নী আৰু অন্য স্ত্ৰীৰে ও সেই ধৰণে মৈথুন কৰে। সাধাৰণতে তেওঁ স্ত্ৰীক এইটো কৈ তৈয়া কৰি লয় যে এই ধৰণে গৰ্ভৰ সম্ভাৱনা নাথাকে আৰু তেওঁৰ কৌমাৰ্য্যও সুৰক্ষিত থাকিব। যদি কোনো স্ত্ৰীৰ লগত কিছু দিনলৈকে এই ধৰণে মৈথুন কৰা যায় তেতিয়া তেওঁ নিজৰ যোনিত পুৰুষ লিংগক প্ৰবিষ্ট কৰি মৈথুন কাত আনন্দ প্ৰাপ্ত নহয়।

সমলিংগক মৈথুন কৰিব লগীয়া স্ত্ৰী-পুৰুষ নিজৰ দ্বিতীয় লগৰক নিজৰ পতি বা পত্নী মানি সেই ধৰণে তেওঁৰ আলিংগন আৰু চুম্বন কৰে যি ধৰণে তেওঁ নিজৰ বাস্তৱিক পতি বা পত্নীৰ কৰে। তেওঁৰ প্ৰণয়ক্ৰিয়া সম্ভোগ কালাৰ প্ৰণয় ক্ৰিয়াৰ বস্তু থাকে। যি স্ত্ৰী স্ত্ৰী প্ৰতি যৌন আকৰ্ষণ হয় তেওঁৰ ব্যৱহাৰত স্পষ্ট ৰূপেৰে পুৰুষত্বৰ চৰিত্ৰ দেখা দিয়ে। আৰু যি কিশোৰ সমলিংগত মৈথুন কৰাৰ অভ্যস্ত হয় তেওঁৰ স্ত্ৰীত্বৰ চৰিত্ৰ দেখা দিয়ে।

স্ত্ৰীত সমলিংগক মৈথুনৰ স্বভাৱক লেছবিয়ানবাদ বুলি কয়। সমলিংগক মৈথুনৰ অভ্যস্ত স্ত্ৰী এজনে ইজনৰ জানেন্দ্ৰিয়ক ঘৰ্ষিত কৰে, চুখে আৰু এজনে-ইজনে যোনীত আঙুলী ভৰাই ভগক ঘৰ্ষিত কৰি এজনে ইজনক উত্তেজিত কৰে। ইয়াত মুখ মৈথুনৰ স্বভাৱো থাকে।

দাম্পত্য জীৱনৰ স্বপ্ন

বিবাহৰ পূৰ্বে যুৱক তথা যুৱতী সুহাগৰাতৰ ৰংগীন সপোনতে থাকে। সেই কেইটাৰ বহুতো সপোন এনেকুৱা যাৰ লগত যথাৰ্থৰ সম্বন্ধ হয় কিন্তু কিছুমান সপোন এনেকুৱাও হয় যাৰ যথাৰ্থ জীৱনৰেই নহয় যথাৰ্থ জগতৰ দুৰৰ সম্বন্ধ নাথাকে। এই সপোনাৰ বাস্তৱিকতা কথা তেতিয়া গম পাই যেতিয়া সেইটো সুযোগ প্ৰাপ্ত হয়।

সাধাৰণতে লজ্জাৰ কাৰণ অথবা এই ভয়েৰে পতি এইটো ভাবি নাথাকে যে তেওঁৰ পত্নী বিবাহৰ পূৰ্বে সম্ভোগ সুখৰ অনুভৱ প্ৰাপ্ত কৰিছে, তেওঁ প্ৰথম মিলনৰ সুখ বেলাত মাতৰি মুৰ্তি বনি থাকে। পতি যিমানেই মৰম-মনুহৰ নকৰক কিয়, তেওঁ তেওঁৰফালে ধ্যান নিদিয়ে আৰু তেওঁৰ কোনো প্ৰত্যুত্তৰ নিদিয়ে। ইয়াৰ পতিৰ মনত বহুত বেয়া প্ৰভাৱ পৰে। তেওঁ এইটো বোজে যে সম্ভোগৰ যোগ্য নহয়। প্ৰথম মিলত পত্নীৰ এইটো উপেক্ষা সুমুচে বিবাহিত জীৱনক ট্ৰেজেডী বনাই দিছে।

কিছুমান যুৱতিৰ মগজুত সৰুৰে পৰা এই কথা সোমোৱাই দিয়ে যে সম্ভোগ ক্ৰিয়া বহুত ডাঙৰ পাপ বা পতি যেতিয় প্ৰথমবাৰ সম্ভোগ কৰে তেতিয়া বহুত পীড়া হয়। ইয়ালৈকে যে ছোৱালীৰ জীয়ে আহে। এই ভয়ৰ পৰা সেই পতিৰে পৰা দুৰ-দুৰ থকাৰ প্ৰয়াস কৰে, কান্দে, কেতিয়াবা-কেতিয়াবা এইটো বেয়া দৰে জাগি উঠে পতি ওপৰত ইয়াৰ তীব্ৰ প্ৰতিক্ৰিয়া হয়। বা তেওঁ ভয়তে পত্নীক এৰি কঠোৰ পৰা উলায় যায় আৰু আকৌ জীৱনভৰ পত্নীক প্ৰেম কৰিব নোৱাৰে বা আকৌ তেওঁৰ আনন্দৰে শুই থকা পশু জাগি উঠে আৰু তেওঁ পত্নীৰ লগত বলাৎকাৰ কৰে। এই বলাৎকাৰৰ পত্নী মন আৰু মস্তিস্কত বেয়াকে প্ৰভাব পৰে। সেই পতিক ৰাক্ষস আৰু দুঃচৰিত্ৰ বুজি তেওঁৰ ছাৰ পৰাও পলাই ফুৰে। আৰু আকৌ পতি তেওঁৰ লগত প্ৰত্যেক ৰাতি বলাৎকাৰ

কৰাত বিৱশ হ্‌ পৰে। তাৰ বাদেও, পত্নীৰ পৰা ভৰপুৰ সহযোগ নোপোৱাত তেওঁ দ্বিতীয় স্ত্ৰীৰ ফালে আকৰ্যিত হৈ যায় কিন্তু জীৱপৰ্যন্ত তেওঁ বলাৎকাৰী প্ৰবৃত্তি তেওঁৰ পিছ নেৰে। তেওঁৰ সম্পৰ্কত যিকোনো স্ত্ৰী আহে, তেওঁ স্বেচ্ছাৰ পৰা আত্মসমৰ্পন কৰি দিয়ে, তেওঁ তেওঁৰ লগতো পশুতো বৰ্বৰ ব্যৱহাৰেই কৰে।

কিছুমান মানুহৰ ৰায় যে বিবাদেৰে পূৰ্ব যুৱকক বেশ্যাৰ ওচৰত যায় যৌন ব্যৱহাৰৰ শিক্ষা গ্ৰহণ কৰিব লাগে। কিন্তু এইটো বহুতো ভ্ৰামক বিচাৰ হয়। বেশ্যাৰ ওচৰত যাই যিকোনো যুৱক নিজৰ চৰিত্ৰ সুৰক্ষিত ৰাখিব পাৰে, এইটে অসম্ভৱ হয় আৰু আকৌ সেই পত্নীৰ দৰে ব্যৱহাৰ কোনো বেশ্যাৰ লগত কৰিব নোৱাৰে। পত্নীৰ বাবে তেওঁৰ মনত প্ৰেম, আদৰ আৰু পবিত্ৰ ভাবনা হয় তেওঁ যিকোনো বেশ্যাৰ বাবে তেওঁৰ কোনো প্ৰকাৰৰ কোনো ভাবনা নাথাকে সেইকাৰণে সম্ভোগৰ সময়ত তেওঁ পুৰুষক সহযোগ কৰিব নোৱাৰে আৰু প্ৰেমৰ প্ৰতিদান দিব নোৱাৰে। বেশ্যাৰ লগত সম্ভোগ কৰাত পত্নীৰ লগত সম্ভো কৰাৰ শিক্ষা পোৱা নাযায়।

বেশ্যাগামী যুৱক বিবাহ পাছত পত্নীৰ পৰাও এইটো অপেক্ষা কৰে যে তেওঁৰ পত্নীও বেশ্যাৰ দৰেই ব্যৱহাৰ কৰে পতিৰ কোৱা মতেই সম্ভোগৰ বাবে তৈয়াৰ হৈ যাঁয়।

বিবাহৰ পূৰ্বে কোনো প্ৰেমিকাৰ লগতো যদি সুযোগ পাই তেতিয়া যৌন সম্বন্ধ স্থাপিত হৈ যায়। কিন্তু প্ৰেমিকাৰ লগত যৌন ব্যৱসায়ত প্ৰেম আৰু প্ৰেমিকা দুটাৰ নিৰ্ভীক হৈ কাম সুখৰ প্ৰতি কৰিব নোৱাৰে। সমাজৰৰ ভয় বদনামীৰ ভয়, গৰ্ভ থাকি যোৱাৰ আশংকা তেওঁক সম্ভোগ কৰাৰ সময়ত তেওঁ স্বতন্ত্ৰতা আৰু নিৰ্ভীকতা দিব নোৱাৰে যিটো সম্ভোগৰ সময়ত আৱশ্যক হয়। ভয়গ্ৰস্ত স্ত্ৰী-পুৰুষ কেতিয়াবা স্ত্ৰী-পুৰুষ কেতিয়াবা সম্পূৰ্ণ ৰূপেৰে কামসুখ প্ৰাপ্ত কৰিব নোৱাৰে। এই ধৰণে প্ৰেমিকাৰ লগতো তেওঁলোক অনুভৱ প্ৰাপ্ত হব নোৱাৰে যিটো পত্নীৰ লগত সম্ভোগ কৰিবৰ বাবে আৱশ্যক হয়।

আজি আমাৰ দেশত স্ত্ৰী শিক্ষাৰ কম নহয়। অধিকাংশ ছোৱাল পঢ়া-লিখা হয়। বিবাহৰ পূৰ্বে তেওঁলোক অনেক ফিল্ম দেখে। অনেক উপন্যাস পঢ়া থাকে আৰু সেই ফিল্ম তথা উপন্যাসৰ আধাত তেওঁলোক মনত নিজৰ মনপচন্দ জীৱন লগৰীৰ এটা কাল্পনিক মিত্ৰ বনাই লয়। বিবাহ তেওঁলোকৰ বাবে অত্যধিক ৰোমাঞ্চপূৰ্ণ ঘটনা বনি থাকে আৰু তেওঁ বিবাহিত জীৱনৰ কেৱল সপোনেই নেদেখে বিবাহিত জীৱনৰ

যোজনাও বনাব ধৰে।

সেইকাৰণে সুহাগৰাতৰ ঘড়িত তেওঁ নিজৰ পতিক নিজৰ সপোনাৰ ৰাজকুমাৰক বিচৰাৰ প্ৰয়াস কৰে যদি প্ৰথম মিলনত পতিৰ ব্যৱহাৰ বহুতো স্নেহ আৰু ৰোমাঞ্চ তথা ভাবুকতাপূৰ্ণ হয় তেতিয়া তেওঁ সহজতে তেওঁ আগত আত্মসমৰ্পন কৰি দিয়ে আৰু গতিক জীৱনভৰ নিজৰ প্ৰাণতকৈ প্ৰেম কৰে, কিন্তু যদি পতিৰ ব্যৱহাৰত তেওঁ কোনো বিৰোধামাস দেখা দিয়ে তেতিয়া তেওঁৰ সকলো সপোন ধুলিত মিলি যায়।

বিবাহৰ পাছত যত মনত অনেক আকাংক্ষা যাতে তাত অনেক আশংকাও থাকে যদি তাৰ এটাও আশংকা সচা হৈ যায় তেতিয়া সকলো আকাংক্ষা ধুলিত মিলি যায়। প্ৰথম মিলত কোনো পৰম্পৰাৰ অদায়গী নহয় যিটো কোনো দৰে সোনকালে ঠীক কৰিব পাৰে। সোনকাল কৰাতো দাম্পত্য জীৱনৰ বাবে অভিশাপ বলি যায়। প্ৰথম মিলনৰ স্মৃতি ইমান স্থায়ী আৰু অমিট হয় যে মনুষ্য জীৱনভৰ পাহৰিব নোৱাৰে। এইটো স্মৃতি যদি সুখ হয় বা দুখ, যদ্যপি এই ধৰণৰ কোনো নিয়ম বনোৱা গৈছে যে সুহাগৰাতত পতিৰ পত্নীৰ লগত কি ধৰণৰ ব্যৱহাৰ কৰিব লাগে বা কি কি আচৰণ কৰিব লাগে। এইটো সকলো পতি-পত্নীৰ ইচ্ছা আৰু স্হিতিত নিৰ্ভৰ হয়। যেনেদৰেই বাতাবৰণ হয় আচৰণ হৈটোৰ অনুকূল কৰিব লাগে।

প্ৰথম ৰাতিত পতিক সম্ভোগৰ বাবে একেবাৰে উতাৱলী কৰিব নালাগে বহুতো সময় আৰু ভালদৰে কাম কৰিব লাগে। নতুন ঘৰ বনোৱাৰ যিমানে সপোন নেদেখক পত্নী যিমানেই পাহৰাৰ চেষ্টা নকৰক কিন্তু মা-দেউতা, ভাই-বাইদেউ আৰু নিজীৰ বান্ধৱীৰ পৰা এাৰ দুখ থাকে। অপৰিচিত ঘৰ-দ্বাৰ আৰু অপৰিচিত মানুহক মাজত তেওঁ নিজকেই অকলশৰীয়া অনুভৱ কৰে। সেই কাৰণে পতিৰ লাগে যে তেওঁ পত্নীত নিজৰ অন্তৰংগ হোৱাৰ ভাৱনা জগাব। তেওঁক ইমনা স্নেহ দিয়ক যে পত্নীৰ মনত তেওঁৰ প্ৰতি বিশ্বাস আহি যায় আৰু তেওঁ পতিক অভিন্ন মিত্ৰ বুলি ভাবিব ধৰে। প্ৰথম মিনলৰ এইটো স্নেহ সহানুভূতি আৰু অপনত্বৰ ভাৱনা পত্নীক নিজীৰ মাকৰ ঘৰৰ পৰা এৰাৰ দুখ আৰু তেওঁৰ মনত থকা সকলে আশংকা আৰু দুবিধাক সমাপ্ত কৰি নতুন জীৱনৰ সুখী-সুখী স্বাগত কৰাৰ বাবে লালয়িত হৈ উঠে।

ভাৰতীয় নাৰী যিমানেই শিক্ষা প্ৰাপ্ত নকৰক, সেইটোৰ পৰা তেওঁ গুণ আৰু বিশেযতা কেতিয়াও নাথাকে, যিটো ভাৰতীয় নাৰীৰ গৌৰৱ

হয়। ভাৰতীয় নাৰীত আজিও লজ্জা আৰু সংকোচ সমাপ্ত হোৱা নাই।

সেই কাৰণে সুহাগৰাতত তেওঁৰ বোবা বনি যোৱাতো স্বাভাৱিক হয় কিন্তু সীমাৰ পৰা অধিক মৌন থকাতো উচিত নহয়। কিন্তু ইয়াৰ এইটো অৰ্থ নহয় যে তেওঁ নিলৰ্জ বনি যাব। তেওঁক মৰ্যাদাৰ সীমাত থাকোতেও পতিৰ প্ৰেমৰ প্ৰতিদান কৰিবই লাগে। পতিৰ কথাৰ উত্ত নিদিয়া পতিৰ অনাদৰ হয়। কেতিয়াবা-কেতিয়াবা এই ধৰণে মৌন থকা পত্নীক পতিৰ আশংকাৰী বুজি লয়। তেওঁৰ এই উপেক্ষা আৰু অৱহেলাক নিজৰ অনাদৰ বুলি ভাৱে। প্ৰথম মিলনত যিমান সাৱধানী আৰু সতকৰ্তা পতিৰ বাবে আৱশ্যক হয় সেইটোতকৈ অধিক সাবধান আৰু সতৰ্কতা পত্নীৰ বাবে আৱশ্যক হয়। পত্নীৰ সামান্য উপেক্ষা পতিৰ হৃদয়ত ইমান গভীৰ থাকে যে তাৰ পাছত পত্নী তেওঁক আদৰ যদিও নকৰক, তেওঁ প্ৰথম মিলনৰ সেই উপেক্ষাৰ কেতিয়াও পাহৰিব নোৱাৰে।

পত্নীৰ কৰ্তব্য হল যে তেওঁ প্ৰথম মিলত নিজৰ অতীতক পাহৰি ভৱিষ্যতৰ নিজৰ স্নেহ আৰু বিশ্বাসৰ ওপৰত ইমান শক্তিশালী ৰাখিব লাগে যে পতিৰ মনত কেতিয়াবা সৃষ্টি হব লগীয়া ভুল সেই বুনিয়াদক হিলাব নোৱাৰে। দাম্পত্য জীৱনক সখ বনাবৰ বাবে পত্নীক নিজৰ অধিকাংশও প্ৰতি নাই। নিজৰ কৰ্তব্যৰ প্ৰতিও জাগৰুক থাকিব লাগে। অধিকাৰ বিচাৰিলে কেতিয়াও নাপায়। যেতিয়া কোনো ব্যক্তি নিজৰ কৰ্তব্যক ভালদৰে পালন কৰে তেতিয়া তেওঁক অধিকাৰ স্বতঃ পাই।

পতি-পত্নীক লাগে যে প্ৰথম মিলনৰ এজনে ইজনক বুজাৰ চেস্টা কৰক। আজিকালী ছোৱালীৰ বিবাহ ইমান কম বয়সত নহয় যে তেওঁ কোনো কথাৰ জন নাথাকে আৰু ইমান অশিক্ষিত নহয় যে দাম্পত্য জীৱনৰ অৰ্থহি গম নাপায়। আজিকালীৰ ফিল্ম আৰু সস্তা বাজাৰৰ বিভিন্ন সাহিত্য তেওঁলোকক চেক্সৰ লগত সম্বন্ধিত বহুত কথা কয়। সেইকাৰণে যদি জানিবুজি কোনো বিবাহিত ছোৱালী এই সম্বন্ধত নিজৰ অজ্ঞানতা প্ৰকট কৰে বা সম্ভোগ বাবে অধীৰ পতিক কেৱল এইটো প্ৰদৰ্শিত কৰিবৰ বাবে সেক্সৰ সম্বন্ধত বাবে অধীৰ পতিক কেৱল এইটো প্ৰদৰ্শিত কৰিবৰ বাবে সেক্সৰ সম্বন্ধত তেওঁলোক একো নাজানে বা সম্ভোগত বেয়া বা অনুচিত বুলি ভাৱে, শোভনীয় নহয়। প্ৰথম মিলত পত্নীক পতিৰ প্ৰত্যেক ক্ৰিয়াত সহযোগ দিব লাগে।

সম্ভোগ

সম্ভোগ-ক্রিয়া দাম্পত্য-জীৱৰ প্ৰমুখ আধাৰ হয় আৰু সৰ্বাধিক মহত্বপূৰ্ণ তথা অনিবাৰ্য্য অংগ হয়। কেতিয়াবা-কেতিয়াবা প্ৰাৰম্ভিক শিক্ষা-দিক্ষা তথা পৰম্পৰাগত পাৰিবাৰিক সংস্কাৰৰ কাৰণ নৱবিবাহিতা বধুত সম্ভোগৰ পৰা বচাৰ ভাবনা থাকে, কাৰণ তেওঁক সৰুৰে পৰা কোৱা হৈছিল যে সম্ভোগ ক্ৰিয়া বহুত বেয়া কথ, অশলীল আৰু লেতেৰা। পাপ হয়। সৰুৰে পৰা সম্ভোগ ক্ৰিয়াৰ নিন্দ শুনি-শুনি তেওঁলোকৰ মনত এইটো ধাৰণা ভালদৰে থাকি যায় যে বাস্তৱত সম্ভোগ ক্ৰিয়া বহুত লেতেৰা হয় আৰু প্ৰথম মিলনত কেৱল এই ভয়ত যদি পতি তেওঁৰ লগত সম্ভোগ নকৰে, তেওঁ পতিৰ পৰা দুৰত পলাবলৈ চেষ্টা কৰি থাকে। তেওঁ এই স্বাভাৱিক শাৰীৰিক মিলনক ভয় আৰু লজ্জাৰ দৃষ্টিৰে চাব ধৰে। বিবাহৰ পূৰ্বে তেওঁৰ মনত বনী থকা এই ধাৰণ যিমানেই লাভকাৰী আছিল, বিবাহৰ পাছত এইটো ধাৰণা তেওঁৰ বাবে কিমান ঘাতক সিদ্ধ হব পাৰে, ইয়াত তেওঁ সম্ভোগৰ পৰা দুৰত থকাৰ পৰা গ্ৰসিত পত্নী পতিক চৰিত্ৰহীন আৰু নিজকে চৰিত্ৰবান মানি প্ৰম দিনৰ পৰাই পতিক ঘৃণা কৰি ধৰে। প্ৰথম মিলনত নব-বধুক এই মিথ্যা ধাৰণা, পুৰাতন ৰুঢ়ি আৰ, অনাবশ্যক লজ্জা তথা সংকোচেৰে ভাবিব নালাগে। পতিৰ প্ৰতি উদৰতা, বিনম্ৰতা আৰু সহানুভূতি তথা সহযোগৰ প্ৰদৰ্শন কৰিব লাগে। সম্ভোগ ক্ৰিয়াত পতিক সহযোগ দিয়াৰ চেষ্টা কৰিব লাগে।

সম্ভোগ এটা বহুত জটিল কলা হয়। এই কলাত সমুচিত প্ৰশিক্ষণ তথা অভ্যাসৰ দ্বাৰাই ব্যক্তি কুশলতা প্ৰাপ্ত কৰিব পাৰে। সম্ভোগ ক্ৰিয়া সামান্য ৰূপেৰে একেদৰেই হয় কিন্তু নিজৰ-নিজৰ ৰুচি আৰু

পৰিস্হিতিৰ অনুসাৰে মানুহে তাত অলপ বহুত পৰিৱৰ্তন কৰি লয়। প্ৰত্যেক দম্পত্তিক সম্ভোগত এটা বিশেষ দক্ষতা প্ৰাপ্ত কৰিব লগীয়া হয়। যাক তেওঁ নিজৰ পৰিস্হিতিৰ ভালদৰে অধ্যয়ন কৰাৰ পাছত নিজৰ অনুভৱৰ দ্বাৰাই প্ৰাপ্ত কৰিব পাৰে।

সম্ভোগ সেই সাধন হয় যাৰ দ্বাৰা দুটা অপৰিচিত মন আৰু তন মিলি এক হৈ যায়। বিবাহিত জীৱনত প্ৰেমৰ সমাবেশ সম্ভোগৰ পাছতেই হব পাৰে। সেইকাৰেণ জীৱনৰ এই মহত্বপূৰ্ণ ক্ষেত্ৰত ব্যক্তিক বহু ভালদৰে বুজি, ধৰ্য্য আৰু সংযমেৰে প্ৰৱেশ কৰিব লাগে। ইয়াৰ লগতে প্ৰৱেশ কৰিলে পূৰ্বে এই সম্বন্ধত পুৰা জানকাৰীও প্ৰাপ্ত কৰি লব লাগে। প্ৰথম সম্ভোগৰ সফলতাত সমুখ দাম্পত্য জীৱৰ সুখ আৰু উল্লাস নিৰ্ভৰ হয়। সাধাৰণ ভুল আৰু অজ্ঞনতা সকলো জীৱনক নষ্ট কৰিব পাৰে।

সম্ভোগ আৰম্ভ কৰাৰ কিছুমান সামান্য নিয়ম আমাৰ কামশস্ত্ৰিই নিৰ্ধাৰিত কৰিছে। এই নিয়মৰ অনুসাৰে সম্পূৰ্ণ সম্ভোগ ক্ৰিয়াক চাৰিটা ভাগত বিভাজিত কৰা গৈছে। সেই কেইটা চাৰিটা ভোগ হয় (1) ভূমিকা (2) কামক্ৰীড়া (3) সম্ভোগ আৰু (4) উপসংহাৰ।

(1) ভূমিকা – সম্ভোগ আৰম্ভ কৰাৰ পূৰ্বে উপযুক্ত তৈয়াৰীৰ অৰ্থই ভূমিকা হয়। প্ৰথম মিলনৰ বাবে এনেকুৱা শয়নকক্ষ বিচৰা যায় যিটো ঘৰৰ পৰা বেলেগ হয়। যত কোনো ধৰণৰ হুলস্হুল নহয় আৰু সেই কোফাই এনেকুৱা একো বস্ত্ত নাথাকে যে যিটো ঘৰৰ বাবে বহুত আৱশ্যক হয় আৰু কোনো সময়তে তেওঁ অহাৰ সম্ভাৱনা থাকিব পাৰে। শয়ন কক্ষ সুন্দৰ আৰু সুসজ্জিত হয়। তাত অলপমান পোহ থাকে। এইটো আৱশ্যক নহয় যে বহুত টকা খৰচ কৰি তেওঁক সজোৱা যায়। কিন্তু তেওঁ নিজৰ স্হিতিৰ অনুসাৰে এই ধৰণে সজই লব লাগে যে দেখাত আৰুচি সৃষ্টি নহয়। বিচনা চাফা আৰু সুন্দৰ হয়, ঋতুৰ অনুসাৰেই প্ৰথম মিলনৰ সময়ত নিৰ্ধাৰিত কৰিব লাগে, শীত ঋতুৰ ৰাতি যেতিয়া ঠাণ্ডা পৰে, পৰমৰ ঠাণ্ডা চন্দ্ৰমাৰ ৰাতি আৰু বৰ্ষা ঋতুত যেতিয়া আকাশত ঘন ডাৱ থাকে। অলপমান কুঁৱলী পৰে আৰু ময়ুৰ পপীহাৰ মধুৰ মাতেৰে বাতাবৰণ সংগীময় বনি থাকে, কোঠা ধুপ জলাই কোঠাৰ বাতাবৰণক সুগন্ধিত বনাব লাগে। পতি-পত্নীকো

নিজৰ শৰীৰৰ আৰু বস্ত্ৰতো ইত আদি লগাব লাগে। বাতাবৰণক ৰোমানী বনোৱাত সুগন্ধ, বেশ-ভূযা তথা সাজ-সজ্জাৰ বিশেষ স্হান আছে।

নব বধুৰ শৃংগাৰৰ প্ৰথম মিলনত বহুত মহত্ব হয়। শৃংগাৰ সম্ভোগ ক্ৰিয়া বা প্ৰথম মিলনৰ ভূমিকাৰ মহত্বপূৰ্ণ অংগ হয়। এই সুযোগত তেওঁ পূৰ্ণ শৃংগাৰ কৰি সুন্দৰ কৰে কিন্তু এনেকুৱা বস্তু পিন্ধিব লাগে যিটো প্ৰথম মিলনত বাধকবনিব নোৱাৰে। এই ধৰণে পতিকো সুন্দৰ বস্ত্ৰ ধাৰণ কৰিব লাগে।

শয়নকক্ষত প্ৰবেশ কৰাৰ পূৰ্বে পতি-পত্নীক লাগে যে তেওঁলোক সকলো ক্লেশ, ক্ৰোধ, ক্ষোভ আৰু চিন্তা এৰি মানসিক ৰূপেৰে নিজকে জীৱনৰ এই সৰ্বাধিক মহত্বপূৰ্ণ ঘড়িৰ বাবে তৈয়াৰ কৰিব লাগে।

(2) প্ৰেমক্ৰীড়া প্ৰথম মিলনৰ এক অদ্ভূত নিচা থাকে। তেওঁৰ কল্পনা মাত্ৰৰে বধুৰ হৃদয় আনন্দিত হয় থাকে। স্ত্ৰী-পুৰুষৰ শাৰীৰিক মিলনত প্ৰকৃতিৰ মানৱজাতিৰ বিকাসৰ উদ্দেশ্য থাকিলেও কিন্তু এইটো মিলন মানৱ জীৱনৰ সৰ্বাধিক সুখি ঘটনা হয়। যিটো জীৱনক অধিকাধিক সুখ আৰু সমৃদ্ধ বনোৱাৰা প্ৰেৰণা দিয়েং। আলিগংগন এজনে ইজনৰ যৌনাংগ আৰু কামকেন্দ্ৰৰ স্পৰ্শ তথা চুম্বনেই প্ৰেম-ক্ৰীড়া বুলি কয়। প্ৰেম ক্ৰীড়াই পতি-পত্নীত কামেচ্ছা আৰু কাম আৱেশ জগাই। স্ত্ৰী আৰু পুৰুষৰ যৌনাংগ শৰীৰৰ বাহীৰৰ ভাগত থাকে সেই কাৰণে নাৰীৰ স্পৰ্শ আৰু আলিংগন মাত্ৰৰে তেওঁৰ উত্তেজনা আহি যায়। কিন্তু স্ত্ৰীৰ যৌনাংগ শৰীৰৰ বিভিন্ন অংগত কাম ভিতৰত থাকে যিটো চন্দ্ৰমাৰ ঘটনা বাঢ়িলে ঘটনা বাঢ়ি থাকে। সেইকাৰণে স্ত্ৰীত কামোত্তেজনা দেৰিকে জাগৃত হয়। শৰীৰ বিজ্ঞানৰ অনুসাৰে নাৰীত স্বাভাৱিক ৰূপেৰে সংকোচ আৰু লজ্জা থাকে। সেইকাৰণে যৌন কামনা মন্দ হয় আৰু যদি যৌন কামনা জাগৃত হৈ যায় তেতিয়া তেওঁ তেওঁক প্ৰকট নকৰে। স্ত্ৰী পুৰুষৰ অপেক্ষা অধিক সংযম হয়। কিন্তু স্ত্ৰী আৰু পুৰুষৰ কামোত্তেজনাত এটা বহু ডাঙৰ অন্তৰে হয়। পুৰুষ শীঘ্ৰ উত্তেতি হয় যায় সেইকাৰণে তেওঁৰ উত্তেজনাও সিমানেই সোনকালে শান্ত হৈ যায়। কিন্তু স্ত্ৰীত কামোত্তেজনা দেৰিকে জাগৃত হয় সেইকাৰণে উত্তেজনাও সোনকালে শান্ত হয়। সেইকাৰণে পুৰুষক সেই সম্ভোগৰ বাবে তৈয়াৰ কৰিব

লগীয়া হয়। স্ত্ৰীত কাম আবেগ সৃষ্টি কৰিবৰ বাবে ওঁঠ, গাল, স্তন, গৰ্দন, কৰঙা আদি সংবেদনশীল অংগৰ চুম্বন আৱশ্যক হয়।

স্তনৰ কিন্দুক চুপিলে, ঘৰ্ষণ কৰিলে স্ত্ৰী কামোত্তেজনা শীঘ্ৰে জাগৃত হৈ যায়। যি স্ত্ৰী পুৰুষৰ প্ৰেম নিজৰ চৰম সীমাৰ ওপৰত থাকে তেওঁলোকৰ নিকট এজনে ইজনৰ শাৰীকি অংগত কোনো ভেদ নাথাকে। অতঃ যেতিয়া তাত কামাৰ আবেগং অত্যাধিক জাগি উঠে তেতিয়া এজনে ইজনৰ যৌনাংগক চুমা দিলে আৰু চুপিলে ধৰে। সাধাৰণতে এইটো নিন্দনীয় বুজা যায়। কিন্তু কমেই পতি-পত্নী থাকে এনেকুৱা স্হিতিলৈকে গৈ নাপায়। সম্ভোগ ক্ৰীড়াত এনেকুৱা ক্ষণ কেতিয়াবা-কেতিয়াবা আহে। অধিকাংশ ৰূপেৰে এনেকুৱা তেতিয়া হয় যেতিয়া পতি-পত্নী এটা দীঘল সময়লৈকে দূৰত থকাৰ পিছত মিলে। হয়, কিছুমান দেশত যৌনাংগক চুমা দিলে আৰু চুপিলে সম্ভোগ ক্ৰিয়া এটা অংশ বনি গৈছে সাধাৰণতে এই কাৰ্য্যত হিজড়া বহুত নিপুড় হয়। তেওঁলোকে পুৰুষ লিংগক চুপি নিজৰ কামোত্তেজনা শান্ত কৰাৰ আৰু কোনো সাধনা নাপায়।

প্ৰেম ক্ৰীড়াৰ আৰম্ভ পতি পত্নীক নিজৰ বাহত বান্ধিলৈ আলিংগনেৰে আৰম্ভ কৰে। আৰু আকৌ তেওঁৰ ওঁঠ, গাল, গৰ্দন, স্তন আদি কাম কেন্দ্ৰক চুম্বন কৰে। নাৰী শৰীৰত কিছুমান অংগ বিশেষ থাকে যিটো কাম কেন্দ হয়। বিখ্যাত কামশাস্ত্ৰী বাৎসায়নৰ অনুসাৰে স্ত্ৰীৰৰ মাথা, চুলি, ওঁঠ, চকু, স্তন, গাল আৰু মুখ আন্তৰিক ভাগ, যেনে দাত আৰু জীভা আদি চুম্বন কৰিব লাগে। আলিংগনৰ লগত চুম্বনৰ ক্ৰমো কৰিব লাগে। চুম্বন ক্ৰিয়াত ওঁঠ আৰু জীভাৰ প্ৰমুখ স্হান থাকে। বিশেষ ৰূপেৰে ওঁঠৰ চুম্বন অত্যকি মাদন হয়। এই চুম্বনত স্ত্ৰী আৰু পুৰুষ দুটাহে অন্য চুম্বনৰ অপেক্ষা অত্যধিক সুখানভূতি হয়। আলিংগন আৰু চুম্বনৰ লগত পতিক পত্নৰৰ নিতম্ব কৰঙণ, পেট, গৰ্দনৰ পিছৰ ভাগ, যোনি উত্তৰৰ ভাগ স্তন আদি মোহাৰি থাকিব লাগে। যেতিয়ী স্ত্ৰীত কামোত্তেজনা জাগৃত হব ধৰে তেতিয়া স্তনৰ কিন্দুক আঙুলিৰে ধৰি লাহে লাহে মোহৰি আৰু ওঁঠত হেচি চুপিব লাগে। নাৰীৰ স্তন কামচেতনাৰ প্ৰমুখ কেন্দ্ৰ হয়। নাৰীৰ স্তনৰ কঠোৰতা, তেওঁৰ উভাৰ আৰু সৌদৰ্য্য পুৰুষৰ মনত কামেচছা জাগৃত কৰে। মোহাৰিলে, চুপিলে

নাৰীৰ কামাগ্নি প্ৰজলিত হয়। যদি পুৰুষে নাৰীক আলিংগনত জোৰে বান্ধিলে তেতিয়া দুয়োটাচ বুকু এজনে ইজনৰ বুকুৰে হেচিব ধৰে।

যদি স্ত্ৰীৰ স্তনেৰে পুৰুষ নিজৰ বুকুক ঘৰ্ষিত কৰে তেতিয়া স্ত্ৰীৰ কামোত্তেজনা বাঢ়ি যায়। ইয়াৰ পিছত পুৰুষক লাগে যে নাৰীৰ ভগাংকুৰক লাহে-লাহে আঙুলিৰে ঘৰ্ষণ কৰে, মোহৰিব। ভগাংকুৰ নাৰত কামাগ্নি জগাবৰ বাবে বিজুলীৰ চুইচৰ সমান। সেইকাৰণে স্ত্ৰীৰ কামোত্তেজনাৰ চৰম সীমালৈকে পোৱাবৰ বাবে ইয়াৰ স্পৰ্শ আৰু মোহৰাৰ আৱশ্যক হয়। কিছুমান পুৰুষ ভগাংকুৰক চুমা দিও স্ত্ৰীক ইমান উত্তেজিত কৰি দিয়ে যে সম্ভোগৰ বাবে ইমান অধী হৈ উঠে যে পুৰুক এক মিনিটৰো সুযোগ নিদিয়ে আৰু নিজৰ সমস্ত লজ্জা আৰু সংকোচ ত্যাগ কৰি নিজকে সম্ভোগৰ বাবে সমৰ্পিত কৰি দিয়ে। ভগাংকুৰক লিংগৰ দ্বাৰাও মোহাৰিব লাগে। লিংগৰ দ্বাৰা ভগাংকুৰক মোহৰিলে স্ত্ৰীৰ কামাগ্নি দ্ৰুত গতিৰে উঠি যায়। সম্ভোগ ক্ৰিয়াত সেই আসন লব লাগে যে যিটো লিংগ ভগংকুৰেৰে ঘৰ্ষণ কৰিব লাগে। ইয়াত স্ত্ৰী কাম আবেগো বাঢ়ি যায় আৰু তাৰ পৰা অত্যাধিক কাম সুখৰ প্ৰাপ্তি হব। কাম শাস্ত্ৰিয়ৰ বিচাৰ হল যে লিংগমুণ্ডৰ দ্বাৰা যেয়িা ভগাংকুৰক স্পৰ্শ কৰা যায়, ঘৰ্ষণ বা মোহৰা যায় তেতিয়া স্ত্ৰীৰ বিশেষ কাম সুখ আৰু কামোত্তেজনা প্ৰাপ্ত হয় আৰু শীঘ্ৰেই সম্ভোগৰ বাবে অধীৰ হৈ উঠে।

যদিও ৰতিক্ৰীড়াৰ সময়ত সম্ভোগত লজ্জাৰ কাৰণে স্ত্ৰী পুৰুষৰ সমাজ ভাগনলয় লাহে-লাহে যেতিয়া সংকোচ দুৰ হৈ যায় তেতিয়া তেওঁৰ চুম্বন, আলিংগন আৰু স্পৰ্শ আদিও পুৰুষৰ দৰেই ভাগ লব ধৰে। স্ত্ৰীক পুৰুষৰ লিংগক চুৱা, মোহৰোৱা তথা অণ্ডকোষ আৰু তেওঁৰ ওচৰ-পাজৰৰ স্থানক মোহিৰব লাগে। কিন্তু এই অংগক স্পৰ্শত তেওঁক বিশেষ সাৱধানী ৰখাৰ আৱশ্যকতা হয়। কাৰণ পুৰুষ ৰতিক্ৰীড়াতেই বহুত উত্তেজিত হয়। লিংগৰ অধিক স্পৰ্শত তেওঁৰ উত্তেজনাক স্খলিতৰ সীমালৈকেপাব পাৰে। যদি এনেকুৱা অনুভৱ হব ধৰে তেতিয়া পুৰুষক লাগে যে স্ত্ৰীক লিংগৰ স্পৰ্শৰে ৰাখি দিয়ে।

ৰতিক্ৰীড়াৰ বাবে সময়ৰ কোনো অবধি নিশ্চিত কৰিব নোৱাৰে যে কাৰণ কিছুমান স্ত্ৰী ৰতিক্ৰীড়া আৰম্ভ হোৱাৰ অলপ দেৰিৰ পিছতেই

সম্ভোগৰ বাবে তৎপৰ হৈ যায়। কিন্তু কিছুমান স্ত্ৰীত কামাগ্নি দেৰিকে জাগৃত হয়। আকৌ ২০ মিনিটৰ পৰা 30 মিনিটলৈকে ৰতিক্ৰীড়া কৰিব লাগে।

সম্ভোগৰ বাবে যেতিয়া স্ত্ৰী অতুৰ হৈ যায় তেতিয় তেওঁৰ অংগ কপিব ধৰে শৰীৰত সিহৰত জাগি উঠে। চকুত লালী আৰু মনত ফুৰ্তি আহি যায়, ওঁঠ কপি উঠে। যোনি-মুখ পিছল হৈ যায়, উহহ দ্ৰুত হব ধৰে আৰু পৰম আহি যায়। যদি স্ত্ৰীৰ এইটো দশা হৈ যায় তেতিয়া বুজিব লগে যে তেওঁ সম্ভোগ বাবে লালায়িত হৈ উঠে।

প্ৰেম-ক্ৰীড়াও পুৰুষক নিজৰ উত্তেজনাৰ ওপৰত পূৰ্ণ সংযম আৰু নিয়ন্ত্ৰণ ৰখাতো বহুত আৱশ্যক হয়। যদি পুৰুষ নিজৰ উত্তেজনাৰ ওপৰত নিয়ন্ত্ৰণ ৰাখিব নোৱাৰিলে ৰতিক্ৰীড়া অধুৰী থাকি যাব যাৰ পৰিণাম এইটো হয় যে স্ত্ৰীত পূৰ্ণ ৰূপেৰে কামোত্তেজনা জাগৃত হব নোৱাৰে নহলে তেওঁক পূৰ্ণ কাম-সুখ প্ৰাপ্ত পাব নোৱাৰে। ইয়াৰ লগতে তেওঁ সোনকালেই স্খলিতও হয়। আৰু এই ধৰণে সম্ভোগ ক্ৰিয়া অপূৰ্ণ থাকি যাব আৰু পুৰুষক লাজৰ সম্মুখিন কৰিব লগীয়া হয়। যদি পুৰুষ অভ্যাস কৰে আৰু নিজকে নিয়ন্ত্ৰণ কৰে তেতিয়া ৰতিক্ৰীড়াক উলিয়াই দিয়া যায় তেতিয়া সম্ভোগৰ কিছুক্ষণতেই থাকি যাব আৰু স্ত্ৰী আৰু পুৰুষ দুয়োটাকে ৰসহীন সম্ভোগত পূৰ্ণ আত্মতুষ্টি নাপায় আৰু এজনে ইজনৰ নিকটত আহিব নোৱাৰে। সাৰাংশ এইটোৱেই যে ৰতিক্ৰীড়া স্ত্ৰী-পুৰুষৰ সহবাসৰ সৰ্বাধিক মহত্বপূৰ্ণ অংগ হয়।

(3) মুখ্য সম্ভোগ – প্ৰেম-ক্ৰীড়াও যেতিয়া স্ত্ৰী-পুৰুষ পূৰ্ণ ৰূপেৰে উত্তেজিত হৈ যায় তেতিয়া পুৰুষ নিজৰ উৎথিত লিংগক স্ত্ৰীৰ ভগোষ্ঠাক দুটা হাতৰ আঙুলীৰে স্পৰ্শ কৰিব লাগে। প্ৰেম-ক্ৰীড়াৰে স্ত্ৰীৰ যৌনিমাৰ্গ বহুত পিছল হৈ পৰে আৰু পুৰুষৰ লিংগৰ মুখত কাউপৰ গ্ৰন্থিৰ উলোৱা স্ৰাৱ যাক কামশাস্ত্ৰী মদন-জনৰ নামত জনা যায়, আহি যায় কিন্তু বহুত বাৰ এই স্হিতি লিংগৰ যোনিমাৰ্গত প্ৰবিস্ট কৰাৰ পূৰ্বে যোনি লঘু ভগোষ্ঠা আৰু ভগানাসাক নিজৰ লিংগৰে ঘৰ্ষণ আৰু মোহাৰে। ইয়াৰ দ্বাৰা যোনি মাৰ্গ এই সীমালৈকে পিছল হৈ যাব যে লিংগ তাত সহজতে প্ৰবেশ কৰিব পাৰিবং যদি আকৌ লিংগ প্ৰৱেশত কোনো কঠিনতা অনুভৱ হয় তেতিয়া তেল, ভেচেলীন বা থু

লিংগ মুণ্ডত লগাই লৈ লিংগক যোনিত প্ৰবিস্ট কৰিব লাগে। লিংগক যোনিমাৰ্গৰ মুখত থৈ লাহে-লাহে প্ৰবিস্ট কৰিব লাগে। যদি লিংগক একেবাৰে আৰু দ্ৰুত গতিৰে যোনিমাৰ্গ প্ৰবিস্ট কৰা যায় তেতিয়া লিংগৰ আঘাতেৰে যোনিমাৰ্গত হব পাৰে। ইয়াৰ পাছত বহুতো সংযমেৰে লিংগৰ দ্বাৰা যোনিৰ ঘৰ্ষণ কৰিব লাগে। যেতিয়া স্ত্ৰীত কামোগ্নি প্ৰজ্জলিত হয় তেতিয়া যোনিমাৰ্গত বহত দ্ৰুত হয় কিন্তু অলপ মজুৰতী হব ধৰে। যেতিয়া লিংগ যোনিমাৰ্গৰ কাষক ঘৰ্ষণ কৰে স্ত্ৰীক বহুত আনন্দ পায়। যেতিয়া লিংগৰ ঘৰ্ষণ বাড়ি যায় তেতিয়া মজুৰতী শান্ত হব ধৰে। সেইকাৰণে যদি লিংগৰ দ্বাৰা ঘৰ্ষণ বাড়ি যায় তেতিয়া মজুৰত শান্ত হব ধৰে। সেই কাৰণে যদি লিংগৰ দ্বাৰা অধিকতকৈ অকি মঁয়লৈকে ঘৰ্ষণ কৰা যায় তেতিয়া স্ত্ৰী সিমানেই অধিক আনন্দ প্ৰাপ্ত হয়। লিংগৰ আঘাত আৰু ঘৰ্ষণৰ পৰা স্ত্ৰী আৰু পুৰুষ দুটাকেই আনন্দ প্ৰাপ্তি হয় যাক শব্দৰ দ্বাৰা ব্যক্ত কৰিব নোৱাৰে। সম্ভোগ ক্ৰিয়াৰে প্ৰেম বাঢ়ি যায় আৰু এজনে ইজনে এই সীমালৈকে নিকট আহি যায় যে শৰীৰৰ পৃথক-পৃথক থাকোতেও তেওঁলোকৰ আত্মা এক হৈ যায় আৰু এই ধৰণে তেওঁলোকৰ শৰীৰ আৰু পৰম মিলি এক হৈ যায়।

যদি সম্ভোগত স্ত্ৰী পুৰুষে সমানে ভাগ ললেও পুৰুষৰ ভাগ প্ৰমুখ আৰু অধিক হয়। কাৰণ সম্ভোগ ক্ৰিয়াৰ সকলে সম্পাদন পুৰুষকে কৰিব লগীয়া হয়।-সেইকাৰণে পুৰুষক কেৱল নিজৰ কাম-সুখ আৰু কামবাসনাৰ তৃপ্তিৰ ধ্যান ৰাখি নালাগে স্ত্ৰীকো পূৰ্ণ কামসুখ প্ৰদান কৰিব লাগে। ইয়াৰ বাবে আৱশ্যকতা যে পুৰুষ নিজৰ কামোত্তেজনাৰ ওপৰত পূৰ্ণ নিয়ন্ত্ৰণ ৰখাতো। কিন্তু তেওঁলোকে যিমান দ্ৰুতৰে কামসুখৰ দিশত বাঢ়ে স্ত্ৰী সিমানেই তীব্ৰতাৰে কামসুখৰ ফালে আগনাবাঢ়ে। স্বভাৱতেই তেওঁলোক মন্দ কাম আৰু মন্দগামিন হয়। সেইকাৰণে দুয়োটাকে খোজ মিলই লগতা আগবাঢ়িব লাগে যাতে দুয়োটা এট সমতে কামসুখ প্ৰাপ্ত কৰি পাৰে। ইয়াৰ বাবে পুৰুষক আত্মসংযম আৰু আত্ম নিয়ন্ত্ৰণৰ ঘত আৱশ্যকতা হয় তাত স্ত্ৰ বাবে ৰতিক্ৰীড়া তথা সম্ভোগক্ৰীড়াত পুৰুষৰ সমান সহযোগী বনোৱা আৱশ্যক হয়। ইয়াৰ বাবে কোনো এটা নিয়ম কোনো দাম্পতিত থব নোৱাৰি।

পুৰুষত যদি আত্মসংযম আৰু আত্মনিয়ন্ত্ৰণ হয় আৰু তাত নিৰন্তৰ

অভ্যাস কৰিছে তেতিয়া তেওঁ সম্ভোগ কালক অধিক বঢ়াব পাৰি। এইটো একেবাৰে আৱশ্যক নহয় যে যি মানুহে বহুত হৃষ্ট পিস্ট টাইপৰ হয়, অধিক সময়লৈকে, সম্ভোগ কৰিব পাৰে আৰু যি খিন হয় তেওঁ শীঘ্রেই স্খলিত হৈ যায়। বাস্তৱত সম্ভোগ এটা কলা যাক যিকোনো ব্যক্তি অভ্যাস কৰিব পাৰে। শিকিব পাৰে। যি পুৰুষ অধিক সময়লৈকে অৰ্থাৎ স্ত্ৰী কাম সুখ প্ৰাপ্ত হোৱালৈকে সম্ভোগ কৰিব নোৱাৰে তেওঁলোকৰ পত্নীৰ কাম সুখৰ প্ৰাপ্তি নহয়। তেওঁলোকৰ শৰীৰৰ সমস্ত স্নায়ুত তনাৱ বনি যায়। শৰীৰ বোজিল আৰু ভনাৱযুক্ত হৈ যায়। অতৃপ্ত সম্ভোগ তেওঁলোকৰ তন মনত বেয়াকে প্ৰভাৱ পৰে। পতিৰ প্ৰতি তেওঁৰৰ মনত অনাদৰ, উপেক্ষা আৰু বিৰক্তিৰ ভাবনা াগি উঠে। তেওঁ পতিক সম্ভোগৰ অযোগ্য নহয় নপুংসলৈকে ভাবিব ধৰে। স্বভাৱত চিড়চিড়াপন সৃষ্টি হৈ উঠে। যাক ঘৰৰ বাতবৰণে নহয় ঘৰৰ ব্যৱস্হাত বেয়া হয়।

কিছুমান মানুহৰ বিচাৰ যে এইটো বহুত দ্ৰুতৰে ঘৰ্ষণ আৰু আঘাত কৰে তেতিয় স্ত্ৰীক শীঘ্ৰে কামসুখ প্ৰাপ্ত হৈ যায় কিন্তু তেওঁৰ এই ধাৰণা সৰ্বথা ভুল হয়। দ্ৰুতৰে ঘৰ্ষণ আৰু জোৰেৰে আঘাত কৰিলে পুৰুষৰ উত্তেজনা বাঢ়ি যায়। আৰু শীঘ্রেই স্খলিত হৈ যায়। এইটো কোৱা ভুল হব যে যদি ঘৰ্ষণ ক্ৰিয়া মাজে মাজে ৰখি দিয় যায় তেতিয়া লিংগত শিথিলতা আহি যায়। লিংগৰ যোনিত শান্ত থকাত লিংগত কোনো শিথিলতা নাহে, হয় স্ত্ৰীৰ উত্তেজনা সমানেই থাকে। যোনিৰ সংকুচন আৰু প্ৰসৰণৰ পৰা লিংগক এটা অদ্ভূত সুখৰ প্ৰাপ্তী হয় যিটো পুৰুষে ঘৰ্ষণ কৰাৰ সময়ত অনুভৱ কৰিব নোৱৰে। ইয়াৰ পৰা স্ত্ৰীৰ উত্তেজনা আৰু বাঢ়ি যায়। কাৰণ পুৰুষৰ কাৰ্য্যক নাৰীয়েই নিজেই কৰিব ধৰে। সম্ভোগ কালক বঢ়াবৰ বাবে বা ঘৰ্ষণ ক্ৰিয়া ৰখাব লাগে বা আকৌ লিংগক যোনিৰে বাহিৰ উলিয়াব লাগে। লিংগৰ সৰ্বাধিক উত্তেজিত ভগে মুণ্ডৰ পিছফালে উঠি কথা কিনাৰ হয়। লিংগৰ বাহিৰত উলোৱা সময় পীছফালাৰ খাল মুণ্ডত উঠি যায় আৰু উত্তেজনা কম হৈ যায়।

যেনেদৰে প্ৰথমে কোৱা হৈছে যে সম্ভোগত সেই আসনৰ প্ৰয়োগ কৰিব লাগে যত ঘৰ্ষণৰ সময় লিংগ ভগনাসকৰো ঘৰ্ষণ কৰিব পাৰে। ভগনাসা আৰু যোনি লগতে ঘৰ্ষণ হোৱাৰ স্ত্ৰীৰ কামাগ্নি প্ৰচণ্ডই নহয়

আনন্দও অধিক আহে। সম্ভোগ কালত ভগনাসা কাৰা হৈ তলৰ ফালে পৰি যায়। এই স্হিতিত লিংগক স্পৰ্শ কৰি থাকে। ইয়াৰ অতিৰিক্ত গৰ্ভাশয়ৰ মুখত যেতিয় লিংগৰ স্পৰ্শ হৈ তেতিয়া স্ত্ৰীক অধিক আনন্দ প্ৰাপ্ত হয়। এই ধৰণে সম্ভোগত পুৰুষ যত কেৱল লিংগৰ দ্বাৰাই সম্ভোগৰ আনন্দ অনুভৱ কৰে তাত স্ত্ৰ ভগনাসা, ভগোষ্ঠ, যোনিমুখ, গভাশয়ৰ মুখ তথা স্তন ওপৰত পৰিব লগীয়া সমস্যা দ্বাৰা সম্ভোগ-সুখ প্ৰাপ্ত কৰে। যেতিয়া-যেতিয়া লিংগৰ আঘাতৰ বেগ বাঢ়ি যায় স্ত্ৰীও লাজ-সংকোচ এৰি নিজৰ নিতম্বক উঠাই উঠাই সম্ভোগ ক্ৰিয়াক বেগৱান বনাব ধৰে। দুয়োটা ইজনে সিজনক নিজৰ বাহুত বেয়া ধৰণে মেৰিয়াই লয়। উহাসৰ গতি বাঢ়ি যায় এনেকুৱা অনুভৱ হব ধৰে যে তেওঁলোকৰ শৰীৰ সুমুস ৰক্ত সিমিটিকৰ লিংগ আৰু যোনিত ভৰি গৈছে। যেতিয়া-যেতিয় তেওঁলোক কাম-সুখৰ নিকট পাব ধৰে এটা বিচিত্ৰ বৈসুধী তাৰ ওপৰত বুকু উঠি যায় কাম-সুখৰ চৰম সীমাও পোৱাৰ পিছত দুয়োটা স্খলিত হৈ যায়। আৰু তেওঁৰ লগতে স্ত্ৰীৰ যোনিত দ্ৰুত গতিকে সংকুচন আৰু প্ৰসৰণ আৰম্ভ হৈ যায়। স্ত্ৰীক এনেকুৱা অনুভৱ হব ধৰে যে বীৰ্য্যৰ পৰাৰ লগতে তেওঁৰ কোনো এনেকুৱা প্যাস নাইকীয়া হৈছে- যিটো কেতিয়াৰ পৰা ছাগে ব্যাকুল আছিল তেওঁৰ চকু মুদি যায়। শৰীৰৰ প্ৰত্যেক অংগ টীলা হৈ যায় আৰু তেওঁ তন-মন এটা বিচিত্ৰৰে নিচাত ডুবি যায় আৰু এই ধৰণে সম্ভোগৰ মহত্বপূৰ্ণ ক্ৰীয়া সমাপন হৈ যায়।

মানুহৰ ধাণা যে বীৰ্য্যৰ স্খলনেই কাম সুখৰ প্ৰাপ্তি হয়। কিন্তু এইটো ভুল। যেতিয়ালৈকে পুৰুষ কামসুখৰ চৰম সীমাত গৈ নাপায়, বীৰ্য্যপাত নহয়। কাম সুখ এটা অনুভূতি হয়। যিটে সম্ভোগৰ আনন্দ চৰম সীমালৈ গৈ পায়। যেতিয়া কাম সুখৰ অনুভূতি হৈ যায় তেতিয়া কিছুমান ক্ষণৰ পাছত স্খলন হয়। এই দুটা স্হিতিৰ সময়ত অলপ অন্তৰ থাকে স্হৈকাৰেণ সামান্য ব্যক্তি এই দুঁটাৰ মাজত অন্তৰক নুবুজি বীৰ্য্য পাতকে কাম সুখ বুলি মানে।

কিছুমান মানুহৰ বিচাৰ হল যে স্ত্ৰীৰ যৌনাংগত বীৰ্য্যযেন কোনো বস্তু নহয় সেইকাৰণে তাৰ স্খলন নহয়। কিন্তু যেতিয়া স্ত্ৰীক কাম সুখৰ অনুভূতি হব ধৰে তেতিয়া তেওঁৰ যোনিমাৰ্গৰ কিনাৰৰ পৰা এট

তৰল স্রাৱ হব ধৰে যিটো পানীতলৈ আলপ কাৰা হয়। অধিকাংশ স্ত্রী কেৱল স্রাৱ হোৱাৰ অনুভৱহে কৰে কিন্তু কিছুমনা স্ত্রী এনেকুৱাও হয় যাৰ যোনিমার্গৰ পৰা বহুত মাত্রাতও স্রাৱ হয়। এনেকুৱাও দেখা গৈছে যে সম্ভোগ কৰিব লগীয়াৰ প্রতি নাৰীৰ মনত যিমনা অধিক স্নেহ হব তেওঁক অধিক কাম সুখ প্রাপ্ত হব আৰু অধিক স্রাৱ উলাব।

(4) উপসংহাৰ – স্খলকন হোৱাৰ পাছত স্ত্রী আৰু পুৰুষৰ তন আৰু মনত এটা নিচা আহি যায়–বিচত্র নিচা যিটো মাদক পদার্থৰ সেৱনত প্রাপ্ত নহয়। ইয়াৰ লগতে দুয়োটা শীৰত শিথিলতা আহি যায়। বীর্য্যপাত হোৱাৰ লগে লগে পুৰুষৰ এইটো ভাৱ হয় যে সম্ভোগ ক্রিয়া সমাপ্ত হৈছে, ভুল হয়। অধিকাশ পুৰুষ এইটো ভাবি স্ত্রীৰ পৰা দুৰত যায় বা আকৌ কার্য্য পৰিৱৰ্তন কৰি শুই যায়, কিন্তু পুৰুষৰ এইটো ব্যৱহাৰ অনুচিত হয়। এনেকুৱা স্হিতিও স্ত্রী পুৰুষক স্বার্থপৰ বুজিব ধৰে। স্খলিত হোৱাৰ পাছতো লালসা থাকে যে পুৰুষে তেওঁ নিজৰ আলিংগন ৰাখ্কিব লাগে। কাণৰ স্ত্রী যিমানেই লাহে-লাহে উত্তেজিত হয়। সেই ধৰণে লাহে-লাহে উত্তেজনাও শান্ত হয়। সেইকাৰণে পতিক লাগে যে স্খলিত হোৱাৰ পাছতো পত্নীক সেই মৰমত নিজৰ বাহুত বান্ধি ৰাখে। তেওঁ শৰীৰৰ প্রত্যে অংগক লাহে লাহে মোহাৰে, গুদগুদাই। তেওঁৰ সেই অংগক যাৰ যি ৰতিক্রীড়া আৰু সম্ভোগ ক্রীড়াত প্রমুখ স্হান আছিল তেওঁক স্নেহপূর্বক মৰম কৰা আৰু গুদগুদুৱা বহুত আৱশ্যক হয়। যেতিয়ালৈকে পত্নীৰ সমস্ত অংগৰ শিহৰণ দুৰ নহয় সেই সামান্য স্হিতিত নাহে, তেতিয়ালৈকে পুৰুষক তেওঁৰ পৰা দূৰ হব নালাগে।

শৰীৰ বিজ্ঞান আৰু কাম বিজ্ঞানৰ আচার্য্যৰ বিচাৰ হল যে স্খলিত হোৱাৰ গাছত তকাল পুৰুষক স্ত্রীৰ পা দূৰ হব নালাগে। নিজৰ লিংগক স্ত্রীৰ যোনীত থাকিব দিব লাগে। তেওঁৰ বিচাৰ হল যে স্খলনৰ উপৰান্ত স্ত্রীৰ যোনি মাগৰ পৰা যিটো স্রাৱ হয় সেইটো লিংগৰ বাবে বহুত লাভদায়ক। সেই স্রাৱৰ পৰা লিংগক শক্তি প্রাপ্ত হয়।

যদি লিংগক সেই সময়লৈকে যেতিয়ালৈকে স্ত্রী সামান্য স্হিতিত নাহে, যোনিত থাকিব দিয়া যায় তেতিয়া স্খলনৰ পাছত অহা শিথিলতা সোনকালে দুৰ হয় আৰু পুৰুষ নিজৰ হেৰুৱা শক্তি সোনকালে

পুঃপ্ৰাপ্ত কৰে। ইয়াৰ লগতে পত্নীৰ মনত পতিৰ বাবে স্নেহ আৰু সন্মানৰ ভাৱনা আৰু বাঢ়ে। পতিৰ প্ৰতি বিশ্বাও সৃষ্টি হয়। যেতিয়া স্ত্ৰী সামন্য স্হিতিত অহে তেতিয় দুটাই নিজৰ অংগক গৰম পানী বা তেলেৰে চাফা কৰি এটা পালেংগৰ ওপৰত শুভ লাগে আৰু কথা পাতিব লাগে। যাৰ দ্বাৰা এজন ইজনৰ আৰু ওচৰত আহিব আৰু সম্ভোগৰ ইচ্ছা আৰু অধিক দ্ৰুত হব। দাম্পত্য জীৱনক স্হায় ৰূপেৰে সুখী বনাবৰ বাবে এইটো কথা আৱশ্যক।

দাম্পত্য জীৱনৰ প্ৰাৰম্ভিক সমস্যা

যৌন শিক্ষাৰ অভাৱ আৰু সম্ভোগৰ পূৰ্ণ জানকাৰী নোহোৱাৰ কাৰণে বিবাহৰ পাছত প্ৰত্যেক দাম্পতিৰ ওচৰত কিছুমান এনেকুৱা সমস্যা যায় যে যদি সেই সমস্যাকে উচিত ধৰণে সমাধান কৰিব নোৱাৰে, তেতিয় দাম্পত্য জীৱন দুখময় বনিব পাৰে। সম্ভোগ টেকনিক নাজানাৰ কাৰণে অধিকাংশ পতি-পত্নীক শৰীৰিক মিলনত সফলতা প্ৰাপ্ত হব নোৱাৰে, বাস্তৱত এনেকুৱা সস্য সেই ব্যক্তিৰ ওচৰত আহে যাৰ পালন-পোষণ এনেকুৱা বাতাবৰণত থাকে যত পৰিবাৰৰ সদস্য অথবা মিত্ৰ আৰু বান্ধৱীৰ দ্বাৰা সেক্সৰ সম্বন্ধত কোনো জানকাৰী প্ৰাপ্ত হব নোৱাৰে আৰু তেওঁক সেক্স সম্বন্ধী কিতাপ পঢ়াৰ সুবিধা পায়। এনেকুৱা বাতাবৰণত ডাঙৰ হোৱা যুৱক আৰু যুবতিক এইটো জ্ঞান নাথাকে যে সম্ভোগ কি ধৰণে কৰা যায়। যতনেকি তেওঁৰ বিবাহ হৈ যায় আৰু তেওঁক সুহাগৰাতৰ কোঠাত বন্ধ কৰি দিয়া যায় তেতিয়া তেওঁৰ শৰীৰৰ পৰা ঘাম উলাব ধৰে। ভয়তে হাত-ভৰি কপিব ধৰে। যদি সেই দুটাৰ পৰা কোনো এটাৰ সম্ভোগৰ সম্বন্ধত অলপ বহুত জানকাৰী থাকে তেতিয়া যিকোনো ধৰণে সমস্যা সমাধান কৰিব পাৰে অন্যথা দুটাই অসুবিধাত পৰি যায় আৰু নিজৰ বুজা-বুজিৰ পৰা যি ধৰণেৰে সম্ভোগ কৰিব পাৰে সেইটোত সন্তোষ কৰি লয়।

যিটো নবযুৱক সেক্স টেকনীক নাজানে তেওঁ পত্নীৰ ওচৰত গৈ পাইয়েই উত্তেজিত হৈ উঠে। লগতে নিজৰ অজনতাৰ কাৰণে তেওঁৰ মনত ভয়ভাৰ সৃষ্টি হৈ যায়। এনেকুৱা স্হিতিত তেওঁ সময় পৰা বহুত প্ৰথমে স্খতি হৈ যায় আৰু যেতিয়া প্ৰত্যেক বাৰ এনেকুৱা হয় তেতিয়া তেওঁ এইটো ৰোগ বুলি ভাবি চিন্তিত হৈ উঠে। তেওঁৰ মনত নিৰাশা এই

সীমালৈকে ভৰি যায় যে তেওঁ মানসিক ৰূপেৰে নপুংসক হৈ যায়। তেওঁ পত্নীৰ পৰা দুৰ পলাব ধৰে লাজৰ কাৰণে তেওঁ তেওঁৰ কোনো মিত্ৰ বা পৰিচিতৰে পৰামৰ্শও নিদিয়ে আৰু শীঘ্ৰপতন ৰখাৰ ঔষধৰ আকৰ্ষক বিজ্ঞাপনত জালত ফচি ধনৰ লগতে নিৰ স্বাথ্যৰো সৰ্বনাশ কৰি লয়। বাস্তৱত তেওঁক ঔষধৰ কোনো আৱশ্যকতা নহয়।

অধিকাংশ যুৱক আৰু যুৱতী এই সম্বন্ধত ইয়ালৈকে অনভিজ্ঞ হয় যে তেওঁ ইয়ালৈকে নাজান যে কামসুখ কি হয়। আৰু যেতিয়া কোনো ব্যক্তি কোনা বস্তুৰ সম্বন্ধত কিছু নাজানেহে তেতিয়া সেই প্ৰাপ্ত কৰা, নকৰাৰ প্ৰশ্ন নুঠে। অধিকাংশ যুৱক নিজৰ পত্নীৰ যোনিমাৰ্গত লিংগ প্ৰবিষ্ট কৰিবলৈ ভয় খাই যে পত্নীক পীছল নোহোৱা বা ৰক্তস্ৰাৱ হব নধৰে। তেওঁ ভয় লাগে যে যদি ৰক্তস্ৰাৱ হব ধৰে তেতিয়া সমাজে কি কব। সকলো মানুহ জানি যাব আৰু বদনামী হব। পত্নীও এই ভয়ত পতিৰ পৰা লিংগ প্ৰবিষ্ট কৰাৰ সংকেত নকৰে আৰু নিজেই প্ৰযত্ন নকৰে। ইয়াৰ পৰিণাম এইটে হয় যে পতি যৌনিৰ মুখত লিংগৰ স্পৰ্শ কৰি স্খলিত হৈ যায়। ইয়াৰ পৰা পতিক কামসুখ প্ৰাপ্ত হব নোৱাৰে আৰু পত্নীক বীৰ্য্যপাত নোপোৱাই, পতিক তেতিয়া আংশিক সন্তুষ্টি পাই কিন্তু পত্নীক পিয়াহ নাইকীয়া পৰিৱৰ্তে আৰু দ্ৰুতগতিৰে খং কৰে।

বিবাহ প্ৰাৰম্ভিক দিনত সম্ভোগ কৰাত নৱবধুৰ যৌনাং আু কামাংগ আৰু বিশেষ ৰূপেৰে কৰঙণত বিষ হৈ যায়। কেতিয়াবা-কেতিয়াবা বিষ এই সীমালৈকে বাঢ়ি যায় যে তেওঁক চলা-ফুৰাতো কঠিনতা অনুভৱ হব ধৰে যৌনংগৰ প্ৰথম-প্ৰথম বাৰ প্ৰয়োগ কৰাত তেনেদৰে পিছল হোৱাতো স্বাভাৱিক কিন্তু তেওঁৰ কেতিয়াবা-কেতিয়াবা টেকনীক সম্বন্ধী অজ্ঞানতা এই পিছলক আৰু বঢ়াই দিয়ে। এই ধৰণৰ পিছল হোৱাতো স্বাভাৱিক হয়। এই ৰোগ বা বিকাৰ বুজাতো বুদ্ধিমানী নহয়। স্ত্ৰীৰ যোনিত পিছল তেতিয়া হয় যেতিয়া পতি আৰু পত্নীৰ যৌনাংগত অসমানতা থাকে, পত্নীৰ আয়ু কম হয় আৰু তেওঁ সম্ভোগৰ যোগ্য নহয়। আকৌ স্ত্ৰীক যোনি বহুত সংকুচিত আৰু সৰু হয় আৰু ইয়াৰ বিপৰীত পতিৰ লিংগৰ দীঘল আৰু শকত অকি হয় বা আকৌ পতিয়ে নিজৰ পুৰুষত্বৰ খুলা-খুলিকৈ প্ৰদৰ্শন কৰি থাকি সম্ভোগ কৰাৰ

সময়ত জোৰেৰে আঘাত আৰু ঘৰ্ষণ কৰে। যৌনাংগ আৰু শৰীৰ অন্য অংগৰ পিছলতা কোনো সমস্যা নাথাকে। যেতিয়া-যেতিয়া সম্ভোগ ক্ৰিয়া নিয়মিত হৈ যায় পিছলতাও কম হৈ যায় আৰু আকৌ কিছুদিনৰ পাছত পিছলতা নহয়।

কিন্তু এইটো আৱশ্যক নহয় যে সকলো পত্নি এই ধৰণৰ পিছলতাৰ অনুভৱ কৰে। বাস্তৱত পত্নীক সকলোতকৈ প্ৰথমবাৰ পিছলতা সেই সময়ত অনুভৱ হয় যেতিয়া প্ৰথম সম্ভোগত লিংগৰ আঘাতেৰে যোনিমাৰ্গৰ মখত থকা পৰ্দা বা ঝিল্লী যাক যোনিচ্ছদ বুলি কয়, ফাটে। এইটো পীছলতা যোনিচ্ছদৰ কোমলতা আৰু কঠোৰতাৰ ওপৰত নিৰ্ভৰ কৰে। যোনিচ্ছদ পাতল আৰু পিছল হয় তেতিয়া সেইটো ফটাত অলপমান দোষ অনুভৱ হয়। কিন্তু যদি সেইটো শকত আৰু শক্তিবান হয় তেতিয়া সেইটো ফটাত বহুত বিষ হয়। যি যুৱতিক যোনিচ্ছদ বিবাহৰ পুৰ্বেই পলোৱা বা অন্য কোনো কাৰণেৰে ফাটি যায় অথবা তেওঁৰ সেই ছিদ্ৰ যৰ পৰা ৰক্তস্ৰাৱ বাহিৰত উলায়, পিছল হোৱাৰ কোনো প্ৰশ্ন সৃস্টি নহয়। কাৰণ সেই ছিদ্ৰত লিংগ সহজতে প্ৰৱেশ কৰি লয়ং আৰু যেতিয়া লিংগৰ শকত অধিক হয় তেতিয়া যোনিচ্ছদ বহুত সাধাৰণ উপায়েৰে ফাটি যায় আৰু সাধাৰণ পিছলতাৰ ক্ষণিক অনুভৱ হয়। সাধাৰণতে পুৰুষ লিংগ শকত ডেৰ ইঞ্চি লৈকে হয় আৰু স্ত্ৰীৰ যোনিচ্ছদক বহুলতা এক ইঞ্চি হয়। সেইকাৰেণ যেতিয়া লিংগ যোনিত প্ৰৱেশ কৰে তেতিয়া যোনিচ্ছদ বা এটা ফালে ফাটি লিংগক প্ৰৱেশ কৰাৰ মাৰ্গ দি দিয়ে বা আকৌ সেইটো কোনো ঠাইৰ পৰা ফাটি যায়। যোনিচ্ছাদ ফটাত অলপ তেজ উলোৱাতে আৱশ্যক হয়। সেইটোত ভয় খব লগীয়া একো কথ নহয় কিছুমান নৱবধু সেই তেজক দেখি ভয়ভীত হৈ উঠে যে পতি তেওঁৰ লগত যেতিয়াই সম্ভোগ কৰিব তেওঁৰ যোনিত এই ধৰৰ পিছলতা থাকে, এই ধৰণৰ ৰক্তস্ৰাৱ থাকে কিন্তু এনেকুৱা এবাৰেই হয়। দ্বিতীয়বাৰ সম্ভোগ কৰোতে পিছলতাত নাথাকে ৰক্তস্ৰাৱো নোলায় যদি চাৰি ছয় দিনলৈকে এনেকুৱা থাকে তেতিয়াও ভয় বা চিন্তিত হোৱা কোনো আৱশ্যকতা নাথাকে।

কেতিয়াবা-কেতিয়াবা যোনিচ্ছদৰ শকত হোৱাত আৰু যোনিৰ অত্যাধিক সংকুচিত হোৱাত লিংগত পীছলতা হব ধৰে আৰু সম্ভোগ

ক্রিয়া কৰাত অসুবিধা হব ধৰে। কেতিয়াবা-কেতিয়াবা লিংগত সজনো আহি যায়। এইটো কঠিনতা সেইকাৰণে হয় যে প্ৰাৰম্ভিক সম্ভোগত যোনি বহুতে সংকুচিত হয়। লাহে-লাহে যেতিয়া-যেতিয়া যোনি সম্ভোগৰ হৈ যায় পুৰুষ লিংগ সহজতে যোনিত প্ৰবিষ্ট হৈ যায় আৰু আকৌ লিংগত কোনো ধৰণৰ পিছলতা অনুভৱ নহয়।

এনেকুৱা অৱস্হাত লিংগত তেল, ভেচলীন বা থু লগাই যোনিত প্ৰবিষ্ট কৰিব লাগে। যদি লিংগত দুই-চৰিটা দিন সুজন থাকে তেতিয়া ঠাণ্ডা পানীৰ ধাৰ ঢালিলে লাহে-লাহে সুজন কম হৈ যায়। এনেকুৱা দশাত এইটো ধাৰণা বনাই লোৱা বহুতো সংকুচিত হয়। বা আকৌ এই ধাৰণা বনাই লব যে লিংগ সৰু বা পাতল আৰু স্ত্ৰীৰ যোৰন বহল আৰু গভীৰ হয়। এই প্ৰকাৰৰ ধাৰণাৰ পুৰুষৰ ওপৰত গভীৰতা মানসিক প্ৰভাৱ পৰে আৰু সেইটো হীনভাৱনাৰে গ্ৰস্ত হৈ স্বয়ং কামসুখ প্ৰাপ্ত কৰিব নোৱাৰে আৰু পত্নীক কামসুখ প্ৰদান কৰিব নোৱাৰে। বাস্তৱিকতে এইটোৱেই যে যোনিৰ সীমা পিছল হয় যে লিংগ যিকোনো আকাৰৰ হয়, লিংগৰ প্ৰৱেশ কৰাত সেইটো সিচৰিত আৰু কোচ খাই যায়।

প্ৰথম সম্ভোগত কিছুদিনলৈকে এই ধৰণৰ সমস্যা যদি সৃষ্টি হৈ যায় তেতিয়া ভয় কৰাৰ দৰকাৰ নহয়। যদি লিংগক যোনিত কোনো ধৰণৰ পিছলতা অনুভৱ হয় বা সুজন আহি যায় তেতিয়া কোনো ধৰণৰ উপচাৰৰ আৱশ্যকতা নহয়। দুই চাৰি দিনত যেতিয় সম্ভোগৰ অভ্যাস হৈ যায় তেতিয় এই ধৰণৰ সমস্যা স্বতঃ হল হৈ যায়।

বিবাহৰ পাছত কিছু কাললৈকে পতি-পত্নী কামৰ প্ৰতি ইমান সংবেদনশীল থাকে যে যেতিয়াই তেওঁক সুযোগ পাই সম্ভোগৰত হৈ যায়। বা ৰাতি কেবাবাৰো সম্ভোগ কৰে। কিন্তু কিছুদিনৰ পছত লাহে-লাহে সম্ভোগৰ সংখ্যাত কম হৈ যায় আৰু এনেকুৱা সময়তো আহি যায় যেতিয়া তেওঁ পত্নীৰ পৰা দুৰত থকাৰ প্ৰয়াস কৰিব ধৰে।

বিদ্বানে কৈছে যে কোনো বস্তু বা কাৰ্য্য বেয় লাগিলেওঁ বা ভাল লাগিলেও, তেওঁৰ 'অতি' হানিকাৰক হয়। আৰম্ভণিত উত্তেজনাৰ কাৰণ পতি ৰাতিও কেবাবাৰে সম্ভোগ কৰে। কিন্তু যেতিয়া তেওঁ পতি বাৰেবাৰে সম্ভোগ কৰাত বিবশ কৰি দিয়ে তেতিয়া আকৌ সম্ভোগ

তেওঁৰ অভ্যাসৰ সম্মিলিত হৈ যায় আৰু স্বয়ং ইচছা কৰিব ধৰে যে পতি প্ৰথম ধৰণে তেওঁৰ লগত কেবা বাৰো সম্ভোগ কৰে। কিন্তু যেতিয়া স্ত্ৰীত এইটে লালসা উৎপন্ন হয় তেতিয়া পুৰুষত ইমান উত্তেজনা শোয নাথাকে যে তেওঁলোক কেবাবাৰো সম্ভোগ কৰিব পাৰে, ভুল হয়। এটা স্বাস্থ্য দম্পতিক প্ৰতিদিন সম্ভোগ কৰাৰ পিছতা কোনো ধৰণৰ ভাগৰ বা অসুবিধা নাথাকে কিন্তু দ্বিতায় সপ্তাহত এবাৰ সম্ভোগ কৰি ভাগৰুৱা হৈ যায়। শৰীৰৰ স্নায়ু বেয়া হৈ যায়। ৰাতিপুৱা বিচনা এৰি ইচছা নাথাকে বা সম্ভোগৰ তৎকাল পাছত.মুৰ ককালত বিষ অনুভৱ হব ধৰে। সেইকাৰণে তেওঁ তেতিয়া আৰু অধীক দিনৰ পাছত সম্ভোগ কৰিব লাগে।

পতি-পত্নীৰ দীঘল সময়লৈকে দুৰ দুৰলৈকে থকাৰ পাছত যেতিয়া তেওঁলোক মিলে তেতিয়া এটা ৰাতিতে এটাতকৈ অধিক বাৰ সম্ভোগ কৰে। তেওঁৰ এই সম্ভোগ তেওঁৰ ইমান দিনলৈকে বিৰহ আৰু বিয়োগ জোৱলাত জলি থাকে তন আৰু মনক এটা অপুৰ্ব শান্তি, সুখ আৰু পৰিতৃপ্তি প্ৰদান কৰি দিয়ে।

যদি তেওঁক এইটো কোৱা যায় যে তেওঁলোক এক মাহত কেৱল এবাৰেই সম্ভোগ কৰে তেতিয়া এইটো নিয়ম তেওঁৰ বাবে উচিত হবনে। বিবাহৰা প্ৰাৰম্ভিক দিনতো পতি-পত্নী এটা ৰাতিতে কেবাবাৰো সম্ভোগ কে কাৰণ এইটো তেওঁৰ জীৱনৰ প্ৰথম অনুভৱ হয় সেইকাৰেণ এই অনুভৱত তেওঁৰ এটা অবৰ্ণনীয় সুখৰ প্ৰাপ্তি হয়। কেনেদৰে কোনো নিয়মৰ পালন কেনেদৰে কৰিব পাৰিব ? এই ধৰণৰ পৰিয়ালত কিছুমান এনেকুৱা ঘটনা আহি যায় বা কোনো এনেকুৱা পৰিস্হিতি আহি যায় যে এটা ঘৰতে গত থাকোতেও সম্ভোগ কৰাৰ সুযোগ নাপাব পাৰে। কিন্তু যেতিয়া সেই পৰিস্হিতি সমাপ্ত হৈ যায় তেতিয়াও নিজকে ৰখাব জোৱাৰে ৰু দুট চা দিনলৈকে নিজৰ সুবিধানুসাৰে দিন আৰু ৰাতিত কেবাবাৰো সম্ভোগ কৰে। এই অৱস্হাত তেওঁলোকৰ ওপৰত বাধা দিয়াতো তেওঁলোকৰ লগত অন্যাই হব।

এই ঘটনাত এইটো বহুতো আৱশ্যক হয় যে সম্ভোগৰ ইচছা পতি আৰু পত্নী দুইটাৰে সমান ৰূপেৰে হব লাগে। বহুধা দেখা গৈছে যে পতি পত্নীৰ ওচৰত সম্ভোগৰ ইচছা ব্যক্ত কৰে যতনেকি পত্নী সম্ভোগৰ

বাবে কেতিয়াবা ইচ্ছা ব্যক্ত নকৰে। পতিক লাগে যে পত্নীৰ স্বাস্থ্য আৰু তেওঁৰ মনঃ স্হিতিক চাই তেওঁৰ ওচৰত সম্ভোগৰ প্ৰস্তাৱ ৰাখে। কিন্তু পতি কেতিয়াও এইটো জনাৰ চেষ্টা নকৰে যে সম্ভোগৰ বাবে তেওঁৰ পত্নীৰ ইচ্ছা বা নাই। তেওঁৰ নিজৰ বাসনাতৃপ্তিক প্ৰমুখতা দিয়ে পত্নী শৰীৰ বেয়া হলেও।

পতিৰ এই কৃত্যত পত্নী কেৱল এইটো ভাবিব পাৰে যে তেওঁৰ পতি বহুত কামুক আৰু স্বাৰ্থপৰ হয়। তেওঁ নিৰ স্বাৰ্থৰ ওচৰত অন্য কোনো কথাক মহত্ব নিদিয়ে। পত্নী যেতিয়া সম্ভোগৰ ইচ্ছুক নহয় তেতিয়া সেই সম্ভোগত গতিৰ সহযোগো নিদিয়ে এইটো স্বাভাৱিক হয়। এই অনেচ্ছিক সম্ভোগত পতিৰ যৌনেচ্ছা পুৰা হলেও স্বাভাৱিক আনন্দ প্ৰাপ্ত নহয়। লগতে পত্নীৰ মন আৰু তনতে ইয়াৰ বেয়া প্ৰভাৱ পৰে। সেইকাৰণে পতিক লাগে যে নিৰ পত্নীৰ ইচ্ছা আৰু ভাৱনক ধ্যানত ৰাখে। কিছুমান পতি এনেকুৱাও নিৰ্মম আৰু স্বাৰ্থপৰ দেখা যায়।

যিটো বেমাৰ পত্নী লগতো সম্ভোগ কৰাৰৰ পৰা দুৰ নহয়। পত্নীৰ স্বাস্থ্য নাচায় নিজীৰ কামবাসনাৰ শান্ত কৰাই প্ৰমুখ আৰু মহত্বপূৰ্ণ বুলি ভাৱে। যি পতি নিৰ পত্নীৰ ভাবনা, ইচ্ছা আৰু স্বাস্হ্যৰ ধ্যান ৰাখে, পত্নী স্বয়ং তেওঁৰ আৱশ্যকতাক ধ্যান ৰাখে। তেওঁৰ মনত পতিৰ প্ৰতি সম্মান আৰু স্নেহৰ ভাৱনা আৰু বাঢ়ি যায় আৰু নিজৰ পতিক অন্য পুৰুষৰ অপেক্ষা অধিক উচ্চ আৰু মহান বুলি ভাবিব ধৰে। তেওঁৰ দাম্পত্য জীৱন আৰু সুখী হৈ যায়। কোনো-কোনে বেমাৰ পত্নী পতিক এই সীমালৈকে স্নেহ কৰিব ধৰে যে নিজৰ বেমাৰ অসাধ্য বুলি ভাবি পতিক দ্বিতীয় বিবাহ কৰাৰ অনুমতি নিদিয়ে তেওঁক দ্বিতীয় বিবাহ কৰাত শক্তিশালী কৰি দিয়ে। এই কথা গুটেই ৰাতি চিন্তা কৰাৰ বিনা পতিৰ দ্তিবীয় বিবাহ কৰাৰ পিছত তেওঁৰ নিজৰ স্হিতি এইঘৰত কৰা যাব। তেওঁক সতিনীৰ উপস্হিতিত কিমান মানসিক যন্ত্ৰণা জেলি লাগিব।

এই কাৰ্য্যত কেতিয়াবা-কেতিয়াবা এনেকুৱাও দেখাত আহে যে পতি কি কাৰণত থাকে, চিন্তিত অথবা তেওঁৰ স্বাস্হ্য ঠীক নহয় কিন্তু কিছুমান পত্নী এনেকুৱাও হয় যিটো এই স্হিতিতো পতিক সম্ভোগ কৰিবৰ বাবে বিবশ কৰি দিয়ে। যদি সেইটো কোনো কাৰণ নিজৰ

অসমৰ্থতা প্ৰকট কৰি দিয়ে তেতিয়া পত্নী তেওঁক অপ্ৰসন্নই নহয়। তেওঁৰ অনাদৰো কৰিব ধৰে। যদি পতি এটা দীঘল সময়লৈকে বেমাৰ থাকে তেতিয়া নিজৰ কামগ্নি নাইকীয়া কৰিবৰ বাবে পুৰুষৰ সহায়লৈকে লৈ লয়। পতি পত্নীক এজনে ইজনৰ বোমৰ হৈ যোৱাত যত ৰোগীৰ প্ৰতি এজনে ইজনৰ মনত সহানুভূতি আৰু সেৱাৰো ভাৱন থাকিব লাগে তাত নিজৰ নিজৰ কাম বাসনাৰ সাধন বিচৰাত লাগি যায়।

বাস্তৱিকতো এইটো যে যেতিয়ালৈকে পতি-পত্নীক এজনে ইজনৰ আলিংগনত ৰোমাঞ্চ নাথাকে, স্পৰ্শ আৰু চুম্বনৰ পৰা শৰীৰত সিহৰণ নহয় তেওঁৰ মনত সম্ভোগৰ প্ৰতি স্বাভাৱিক মনোভাৱ সৃষ্টি নহয় তেতিয়ালৈকে সম্ভোগ কৰাতো ব্যৰ্থ হয়। যেতিয়লৈকে সম্ভোগ কৰাত পতি-পত্নিক নবীনতাৰ অনুভৱ নহয় তেওঁক সম্ভোগ কৰিব নালাগে। এইটো নবীনতা তেতিয়া অনুভৱ হব পাৰে যেতিয়া দুটাৰ সম্ভোগৰ মাজত এটা দঘল পাৰ্থক্য থাকে। কোনো দম্পতি সাত দিনৰ পাছত সম্ভোগ কৰে। যদি তেওঁলোক দশ বাৰৰ দিনৰ পাছত সম্ভোগ কৰে তেতিয়া তেওঁলোকক আৱশ্যই নবনীতা অনুভৱ হব। আৰু অধিক আনন্দ অনুভূতি অধিক হব। সাৰাহশ এইটোৱেই যে যেতিয়ালৈকে পতি আৰু পত্নীৰ মনত সম্ভোগৰ বাবে সমান ইচছা সৃষ্টি নহয়, তেওঁলোক সম্ভোগৰ আৱশ্যক অনুভৱ কৰিব, তেতিয়ালৈকে সম্ভোগ কৰি নালাগে।

এইটোত কোনো সন্দেহ নাই যে সংযমৰ মানৱ জীৱনত বহুতো ডাঙৰ স্হান আছে। সংযমৰ অভ্যাসত জীৱনত অত্যাধিক আৱশ্যক হয়। যি মানুহে সংযম থাকে তেতিয়া তেওঁক জীৱনত কেতিয়াও কঠিনত নাথাকে কিন্তু সংযমৰ অতি হানিকাৰক হয়। প্ৰত্যেক বস্তু নিজৰ এটা উচিত সীমালৈকে ভাল লাগে। এই ধৰণে সংে এটা সীমালৈকে উচিত আৰু লাভদায়ক হয়। ৰাতি-দিন সংযমৰ পিছত পৰাতো কোনো অৱস্হাত বুদ্ধিমান বুলি মানিব নোৱাৰে। কিছুমান ব্যক্তিৰ মস্তিস্কত ব্ৰহ্মচাৰ্য্যৰ আদৰ্শ ইমান গভীৰতালৈকে থাকি যায় যে তেওঁ সম্ভোগক কেৱল সন্তানৰ বাবে মানি পত্নীৰ পৰা দুৰত থাকে। ইয়াৰ দুপ্ৰভাব পত্নীৰ তন-মনতেই নহয় তেওঁৰ নিজৰ মনত, মস্তিস্ক আৰু শৰীৰৰ ওপৰতো পৰে। স্বাভাৱিক ইচছাক হেচাতো যিকোনে অৱস্হাত লাভপ্ৰদ

নহয় আৰু লাভপ্ৰদো মানিব নোৱাৰি। পত্নীৰ ভাৱনা আৰু ইচ্ছা তথা শৰীৰৰ আৰু মন স্বাভাৱিক ভুখক অৱহেলা কৰাৰ চেষ্টা কিমান ঘাতক আৰু হানিপ্ৰদ সিদ্ধ হব পাৰে সেইটো কথা নাজানে। তেওঁৰ কানত অনুৰোধৰ শব্দ ভাঁহি থাকে যিটো তেওঁৰ চিকুদৰ এইটো শুধাত যি সম্ভোগ কিমান বাৰ কৰিব লাগে? অনুৰোধৰ উত্তৰ দিছিল যি জীৱনত এৰাৰ হয়। তেওঁ অনুৰোধৰ এই শব্দৰ বাস্তৱিকতা উদ্দেশ্য বুলি ভাবি তেওঁৰ শব্দৰ পিছত হাত ধুই পৰে। অনুৰোধৰ এই শব্দৰে তাৎপৰ্য্য এইটে আছিল যে মনুষ্যক জৱনত এবাৰেই বিবাহ কৰিব লাগে কাৰণ বাস্তৱিক সম্ভোগ মনুষ্য জীৱনত এবাৰেই কৰে যিটে তেওঁৰ জীৱনৰ প্ৰথম সম্ভোগ হয়। সেই ধৰণৰ ৰোমাঞ্চ আৰু উল্লাসময় সম্ভোগৰ পুণৰাবৃত্তি হোৱাৰ প্ৰশ্ন নুঠো যদি দ্বিতীয় বিবাহ কৰে তেতিয়াও দ্বিতীয় সুহাগাতত তেওঁৰ মনত সেই ভাবনা, জিজ্ঞাসা উৎসকতা আৰু উত্তেজনা নাথাকে যিটো প্ৰথম বিবাহৰ সুহাগৰাতত আছিল।

নিৰৰ্থক ব্ৰহ্মচায্যৰ আৰ্শিবাদ দিব লগীয়া এইটো নাভাবে যে তেওঁৰ পত্নীৰ মনত কিছুমান ইচ্ছাও থাকিব পাৰে, তেওঁৰ যৌৱন আৰু যুবাবদনৰো বিচাৰিব পাৰে। লজ্জাৰ কাৰণে পত্নীয়ে পতিৰ ওচৰত সম্ভোগৰ প্ৰস্তাৱ স্পষ্ট শব্দত নাৰাখে কিন্তু প্ৰত্যেক যুৱতী পত্নী নিজৰ পতিৰ লগত সম্ভোগৰ ইচ্ছুক হয় অৰ্থাৎ অপেক্ষা স্ত্ৰীত কামবাসনাৰ মৰ্দনৰ শক্তি অধিক হয়। তেওঁ পতিৰ দুৰত গুচি যোৱাত বৰ্য সংঘৰ্ষ পা বিনা কোনো অসুবিধাত কতাই দিয়ে। কিন্তু ইয়াৰ এইটো অৰ্থ নহয় যে মনত সম্ভোগৰ ইচ্ছা নাথাকে। পতিক সদায় পত্নীৰ মনোভাৱনাৰ আদৰ কৰিব লাগে। পত্নীৰ ওপৰত বোৰ কৰি সংযম ইটো সিটোৰ প্ৰতি অন্যায়েই নহয় অত্যাচাৰো হয়।

এই ধৰণৰ বিচাৰ কৰা মানুহে মিচ এমত পৰি নিজৰ বিবাহিত জীৱনেই নহয়. পাৰিবাৰিক জীৱনো দুখি বনাই লয়। পতিৰ এই মিছা আদৰ্শৰ চিকাৰ স্ত্ৰীক যেতিয়া আৱশ্যকতা হয় পতিৰ লগত সম্ভোগ সুখ নাপায় তেতিয়া তেওঁক সিস্টীয়া, স্হানিয়া আদিৰ নিচিনা ৰোগ হৈ যায়। পতিৰ দ্বাৰা উপেক্ষিত অধিকাংশ পত্নি বিবশ হৈ নিজৰ ৰাস্তাৰে ঘুৰি ফুৰে আৰু পৰ পুৰুষৰ লগত যৌন-সম্বন্ধ স্হপিত কৰি

থাকে। ইয়াৰ তেওঁৰ পাৰিবৰিক জীৱনত বহুতো প্ৰভাৱ পৰে। পৰিয়াল ডাঙি যায় আৰু তেওঁৰ অপযশৰ ভাগ বেলেগ ধৰনে হব লগীয়া হয়। যদি পতি এইটো বিচাৰে যে তেওঁ সুখ, সমৃদ্ধি আৰু সম্মানপূৰ্ণ জীৱন ব্যক্তীত কৰে তেওঁৰ পৰিয়াল সুখী আৰু সমৃদ্ধ বনাই, তেওঁক পত্নীৰ আকাংক্ষাক বুজিবই লাগিব। তেওঁৰ ইচ্ছাৰ সম্মান কৰিবই লাগিব।

চন্দ্ৰমাৰ দাগ বঢ়াৰ লগতে স্ত্ৰীৰ শৰীৰত কামৰ জোৱাৰ বাঢ়ে। তেওঁৰ ঋতুচক্ৰত কিছুমান এনেকুৱা দিন আছে যেতিয়া তেওঁৰ শৰীৰত কামৰ জোৱাৰ নিজৰ চৰম সীমাত থাকে। তেওঁৰ মনত সম্ভোগৰ স্বতঃ জাগি উঠে। কিছুমান স্ত্ৰীৰ মানসিক ধৰ্মত কিছুদিন প্ৰথমে সম্ভোগৰ ইচ্ছা ইমানে দ্ৰু গতিৰে জাগি উঠে যে তেওঁ উৎকৃস্ট হৈ থাকে। কিছুমান স্ত্ৰীত ঋতুমত হোৱাৰ চাৰি-পাচ দিন থকাৰ পিছত সম্ভোগৰ উৎকট কামনা সৃষ্টি হয়। কিছুমান স্ত্ৰী এনেকুৱাও থাকে যাৰ মনত এটা ঋতুচক্ৰত কেৱল দুইবাৰেই সম্ভোগৰ ইচ্ছা সৃষ্টি হয়। তেওঁক সম্ভোগৰ ইচ্ছা তেতিয়া সৃষ্টি হয় যেতিয়া ডিম্বৰ গ্ৰন্থিৰে খাবলগীয়া হলে স্ত্ৰীও সম্ভোগ ইচ্ছা সৃষ্টি হয় তেতিয়া এই সম্ভোগৰ অৰ্থ হল, সন্তানোপত্তিৰ সংকেত। এই সুযোগত সম্ভোগ কৰিলে স্ত্ৰীৰ গৰ্ভৱতী হোৱাৰ পুৰা আশা থাকে। কিন্তু সম্ভোগৰ সামান্য দিনত সম্ভোগৰ ইচ্ছা জাগৃত হোৱাত যদি সম্ভোগ কৰা যায় তেতিয়া স্ত্ৰীৰ গৰ্ভৱতী হোৱাৰ সম্ভাৱন সম্ভোগৰ ওপৰত নিৰ্ভৰ কৰে।

পতিৰ বাবে এইটো যোৱাতো বহুতো আৱশ্যক হয় যে তেওঁৰ পত্নৰ ঋতুচক্ৰৰ কি-কি দিনত সম্ভোগৰ ইচ্ছা জাগৃত হয়। এই কথাৰ জানকাৰী প্ৰাপ্ত কৰাতো কোনো কঠিন কাম নহয়। পত্নীৰ লগত কথাপাতি এই কথাক সহজতে গম পাব পাৰি যেতিয়া পত্নীৰ সম্ভোগৰ প্ৰবল ইচ্ছা জাগি উঠে তেতিয়া পত্নীৰ লগত সম্ভোগ কৰাতে পতিৰ প্ৰমুখ কৰ্তব্য হয়। যিটো পতি জনা বুজা হয় তেওঁক এইটো ভালদৰে গম পাই যে তেওঁৰ পত্নী কেতিয়া ঋতুমতী হয় আৰু তেওঁৰ সম্ভোগৰ ইচ্ছা কেতিয়া জাগি উঠে। তেওঁ সেই দিনত পত্নীক সম্ভোগ সুখ দিয়াৰ প্ৰয়াস কৰেই। এই ধৰণে যেতিয়া পত্নীৰ আৱশ্যকতাত তেওঁ কাম সুখ প্ৰদান কৰে তেতিয়া গতিৰ প্ৰতি পত্নীৰ স্নেহ আৰু অধিক বাঢ়ি যায়। ইয়াৰ তেওঁৰ বিবাহিত জীৱনৰ ওপৰত বহুত গভী প্ৰভাৱ

পৰে আৰু তেওঁৰ বিবাহত জীৱন বহুত সুখ বনি যায়।

বিবাহৰ সামান্য আয়ুহ 25 বৰ্য হয়। 25 ৰ পৰা 35 বছৰলৈকে আয়ুহলৈকে পুৰুষ পূৰ্ণ ৰূপেৰে স্বাস্থ্য থাকে। সেই কালত সেই সপ্তাহত যদি এবাৰৰ পৰা তিনিবাৰলৈকে সম্ভোগ কৰে তেতিয়াও তেওঁৰ স্বাস্থ্যত কোনো বেয়া প্ৰভাৱ নপৰে। ইয়াৰ ওচৰ পৰা 50 বছৰৰ বয়সলৈকে সপ্তাহত এবাৰ আৰু মাহত তনিবাৰলৈকে সম্ভোগ কৰিলে কোনো কোনো অন্তৰ নাথাকে। ইয়াৰ পাছত কেচুৱা ডাঙ হোৱাত আৰু অন্য পাৰিবাৰক কাম কাজ বঢ়াত সম্ভোগৰ সুযোগ কম পায়। ইয়াৰ এইটো অৰ্থ নহয় যে পতি-পত্নী সম্ভোগৰ যোগ্য নহয়। যদি পতি-পত্নী স্বস্হ হয় তেতিয়া ৪০ আৰু ৭০ বছৰৰ বয়সলৈকেও সম্ভোগ কবি পাৰে কিন্তু ৫৫ বা ৬০ বছৰলৈকে পাওঁতে-পাওঁতে তেওঁৰ ঘৰৰ প্ৰতি কাম আৰু অধিক বাঢ়ি যায় যে তেওঁক সম্ভোগৰ াবে সময় নাপায়।

ইয়াৰ পাছত প্ৰশ্ন উঠে যে সম্ভোগ ক্ৰিয়া অধিকৰ পা অধিক কিমান সময়লৈকে থাকিব লাগে এই প্ৰশ্ন উত্তৰ পতি পত্নীৰ স্বাস্থ্য তেওঁৰ পৰিস্হিতি আৰু চেক্স টেক্নীকৰ জানকাৰী তথা মৈথুনৰ দক্ষতাৰ ওপৰত নিৰ্ভৰ কৰে। সামান্য ৰূপেৰে এনেকুছা মানুহো পায় যিটো কিছু চেকেণ্ডৰ পৰা লৈ আধা ঘণ্টালৈকে সম্ভোগ কৰিব পাৰে। এইটো কথা অধিকতৰ পুৰুষৰ ওপৰত নিৰ্ভৰ থাকে যে তেওঁ নিজৰ স্বাভাৱিক উত্তেজনাক কি সীমালৈকে নিয়ন্ত্ৰিত ৰাখিব পাৰে। চেক্স টেকনিক জনা পুৰুষৰ বাবে আধা ঘণ্টলৈকে সম্ভোগ ক্ৰিয়া কৰা কোনো আচাৰ্য্যজনত কথা নহয়। কিন্তু ইমান সময়লৈকে বহুত কমেই সম্ভোগ কৰিব পাৰে। পতি-পত্নীৰ পাৰম্পৰিক সহযোগ আৰু তেওঁৰ চেক্স সম্বন্ধী টেকনিকৰ জানকাৰীত এই সময়ক বাঢ়িব পৰা যায়। সামান্য ৰূপেৰে সম্ভোগত 10,15 মিনিটৰ সময়ত স্বাভাৱিক হয় কিন্তু এটাহে পতি-পত্নী ভিন্ন-ভিন্ন সময় আৰু পৰিস্হিতিত কেতিয়াবা অলপ আৰু কেতিয়াবা বহুত অধিক সময় লয় সম্ভোগ ক্ৰিয়াত অধিক সময় লগোৱা পুৰুষৰ সংযম আৰু নিয়ন্ত্ৰণত নিৰ্ভৰ কৰে কিন্তু পত্নীৰ ওপৰত বহুত নিৰ্ভৰ কৰে। পতি-পত্নীক নিজে দুই-চাৰি বাৰ সম্ভোগ কৰাৰ পাছত এইটো গম পাই যায় যে তেওঁ পূৰ্ণ ৰূপেৰে কামোত্তেজিত হোৱাত কিমান সময় লগায়

আৰু আকৌ কাম সুখ প্ৰাপ্ত কৰাত কিমান সময় লাগে। আত্মসংযম আৰু আত্মনিয়ন্ত্ৰণৰ দ্বাৰা সেই সময়ক ইচ্ছানুসাৰে বঢ়াব পাৰি।

সামান্য ৰূপেৰে দিনৰ সময়ত সম্ভোগ ক্ৰিয়াৰ বাবে উপযুক্ত নহয়। কাৰণ দিনৰ সময়ত দম্পতি নিশ্চিত হৈ সম্ভোগ ক্ৰিড়া কৰি নোৱাৰে। প্ৰত্যেক সময়ত কাৰোবাৰ অহাৰ আশংকা, কাৰোবাৰ বা চাকৰীৰ ব্যস্ততা, বাজকৰণৰ অন্তৰ আদি এনে কুৱা অনেক ব্যৱধান থাকে যি কাৰণত দম্পত্তি ভালদৰে সম্ভোগ কৰিব নোৱাৰে। ইয়াৰ বাবে ৰাতিৰ ময়ত সকলোতকৈ উপযুক্ত হয়। যেতিয়া ঘৰত থকা সকো মানুহ গভীৰ টোপনিত শুৰে বা শুৱৰ বাবে নিজৰ নিজৰ কোঠাতে গুচি যায়। ঘৰুৱা বা ব্যৱসায় সম্বন্ধী সকলো কামৰ পৰা আজৰি পাই তেতিয়া দম্পতিক সম্ভোগ কৰিব লাগে।

যি ৰাতিত সম্ভোগ কৰা যায় সেই ৰাতি সোনকালে ভাত খাব লাগে। সামান্য ৰূপেৰে ভোজন আৰু সম্ভোগ ক্ৰীড়াৰ মাজত দুই ঘন্টাৰ অন্তৰ থাকিব লাগে। কাৰণ ভোজনৰ পাছত শৰীৰত গধুতা আহি যায়। ভোজনৰ পাছত শৰীৰৰ অধিকাংশ ৰক্ত অমাশয় হৈ ভোজন পচোৱাৰ ক্ৰিয়াত একগোট হৈ যায় আৰু ভোজনৰ পচোৱা আৰম্ভ হৈ যায়। সেইকাৰণে শৰীৰত অলপান গধুৰতা অনুভৱ হব ধৰে। যদি সেই সময়ত সম্ভোগ কৰা যায় তেতিয়া জননেন্দ্ৰিয়ক সেই সীমালৈ তেতিয়াকে ৰক্ত নাপায় সি সীমালৈকে ৰক্ত তেওঁক আৱশ্যক হয় আৰু পাচন যন্ত্ৰক সিমানে ৰক্ত নাপায় যিমান ৰক্ত ভোজনক পচাবৰ বাবে পাচন যন্ত্ৰৰ বাবে আৱশ্যক হয়।

সেইকাৰণে যদি ভোজনৰ তৎকাল বা আলপ দেৰিৰ পছৰত সম্ভোগ কৰা যায় তেতিয়া পাচন ক্ৰিয়াত বাধা আহি যায় আৰু আকৌ লাহে-লাহে পাচন ক্ৰিয়া বেয়া হৈ যায়। সামান্য ৰূপেৰে ভোজন কৰাৰ দুই ঘন্টাৰ ভিতৰৰ ভোজন বহুত সীমালৈকে ফচি যায় আৰু তেতিয়া পাচন যন্ত্ৰক ৰক্তৰ সিমন আৱশ্যকতা নাথাকে। সেইকাৰণে ভোজন কৰাৰ দুই ঘন্টাৰ পাছত শৰীৰৰ গধুৰতা সমাপ্ত হৈ যায় আৰু শৰীৰত সতেজতা অনুভৱ হব ধৰে।

কিন্তু সকলোও কৈ উচিত এইটোৱেই যে সম্ভোগ কৰিলে খুব বেছি তিনি-চাৰি ঘন্টাৰ আগতে ভোজন কৰি লাগে বা আকৌ যোৱাই নাই

কেৱল অলপমান খাইছে আৰু সম্ভোগৰ পাছত গৰম গাখীৰ খলে দুটা লাভ হয়। প্ৰথমতে গাখীৰে ৰাতি খোৱাৰ কমী দুৰ কৰি দিয়ে। লগতে ভগৰুৱাও দুৰ কৰি দিয়ে যিটো সম্ভোগৰ পাছত সাধাৰণতে অনুভৱ কৰে।

কিছুমান নীম হকিমৰ মতে সম্ভোগৰ তৎকাল পছাত ঠাণ্ডা পানী খাব নালাগে। মানুহৰ বিচাৰ হাল যে সম্ভোগৰ পাছত ঠাণ্ডা পানী খাই তেতিয়া তেওঁৰ নলীত ভৰি যায় কিন্তু এইটো ধাৰণা মিছা। সম্ভোগ ক্ৰিয়াত স্ত্ৰী আৰু পুৰুষ দুটাকে যদিও শাৰীৰিক শ্ৰম কৰিব লগীয়া হয় সেইকাৰণে সম্ভোগৰ পাছত পিয়াহ থকা স্বাভাৱিক। শৰীৰত এনেকুৱা কোনো নলী নাই যে যাৰ দ্বাৰা পানী খোৱা অণ্ডকোষলৈকেবা নলীলৈকে পাব পাৰে। সেইকাৰণে এইটো ধাৰণা ভুল যে সম্ভোগৰ পাছত পানী খালে হানি হয়।

চিকিৎসা বিজ্ঞানৰ আচাৰ্য্যৰ মতে সম্ভোগৰ পাছত যদি বাদাম, মিশ্ৰী আৰু সুৱাসিত গাখীৰ খোৰ যায় তেতিয়া ভাগৰৰ লগতে নষ্ট হোৱা শক্তি আকৌ প্ৰাপ্ত হয়।

কিছুমান মানুহৰ মতে মাহেকীয়া ধৰ্মৰ দিনত সম্ভোগ কৰিলে স্ত্ৰী গৰ্ভৱতী নহয় কিন্তু সেইটো নাজানে যে সেই সময়ত সম্ভোগ কৰাতো স্ত্ৰী আৰু পুৰুষ দুটাৰ বাবে কিমান ঘাতক সিদ্ধ হব পাৰে।

পুৰনা পৰম্পৰাৰ অনুসাৰে ঋতুমতী স্ত্ৰীৰ লগত সম্ভোগ দুৰৰ কথা তেওঁৰ স্পৰ্শ কৰাতো অপবিত্ৰ আৰু বৰ্জনীয় আছিল। ঋতুমতী স্ত্ৰীক পৰিবাৰৰ সদস্যৰ পৰা বেলেগকে ৰাখিছিল। বেলেগ বাচনেৰে ভোজন কৰিব দিছিল। মাতিত এনেকুৱা বিচনা পাৰ দিছিল যে যিটো পাছত সহজে ধোৰ পাৰে। আজিও পুৰনা পৰম্পৰাবাদী পৰিবাৰত এনেকুৱাই হয়। এই পৰম্পৰাৰ পৰা এটা লাভ আছিল, যি দিনত স্ত্ৰী ঋতুমতী থাকে সেই দিনত অধিক শ্ৰম কৰে, গা ধুৱে বা পানীত হাত দিলে তেওঁৰ যৌনাংগত বেয়া প্ৰভাৱ পৰে। সাধাৰণতে মাহেকীয় ধৰ্মত খেলি মেলি হৈ যায় মানে মাহেকীয়া ধৰ্মও সময় অনিশ্চিত হৈ যায়। এই দিনত তেওঁৰ শৰীৰত সুস্তি, স্নায়বিক ভাগৰুৱা আৰু গভীৰতা থাকে। এই দিনত যদি তেওঁৰ যৌনাংগত কোনো ধৰণৰ অসুবিধা পৰে তেতিয়া সেইটো হানিকাৰক হয়। তেওঁৰ শৰীৰৰ পৰা এটা এনেকুৱা গোন্ধ উলাই

যিটো অসহ্য হয়।

অধিকাংশ স্ত্ৰীৰ এই দিনত সম্ভোগৰ ইচ্ছা উৎপন্ন নহয় কিন্তু যোনিমাৰ্গৰ পৰা ৰক্ত স্ৰাৱ হৈ থকাৰ কাৰণ যোনি মাগুত সৰসৰাহত হৈ থাকে যাৰ কাৰণ স্ত্ৰীত সহজ উত্তেজনা জাগৃত থাকে আৰু তেওঁৰ শৰীৰত কামৰ আৱেগ সৃষ্টি হৈ যায়।

স্ত্ৰীৰ যৌনাংগৰ পৰা যিটো ৰক্ত বৈ তাত কিছুমান এনেকুৱা বেয়া তত্ত্ব থাকে যে যদি পুৰুষ সম্ভোগ কৰে তেতিয়া তেওঁৰ লিংগত সুজন আৰু ঘা লগাৰ আশংকা থাকে। পেচাব নলীত জলন হব ধৰে। যদি সেই ৰক্তত বিযাক্ত মাত্ৰা অধিক হয় তেতিয়া পেচাবৰ লগত মৱাদো আহিব ধৰে। যদি পুৰুষক সূজাক বা অতাশকৰ বেমাৰ হৈছে তেতিয়া এইটো বেমাৰ আকৌ উভৰি আহে। কিন্তু এইটো আৱশ্যক নহয় যে প্ৰত্যেক স্ত্ৰীৰ ৰক্ত স্ৰাৱত প্ৰত্যেকবাৰ এনেকুৱা বিযাক্ত তত্ত্ব পায় যি ঘৰা পৰা পুৰুষক ৰোগ লগোৱাৰ বিপদ থাকে তথাপিও সেই দিনত সম্ভোগ কৰা পূৰ্ণ ৰূপেৰে সুৰক্ষিত আৰু নিৰপদ নহয়। ৰোগৰ আশংকা বনী থাকে। সেইকাৰণে যলৈকে সম্ভৱ হব পাৰে এই দিনত সম্ভোগ কৰিব নালাগে। ইয়াৰ লগতে এই দিনত স্ত্ৰীৰ মানসিক আৰু শাৰীৰি অৱস্হা তথা তেওঁৰ যৌনাংগৰ স্হিতি সম্ভোগৰ অনুকূল নহয় সেইকাৰণে এই দিন সম্ভোগ কৰাতো উচিত নহয়।

এইটো কোৱাতে ভুল হব যে যেতিয়া স্ত্ৰী গৰ্ভৱতী হৈ যায় তেতিয়া তেওঁৰ সম্ভোগ ইচ্ছা থাকি যায় বা সমাপ্ত হৈ যায় কিন্তু গৰ্ভৱতী হোৱাৰ পাছত স্ত্ৰীৰ ধ্যান নিৰন্ত নিজৰ গভাশয়ত থকা শিশুৰ ফালে লাগি থাকে। সেই সকলো দৃশ্য সাধাৰণে তেওঁৰ চকুৰ আগত নাচি থাকে যেতিয়া গৰ্ভৱতী হৈছিল। হৈকাৰেণ তেঁৰ সমুখ শৰীৰত চকুৰ ভাগত নাচি থকে যেতিয়া গৰ্ভৱতী হৈছিল। সেইকাৰণে তেওঁৰ সমুখ শীৰত এটা বিচিত্ৰ সিহৰণ আৰু উত্তেজনা ভৰী থাকে। গৰ্ভৰ ছয় মাহলৈকে ত্ৰৰ ভোগেচছা সকলো সময়ত বনী থাকে। যদি পতি গৰ্ভাবস্হাত সম্ভোগ কৰিলে বিপদৰ আশংকাৰে সকলো সময়ত বনী থাকে। যদি পতি গৰ্ভাবস্হাত সম্ভোগ কলি বিপদৰ আশংকাৰে পত্নীৰ পৰা দূৰত থাকে তেতিয়া পত্নী স্বয়ং এই কথাৰ সংকেত কৰি দিয়ে যে এই সময় তেওঁৰ সম্ভোগৰ ইচ্ছা হয়। কেতিয়াবা-কেতিয়াবা এই

সীমালৈকে উত্তেজিত হৈ যায় যে স্পষ্ট শবদত পতিৰ ওচৰত নিজৰ ইচ্ছা প্ৰকট কৰিলেও তেওঁক লজা আহে। এনেকুৱা স্হিতিত সম্ভোগৰ ইচ্ছা প্ৰকট কৰিবলৈ লজ্জা আহে। এনেকুৱা স্হিতিত যদি পতি পতি দুৰ অথবা কোনো কাৰণ বশত সম্ভোগ কৰাও অসমৰ্থ হয় তেয়ি৷ কোনো পৰ পুৰুষৰ আগত আত্মসমৰ্পন কৰে। ইয়াৰ এক মাত্ৰ কাৰণ এইটোৱেই যে নিৰন্তৰ ৰোমঞ্চি আৰু উত্তেতি থকাৰ কাৰণ তেওঁৰ কামোত্তেজনা এই সীমালৈকে বাঢ়ি যায় যে তেওঁ নিশৰ ওপৰত নিয়ন্ত্ৰণ ৰাখিব নোৱাৰে।

কিছুমান মিছা আদৰ্শবাদিৰ মতে গৰ্ভস্হাপনাৰ পাছত সম্ভোগ কৰিব নালাগে। এই সম্বন্ধত তেওঁ পশু-পক্কিয়া আৰু অন্য জীৱধাৰীৰ উদাহৰণ দিওঁ। পশু-পক্ষী তথা অন্য জীৱধাৰী নিজৰ এটা নিয়মিত সময়ত পৰস্পৰ সম্ভোগ কৰে আৰু গৰ্ভস্হাপনাৰ পাছত এজনে ইজনৰ নিকলৈ নাহে। তেওঁ মাদা পশু-পক্ষীক চুয়েই গম পোৱা যায় যে তেওঁ গৰ্ভৱতী হৈছে এই ধৰণৰ বিচাৰ প্ৰকট কৰা এইটো পাহৰি যায় যে মনুষ্য পশু বা পক্ষী নহয়। তেওঁ তেওঁৰ অপেক্ষা অধিক বুদ্ধিমান আৰু বিবেকশীল হয়। তেওঁ কেৱল বাসনাপুৰ্তিৰ বাবে সম্ভোগ নকৰে সম্ভোগৰ দ্বাৰা তেওঁক মানসিক তথ শাৰীৰিক সন্তুস্টি আৰু তৃপ্তি পাই যিটো তেওঁৰ জীৱনক এটা নতুন প্ৰেৰণা দি থাকে। তেওঁ সম্ভোগ কেৱল সন্তানোৎপত্তিৰ বাবেই নকৰে আৰু আকৌ গৰ্ভস্হাপনাৰ পাছত কেুৱা জমলৈকে দশ মাহলৈকে সংযম ৰখাতো বহুত কঠিন। গৰ্ভৱতী পত্নী পতিৰ পৰা না দূৰ হব পাৰে না পতি নিজৰ ওপৰত ইমান নিয়ন্ত্ৰণ ৰাখিব পাৰে যে তেওঁ নিজৰ পত্নীৰ পৰা দূৰ হব পাৰে। সম্ভোগৰ ইচ্ছাক অসামান্য কৰাতো ঘাতক হয়। যি স্ত্ৰী যিমান অধিক সংবেদনশল হব তাৰ এই দিনত কামেচ্ছল সিমানেই অধিক প্ৰবল হয়। যদি পতি সৰ্ম্ভোগ কৰতা বাধা দিয়ে তেতিয়া তেওঁৰ স্নায়ুৰ ওপৰত ইয়াৰ বেয়া প্ৰভাৱ পৰে। তেওঁক স্নায়বিক ৰোগ লাগি যায়।

কিন্তু এই দিনৰ সম্ভোগ কৰিলে বহুত সাৱধানী হব লাগে। সম্ভোগ কৰা সময়ত ঘৰ্ষণ বহুত লাহে-লাহে কৰিব লাগে আৰু পেটত হেচা দিব নালাগে। পুৰুষ যিমানেই উত্তেজিক হলেও সংঘৰ্ষেৰে কাম কৰাতো বহুত আৱশ্যক হয় অন্যথা অত্যধিক দ্ৰুত গতিৰে ঘৰ্ষণ কৰিলে বা

লিংগক যোনিমাৰ্গত হেচাৰে প্ৰবিষ্ট কৰিলে আৰু পেটত হেচা দিলে স্থিতিত গৰ্ভপাতৰ আশংকা সৃষ্টি হয়। কিছুমান স্ত্ৰীক পেট ছয়বা সাত মাহত বহুত বাঢ়ি যায়। যেতিয়া পেট বাঢ়ি গৈছে আৰু পতি-পত্নী নিজৰ ওপৰত নিয়ন্ত্ৰণ ৰাখিব নোৱাৰে তেতিয়া তেওঁ বিপৰীত আসনৰ প্ৰয়োগ কৰাতো শ্ৰেষ্ঠ। এই আসনত পুৰু তলত শুই যায় আৰু স্ত্ৰী তেওঁ কৰঙণত বহি তেওঁৰ লিংগক হাতেৰে ধৰি নিজৰ যোনি ভৰাই। আৰু আকৌ লাহে-লাহে নিজে পুৰুষৰ দৰে ঘৰ্ষণ কৰে। পুৰুযো এই ঘৰ্ষণ ক্ৰিয়াত তেওঁক ভালদৰে সহযোগ দিয়ে। সেই আসন বিশেষ ৰূপেৰে গৰ্ভৱতী স্ত্ৰী আৰু ভাগৰুৱা পুৰুষৰ সুবিধাৰ বাবে নিধাৰি কৰা গৈছে।

যদি কাৰোবাহি এই গৰ্ভৰ পৰা আগতে গৰ্ভপাত হৈছে তেতিয়া তেওঁক এই দিনত বহুত সাবধানে থাকিব লাগে। সামান্য ৰূপেৰে গৰ্ভস্থাপনাৰ দ্বিতীয় বা তৃতীয় মাহত গৰ্ভপাত হয়। ভাল এইটোৱেই যে তিনি মাহলৈকে পতি-পত্নী সম্ভোগৰ পৰা দুৰত থাকিব লাগে আৰু যদি নিজৰ ওপৰত নিয়ন্ত্ৰণ ৰাখিব নোৱাৰে তেতিয়া সম্ভোগ সাধাৰণ ধৰণেৰে লাহে-লাহে আৰু স্ত্ৰীৰ অংগত কোনো প্ৰকাৰৰ হেচা বিনা দি কৰিব লাগে। সাত মাহতৰ পাছত স্ত্ৰীৰ শাৰীৰিক অৱস্থা এ নেকুৱা হৈ যায় যে সম্ভোগত যিকোনে ধৰণৰ সহযোগ পুৰুষক দিব নোৱাৰে। এই দিনত শাৰীৰিক আৰু স্নায়বিক অৱস্থা তথা খেলি মেলিৰ কাৰণ তেওঁৰ কামবাসনাও থাকি যায়। সেইকাৰণে এই দিন সম্ভোগ যিকোনো অৱস্থাতে কৰিব নালাগে। এই দিনত সম্ভোগ কৰিলে কেচুৱা সময়ৰ আগতে জম হোৱাৰ ভয় থাকে।

প্ৰসৱৰ পাছত কমেও দুই মাহলৈকে স্ত্ৰীক সম্ভোগৰ পুৰা দুৰত থাকিব লাগে কাৰণ এই দিনত তেওঁৰ যৌনাংগক সামান্য স্থিতিত অহালৈকে তেওঁৰৰ শৰীৰক পূৰ্ণ ৰূপেৰে স্বস্থ হোৱাত কমেও দুই মাহ লাগি যায়। ইয়াৰ অতিৰিক্ত এই দিনৰ গৰ্ভাশয়ৰ মুখ খুলি থাকে আৰু যোনিমাৰ্গত আগফলে বাঢ়ি থাকে। সেই কাৰণে এই দিনত সম্ভোগ কৰিলে গৰ্ভ স্থাপিত হোৱাৰ আশংকা বনি থাকে। স্ত্ৰীৰ এই স্থিতিক ধ্যানত ৰাখি পতিৰ কৰ্তব্য এইটোৱে যে তেওঁ পত্নীৰ লগত সেই সময়লৈকে সম্ভোগ কৰিব নালাগে যেতিয়ালৈকে স্ত্ৰী পূৰ্ণৰূপে স্বস্থ নহয়।

স্ত্ৰী আৰু পুৰুষ যেতিয় সম্ভোগ কৰে তেতিয়া নিজৰ কাপোৰ খুলি দিয়ে। ইয়াৰ পৰা দুটাৰে শৰীৰত এজনে ইজনক পূণ ৰূপেৰে স্পৰ্শ কৰিব ধৰে। বস্ত্ৰ নাইকীয়া হোৱাত এজনে ইজনৰ যৌনাংগৰ স্পৰ্শ আৰু চুম্বন কৰাতো সুবিধা আহি যায়।

কিন্তু সম্ভোগ বস্ত্ৰ পিন্ধিয়ে কৰিব লাগে বা নগ্ন হৈ এই সম্বন্ধ কামশাস্ত্ৰিয়ই কোনো নিয়ম নিৰ্ধাৰিত কৰ নায়। এইটো কথা পতি-পত্নীৰ ইচ্ছাৰ ওপৰত নিৰ্ভৰ কৰে সম্ভোগ ক্ৰিয়াক অধিকাৰ পৰা অধিক সুৰচিপূৰ্ণ, উত্তেজক, আকৰ্ষক ময়োনকূল আৰু সুবিধাজনক বনাবৰ বাবে পতি-পত্নী যি স্হিতিক পচন্দ কৰে সেইটো স্হিতি সম্ভোগ ক্ৰিয়াৰ বাবে চিত আৰু উপযুক্ত হয়।

বলৈকে শাৰীৰিক সৌদৰ্য্যক বঢ়োৱা আৰ, আকৰ্যক বনেৱাৰ প্ৰশ্ন বস্ত্ৰ আৰু আভুষণ শৰীৰক সৌদৰ্য্য প্ৰদনা কৰে। শৰীৰক আকৰ্যক বনাই লগতে বহুতো এনেকুৱা শাৰীৰিক কমি তথা অংগৰ কুৰুপতা লুকাই যাক দেখা পালে পতিৰ কামোত্তেজনা এটা কাৰ্য্যত সমাপ্ত হৈ যোৱাৰ আশংকা হব পাৰে। ব্ৰেজৰীত লাগি থকা স্নতত এট অপ্ৰাকৃতিক কাৰ্য্য আহি যায়। তেওঁৰ ঢলকাৰ আৰু কেচুৱাক গাখীৰ খোৱাৰ কাৰণ পৰি থকা ঝুৰিয়া ব্ৰেজৰী আৰু ব্লাউজ বা কমীজৰ পৰা থকা স্তনৰ গোলা পুৰুষৰ উত্তেজনাক আৰু অধিক আকৰ্ষক বনাই দিয়ে। নাৰীৰ সুন্দৰতা আৰু আকৰ্যক বেশভূষাত নিমন্ত্ৰণ লুকুৱাই ৰাখে তেওঁক মৰম কৰে আৰু তেওঁৰ লগত সম্ভোগ কৰাৰ নিমন্ত্ৰণ।

নাৰীৰ কিছুমান বিশিষ্ট বস্ত্ৰ পুৰুষক আৰু অধিক উত্তেজনা প্ৰদন কৰে। ভাল পেটিকোট, ব্লাউজ পিন্ধ স্ত্ৰীৰ শৰীৰ ওপৰত যেতিয়া পুৰুষে ঘুৰে তেওঁক আলিংগনত বান্ধে আৰু তেওঁৰ ককাল, স্তন তথা নিতম্বক চোৰে বা মোহাৰে তেতিয়া চাটুনৰ দৰে ধুনীয়া আৰু কোমল কাপোৰ স্পৰ্শও ইমানেই মাদক আৰু উত্তেজক হয়।

সম্ভোগ ক্ৰিয়াত ভাবনাৰ বহুত ডাঙৰ স্হান আছে। আমাৰ পুৰাতন কামশাস্ত্ৰীয়েই সম্ভোগৰ এটাএটা ক্ৰিয়াৰ বিশদ ৰূপত বৰ্ণনা কৰিছে। এই ক্ৰিয়াৰ দ্বাৰা সম্পূৰ্ণ সম্ভোগ ক্ৰিয়া বহুত ৰোমাঞ্চপূৰ্ণ আৰু সংবেদনশল বনি য়ায় আৰু সম্ভোগৰ সুখক কোনো দুখ বনাই দিয়ে। বাৎসায়ন মতে আলিংগন, চুম্বন তথা অন্য ৰতি ক্ৰিড়াক পুৰা কৰাৰ

পাছত নায়কক ৰতি ক্ৰীড়াৰে ক্লান্ত চকু মুদি ওচৰত শুই থকা নায়িকাৰ পেটিকোটৰ ৰচি খুলিব লাগে ৰচি খোলা সময়ত নায়ক এবাৰ বাহুত নায়িকাৰ গৰ্দনত হৈ তেওঁক নিজৰ শৰীৰত মেৰিয়াৰ থাকে আৰু অন্য হাতেৰে লাহে লাহে ৰচি খোলে। এই ধৰনে লাহে-লাহে ৰচি খোলাৰ ক্ৰিয়াৰে স্ত্ৰীৰ চকুৰ আগত সম্ভোগৰ দৃশ্য মুৰ্তিমান হৈ যায় আৰু তেওঁৰ সম্পূৰ্ণ শৰীৰত এটা মাদকতাপূৰ্ণ সিহৰণ দৌৰিব ধৰে যাৰ কাৰণ সেই মুখ্য সম্ভোগৰ বাবে লালায়িত হৈ উঠে। এই ধৰণে ৰতিক্ৰীড়াৰ পাছত মুখ্য সম্ভোগৰ বা স্ত্ৰীৰ বস্ত্ৰ গুচাই নিজৰ ওপৰতে অত্যাধিক ৰোমাঞ্চক আৰু সুখ পায়। যদি সম্ভোগৰ প্ৰথমে কাপোৰ গুচাই লয় তেতিয়া স্ত্ৰী সেই পুলক, উল্লাস আৰু ৰোমাঞ্চপূৰ্ণ সুখৰ পৰা বঞ্চিত হৈ যাই যিটো তেওঁৰ উত্তেজনাক প্ৰজলিত কৰাৰ লগতে সম্ভোগ সুখৰ ফালে অধিক বঢ়াই দিয়ে।

কিন্তু বস্ত্ৰহীন কাৰীৰৰ আলিংগন যিমানেই উত্তেজক আৰু সুখী হয় সিমান বস্ত্ৰ পিন্ধিবলগীয়া আলিংগন সুখী আৰু উত্তেজক নহয়। দুটা শৰীৰৰ মিলনৰ মাজত কাপোৰৰ সৰু সীমা তেওঁৰৰ শৰীৰক একীকৰণ বা আত্মসাত কৰাত বাধা বলি যায়। পুৰুষৰ বাবে নাৰীৰ নগ্ন সৌন্দৰ্য্য বহুত উত্তেজনাপূৰ্ণ হয়। ইয়াৰ লগতে বস্ত্ৰহীন হোৱাত ক্ৰীড়াত পৰস্পৰ স্পৰ্শ আলিংগন, চুম্বন আদিৰ সুখো বৃদ্ধি পায়।

সেইকাৰণে বস্ত্ৰ ৰহিত বা বস্ত্ৰ সহিত সম্ভোগ কৰাৰ প্ৰশ্ন ব্যক্তিগত প্ৰশ্ন এই সম্বন্ধত অন্তিম ৰূপেৰে কোনো নিয়ম নিৰ্ধাৰিত কৰিব নোৱাৰে।

কিছুমান স্ত্ৰী পোহৰত সম্ভোগৰত হোৱাতো ভাল নাপায়। অলপমান পোহৰ তেওঁলোকক ভাল লাগে। পোহৰত তেওঁলোকে কাপোৰ গুচোৱা সময়ত লজ্জা অনুভৱ কৰে আৰু যেতিয়া পতি তেওঁৰ কাপোৰ গুচাই নাইকীয়া কৰে তেতিয়া তেওঁ চকু মুদি লয়।

কিছুমান পুৰুষৰ স্বভাৱ বনি যায় যে যেতিয়ালৈকে তেওঁলোক স্ত্ৰীৰ শৰীৰৰ পৰা এটা এটা বস্ত্ৰ নুগুচাই তেওঁলোক সম্ভোগত আনন্দ প্ৰাপ্ত নহয়। কিন্তু পত্নীক নগ্ন তেতিয়া কৰিব লাগে যেতিয়া তেওঁৰ শৰীৰ সম্পূৰ্ণ শৰীৰৰ সন্তুলিত, সুগঠিত আৰু সুন্দৰ হয়। যদি পত্নী শৰীৰত যিকোনো অলপ কম, অসন্তুলন বা কুৰূপত থাকে তেতিয়া

পতিৰ সকলো উত্তেজনা শান্ত হৈ যাব আৰু পত্নীৰ প্ৰতি তেওঁৰ মনত ঘৃণা আৰু বিতৃস্না জাগি উঠি আৰু আকৌ তেওঁৰ লগত সম্ভোগ কৰাৰ ইচ্ছাও শেষ হৈ যাব।

কিছুমান ব্যক্তি এক ধৰণেৰে সম্ভোগ কৰে অৰ্থাৎ সম্ভোগ কাৰ সময় এটা আসন প্ৰয়োগ কৰে ইয়াৰ দ্বাৰা সম্ভোগত একত্ৰ বনি থাকে। নবীনতাৰ অভাৱ কাৰণ সম্ভোগত আনন্দদ বৃদ্ধি হব নাপায়। সম্ভোগৰ আনন্দক বঢ়াবৰ বাবে বিভিন্ন ধৰণৰ আসনৰ বিচাৰি উলিয়াইছে।

সম্ভোগত বিভিন্ন আসনৰ প্ৰয়োগ কৰাত সম্ভোগত নবীনতা আহে, মানৱ স্বভাৱেৰেই নবীনতা প্ৰিয় হয়। তেওঁক প্ৰতেই নতুন বস্ত্ত আকৰ্ষক সুন্দৰ আৰু সুখী লাগে। কিছুমান আসন এনেকুৱা হয় যিটো অসমান যৌনাগ থকা স্ত্ৰী-পুৰুষক সম্ভোগ কৰাত সুবিধা প্ৰাপ্ত হৈ যায়। যদি পুৰুষৰ লিংগ অসাধাৰণ ৰূপেৰে দীঘল বা শকত হয় আৰু স্ত্ৰীৰ আয়ুস কম হয় অথবা তেওঁৰ যোনি সংকুচিত হয় তেতিয়া সেই বিশিষ্ট আসনেৰে সম্ভোগ কৰাত না পুৰুষক অসুবিধা হয় আৰু না স্ত্ৰীৰ পিছলতা হয়। লিংগৰ আঘাতেৰে যোনিত সৃষ্টি হোৱা আঘাতৰ সৃষ্টি হব পাৰে। লিংগ মুণ্ডতো সূজন আহিব পাৰে। যাও হব পাৰে। স্ত্ৰীৰ যোনিৰ পৰ ৰক্তস্ৰাৱো উলা পাৰে তথা গৰ্ভাশয়ৰ মুখত আঘাত লাগিব পাৰে। এই ধৰণে যদি পুৰুষৰ লিংগ দীঘলতাত সৰু আৰু পাতল হয় আৰ, বিপৰীত স্ত্ৰীৰ যোনি বহুত খুলা থাকে তেতিয়া সেই বিশিষ্ট আসনাৰ জানকাৰীৰ অভাৱত তেওঁকো বাস্তৱিক সুখৰ অনুভূতি হব নোৱাৰে।

সামান্যতো বহুতো কম মানুহ এইটো জানে যে স্ত্ৰীৰ আৰু পুৰুষৰ যৌনাংগ ৰূপ, আকাৰ তথা জোখ-মাখত অন্তৰ থাকে। শৰীৰৰ অন্য অগৰ আকাৰ দৰে যৌনাংগৰ দৈৰ্ঘ্য, বহল শকত আৰু গভীতাতো অন্তৰ থাকে। সেইকাৰণে সম্ভোগ ক্ৰিয়াৰ এটাই আসন প্ৰত্যেক স্ত্ৰী পুৰুষৰ বাবে সুখ আৰু সুবিধাজনক হ নোৱাৰে। পতি-পত্নীৰ ব্যৱহাৰত ৰখি যোৱা আৰু স্বভাৱত চিড়চিড়া তথা এজনে ইজনৰ প্ৰতি বিৰক্তি ভাবনা সৃষ্টি হোৱাৰ এটা কাৰণ তেওঁৰ সম্ভোগৰ আৰু নবীনবাৰ অভাৱো হব পাৰে। দাম্পত্য জীৱৰ অধিকাধিক আনন্দ প্ৰাপ্ত কৰিবৰ বাবে জীৱন

তথা সম্ভোগত নবীনতা বহুত আৱশ্যক হয় কিন্তু বিবাহত কেবা বছৰ যোৱাৰ পিছতো বহুতো মানুহক এই কথাৰ জান নাথাকে যে তেওঁ সম্ভোগ কি ধৰণে কৰি লাগে আৰু সম্ভোগত নবীনতা কেনেদৰে আনিব পৰা যায়। কিছুমান মানুহ সদায় এটা আসনেৰে সম্ভোগ কৰে আৰু সেইকো উচিত আৰু সুখকৰ মানে। কিন্তু নবীনতাই জীৱনক প্ৰেৰণা আৰু সুখ তথা সন্তুস্টি প্ৰদান কৰে। নবীনতা আৰু পৰিৱৰ্তন জীৱনক ৰোমাঞ্চক বনাবৰ বাবে বহুত আৱশ্যক হয়। বিশেষ ৰূপেৰে দাম্পত্য জীৱনত ইয়াৰ বিশেষ মহত্ব হয়।

দাম্পত্য জীৱনক ৰোমাঞ্চপূৰ্ণ বনাবৰ বাবে সম্ভোগ ক্ৰিয়াত নবীনতা লোৱাতে বহুত অনিবাৰ্য্য হয়। জীৱন তথা সম্ভোগ ক্ৰিয়াক নিয়ম তথা বাধনত বান্ধি এটা বহুত ডাঙ ভুল হয়। থাকি যোৱা মৃত্যুৰ অন্য এটা ৰূপ হয়। যদি নিৰন্তৰ এটা আসনেৰে সম্ভোগ কৰা যায় তেতিয়া সম্ভোগ সম্বন্ধ ভাৱনাৰে নাথাকি কেৱল অভ্যাসেৰে থাকি যায়। সম্ভোগ ক্ৰিয়াক অধিকাধিক মাদক আৰু আনন্দপ্ৰদ বনাব বাবে কেৱল আসনৰ পৰিবৰ্তনৰ নহয়, স্থান, সময় আৰু বেশ-ভুষাৰ পৰিৱৰ্তনো বহুত আৱশ্যক হয়। এটা স্থানত থাকোতেও এটা বেশ ভূষা ধাৰণ কৰি এটা আসনেৰে সম্ভোৱ কৰি কৰি সম্ভোগেই নহয় এজনে ইজনৰ প্ৰতিও বিৰক্তিৰ ভাৱনা সৃষ্টি হৈ যায়। আসনৰ উপযোগ যৌন কলাৰ সৰ্বাধিক মহত্বপূৰ্ণ অংগ হয় যাৰ জানকাৰীৰ অভাৱত জীৱন নীৰস আৰু স্বাদহীন হৈ যায়। জীৱনৰ সম্পূৰ্ণ ৰোমাঞ্চ সমাপ্ত হৈ যায়। ইয়ালৈকে যে নবীনতাৰ লক্ষ্যত পতি-পত্নী নিজৰ ৰাস্তাৰে ঘূৰি ঘুৰি থাকে আৰু আকৌ পাৰস্পৰিক কলা তথা প্ৰক্ৰিয়া আৰম্ভ হৈ যায়।

কোনে পুৰাতন কামশাস্ত্ৰীয়ই আসনৰ সংখ্যা 84 নিৰ্ধাৰিত কৰিছে কিন্তু মুল ৰূপেৰে আসনৰ সংখ্যা বহুতো কম। সেইৰে অলপ অলপ ফেৰ সলনি কৰি অনাবশ্যক ৰূপেৰে আসনৰ সংখ্যা বঢ়াই দিয়া গৈছে। সেই আসনত অলপমান আৰু পৰিৱৰ্তন কৰি দিয়া যায় তেতিয়া এই আসনৰ সংখ্যা দুই গুণতকৈ বেছি হব পাৰে কিন্তু এই সকলো আসল এনেকুৱান নহয় যিটো সম্ভোগত সগমতা, সুবিধা আৰু সুখ প্ৰদান কৰিব পাৰে। কিছুমান আসন এনেকুৱা যাৰ অনুসাৰে সম্ভোগ কৰা বহুতো অসুবিধাজন হয়। তেওঁৰ অনুসাৰে সম্ভোগ কৰাত সুখৰ স্থানত

পীছল হোৱাৰ অনুভৱ হয়। বাস্তৱত এইটো 84 আসন যোগ ক্ৰিয়াৰ আসন নহয় যে সম্ভোগ ক্ৰিয়াৰ। এইআসনৰ কিছুমান আসনো এনেকুৱা হয় যাৰ প্ৰয়োগ সম্ভাৱিত আৰু উচিত হয়।

আসন সেইটোত উপযুক্ত যাৰ দ্বাৰ স্ত্ৰী তথা পুৰুষ দুটাক সম্ভোগত অধিক আনন্দৰ প্ৰাপ্তি হব পাৰে। যিটোপূৰ্ণ কামোত্তেজনা তথা সন্তুষ্টি প্ৰদান কৰিব পাৰে। কোনটো কোনটো ৰ পৰা আসন আমাৰ বাবে উপযুক্ত হয় ইয়াৰ নিৰ্ণয় পতি-পত্নী মিলি কৰিব পাৰে।

এনেকুৱা পতি পত্নী কমেই থাকে যিটো পুৰাতন কামশাস্ত্ৰীয়ৰ দ্বাৰা কোৱা এই 84 আসনৰ প্ৰয়োগ কৰে। সামান্যৰূপৰে এটা আসন এনেকুৱা হয় যিটো বহুতো প্ৰচলিত হয় আৰু স্বাভাৱিকো হয়। এই আসনত স্ত্ৰী বিচনাত শুই যায় আৰু পুৰুষ তেওঁ ককালক ঘূৰাই লয় আৰু কৰঙণক বহল কৰি সম্ভোগ কৰে। স্ত্ৰী নিজৰ ভৰিক কৰঙন আৰু ককালত ঘূৰাই লয়। পুৰুষ স্ত্ৰীৰ দুটা কঙণৰ মাজত ককালৰ বল বহি যোনিত লিংগ প্ৰৱিস্ট কৰে। আকৌ নিজীৰ এটা বাওঁ স্ত্ৰীৰ ককাল বাগৰ্দনৰ তলত থৈ অন্যহতেৰে তেওঁৰ স্তনক মোহাৰে আৰু তেওঁৰ গাল চুমে। ওঁঠ, চকু আৰু মাথা তথা গৰ্দনক চুমা দি লিংগ যোনিৰ ঘৰ্ষণ আৰম্ভ কৰি দিয়ে। এই আসনত যেতিয়া পুৰুষ যোনিৰ ঘৰ্ষণ কৰে তেতিয়া লিং ভগনাসাক চুই আঘাত কৰে, ইয়াৰ দ্বাৰা ভগনাসাৰ ঘৰ্ষণও লগতে থাকে আৰু স্ত্ৰীক পূৰ্ণ-উত্তেজন তথা কামসুখৰ প্ৰাপ্তি হয়। সম্ভোগৰ লগতে চুম্বন লগতে চুম্বন আৰু স্তনৰ মৰ্দনৰ কাৰণ স্ত্ৰীক অন্য আসনৰ অপেক্ষা অধিক আনন্দ প্ৰাপ্ত হয়। তেওঁ এই সীমালৈকে উত্তেজিত হৈ উঠে যে নিজৰ নিতম্বৰ সংচালন কৰি সম্ভোগ ক্ৰীড়াক আৰু অধিক মাদক আৰু সুখ বনাই। যদি স্ত্ৰী যোনি সংকুচিত হয় বা তেওঁৰ আয়ুস কম হয় আৰু পুৰুষৰ লিংগৰ শকত অধিক হয় তেতিয়া স্ত্ৰীক নিৰ দুটা ভৰি উঠা লৈ হল কৰিব লাগে, ইয়াৰ পা যোনিদ্বাৰা ভালদৰে খুলি যাই আৰু লিংগক যোনিত প্ৰৱেশ কৰোতে অসুবিধা নহব। এই আসনত যদি স্ত্ৰী নিজৰ নিতম্বৰ তলত এটা গাৰু ৰাখি লয় তেতিয় সম্ভোগত যত সুবিধা পাই তাত আনন্দও অধিক প্ৰাপ্ত হব। কাৰণ নিতম্বৰ তলত গাৰু ৰাখি ললে যোনিৰ মুখ উপৰৰ ফালে উঠি যায়। যাৰ দ্বাৰা লিংগৰ আঘাত চীধা গৰ্ভশয়ৰ

মুখত লাগে আৰু যেতিয়া পুৰুষ স্খলিত হয় তেতিয়ায় বীৰ্য্য যোনিমাৰ্গত পৰাৰ বাদে চীধা গৰ্ভাশয়ৰ মুখত পৰে। ইয়াৰ পৰা সন্তানোপত্তিৰ সম্ভাৱনা বাঢ়ি যায়। যি পতি-পত্নীক সন্তানৰ ইচ্ছা হয় তেওঁক এই আসনেৰে সম্ভোগে কৰি লাগে। স্ত্ৰীৰ নিতম্ব যেতিয়া উপৰত উঠে তেতিয়া পুৰুষ তেওঁৰ দুটা কৰঙণৰ মাজত আহি যায় আৰু স্ত্ৰীৰ দুটা কৰঙণ পৰুষৰ ককালক স্পৰ্শ কৰিব ধৰে। স্ত্ৰীৰ কৰঙণৰ এইটো স্পৰ্শ পুৰুষ বহুত সুখী হয়।

সম্ভোগ ক্ৰিয়া কৰাৰ সময়ত কেতিয়াবা-কেতিয়াবা ভৰি ওপৰত উঠাই-উঠাই স্ত্ৰীৰ ভৰিত বিষ হব ধৰে। এই আসনত স্ত্ৰী ডাঙৰ আসনেৰে নিজৰ ভৰি বহলাব পাৰে। যদি পুৰুষক ভাগৰ অনুভৱ কৰে তেওঁ নিজৰ ভৰি চীধা কৰি স্ত্ৰীৰ ওপৰত শুব পাৰে এই ধৰণৰ পতি-পত্নী দুটাকেই বিশ্ৰাম পাই আৰু সম্ভোগ ক্ৰিয়াত বাধা নাহে। যেতিয়া স্ত্ৰী নিজৰ ভৰি বহল কৰে তেতিয়া যোনি সংকুচিত হয়। তেওঁৰ লিংগত কমাব বাঢ়ি যায় আৰু ঘৰ্ষণ ক্ৰিয়া আৰু অধিক আনন্দময়ী হয়। লিংগত যোনিৰ কসাৱ অনুভৱ হোৱাত পুৰুষক অধিক আনন্দ আহিব ধৰে। লগতে আঘাতৰ বেগো কমি যায় কাৰণ সম্ভোগৰ অবতি বাঢ়ি যায়। আঘাত সৰু হলেও সুখী হয়। ভগনাসাৰ ঘৰ্ষণ আৰু অধিক হব ধৰে যাৰ দ্বাৰা স্ত্ৰীৰ আনন্দত আৰু অধিক বৃদ্ধি পাই। এই আসনত স্ত্ৰী আৰু পুৰুষৰ সম্পূৰ্ণ শৰীৰ এজনে ইজনৰ লগত লাগি থাকে সেইকাৰণে ৰোমাঞ্চ আৰু স্পৰ্শৰ সুখ বাঢ়ি যায়।

এই আসনত সেই পতি-পত্নীকেই অধিক সুখ প্ৰাপ্ত হব পাৰে যাৰ শাৰীৰিক একৰূপতা আছে কিন্তু যদি পতি শকত বা তেওঁ পেট ওলোৱা থাকে তেতিয়া এই আসনত পত্নীক তেওঁৰ গধুৰতা সহ্য কৰাতো কঠিন হৈ যাব আৰু তেওঁ সম্ভোগৰ দ্বাৰা আনন্দ প্ৰাপ্তি হোৱাৰ পৰিৱৰ্তে শৰীৰত দুখ আৰু পীছলতাৰ অনুভৱ হব ধৰিব। এইটো দুখ তেওঁৰ সকলো কামোত্তেজনাৰ ওপৰত পান পৰি যায়। সেইকাৰণে এনেকুৱা ব্যক্তি যাৰ এনেকুৱা শাৰীৰিক অসমানতা থাকে, তেওঁক এইটো আসন কৰিব নালাগে। গৰ্ভৱতী স্ত্ৰীৰ বাবেও এইটো আসন বৰ্জিত কাৰণ পেত পতিৰ হেচা পৰাও গৰ্ভপাত হব পাৰে। যি মানুহক সন্তানৰ কামনা নাথাকে তেওঁকো এই আসনৰ উপযোগ কৰিব নালাগে। কাৰণ এই

আসনত স্খলিত হোৱাত বীৰ্য্য চীধা গভাশয়ৰ মুখত পৰে সেইকাৰেণ স্ত্ৰীৰ গৰ্ভৱতী হোৱাৰ সম্ভাবনা থাকে।

গৰ্ভ নিৰোধৰ বাবে এটা আসন আৰু আছে যিটো এই আসনৰ পৰা একেবাৰে বিপৰীত্ হয়। এই কাৰণ এই আসনক 'বিপৰীত ৰতি' বুলি কয়। এই আসনত স্ত্ৰীৰ স্হানত পুৰুষ বিচনাত দীঘলকৈ শুই যায় আৰু স্ত্ৰী তেওঁৰ কৰঙণত বহি লিংগক হাতেৰে ধৰি নিৰ যোনি মুখত ভৰোৱাৰ পাছত লিংগত নিজৰ শৰীৰৰ হেচা দিয়ে। ইয়াৰ দ্বাৰ লিংগ ভালদৰে যোনিৰ ভিতৰত প্ৰবিস্ট হৈ যায়। আকৌ স্ত্ৰী পুৰুষৰ সমানেই ধৰ্ষণ ক্ৰিয়া আৰম্ভ কৰে। তেওঁ বাৰে বাৰে নিজৰ যোনিক পিছফালে গুচোৱাই আৰু আগফালে বাঢ়ে। এই সময়ত স্ত্ৰীৰ সেইটো ভূমিকা থাকে যিটো আগত আসনত পুৰুষে আসনত স্ত্ৰীৰ গৰ্ভাশয়ত মুখ যোনিমাৰ্গেৰে অধিক পৰি থাকে আৰু আঘাৰ লগতে লিংগ মুণ্ডৰে গভাশয়ৰ মুখে নিৰন্ত ঘৰ্ষিত হয় ইয়ৰ পৰা দুটাকে কাম সুখৰ অধিকাধিক অনুভূতি হয়। এই আসনত যেতিয়া পুৰুষ স্খলিত হয় তেতিয়া তেওঁৰ বীৰ্য্য পিছ-ফালে গুচি যায় আৰু গৰ্ভাশয়ৰ মুখলৈ যাব নোৱাৰে। সেইকাৰণে গৰ্ভ স্হপিত হোৱাৰ আশংকা নাথাকে।

যদি পুৰুষৰ লিংগৰ দৈৰ্ঘ্য অধিক অথবা পতি পত্নী দুটাই ভাগৰুৱা হয় তেতিয়া বিচনা এজনে ইজনৰ ফালে মুখৰ কৰি শুব লাগে। স্ত্ৰী নিজৰ ভৰি উঠাই পুৰুষৰ কৰঙণত ৰাখিলে লিংগক যোনিত প্ৰবিস্ট হবৰ বাবে ৰাস্তা পাব। সামান্যতে স্ত্ৰীক পুৰুষৰ সোঁফালে শুব লাগে পুৰুষৰ বাওঁফালে শুই ভৰিক খামুচি উঠাই লব লাগে। আকৌ স্ত্ৰী পুৰুষৰ ফালে উঠি বাওঁ কৰঙণত নিজৰ শৰীৰৰ পিছৰ ভাগ টিকা দিয়ে। এই ধৰণ পুৰুষৰ ভৰিৰ মাজত তেওঁৰ সোঁ কৰঙণ আহি যায় আৰু তেওঁ বাওঁ কৰঙণ পুৰুষৰ সোঁও কৰঙণত পাইগৈ।- এই স্হিতিত স্ত্ৰীক পুৰুষক লিংগ হাতেৰে ধৰি নিজৰ যোনিৰ ভিতৰত প্ৰবিস্ট কৰিব লগীয়া হয়। এই স্হিতিত লিংগ যোনিৰ ভিতৰত বহুত গভীৰতালৈকে পাইগৈ। এই আসনতো পুৰুষ অপেক্ষা স্ত্ৰীৰ মুখ্য ভূমিকা পালন কৰিব লগীয়া হয়। পুৰুষ এই ক্ৰিয়াত সামান্য ৰূপেৰে তেওঁক সহযোগ কৰে। পতি-পত্নীক এজনে ইজনৰ ওচৰত থকাৰ কাৰণে চুম্বনও বহুত সুবিধা হয়। পতি-পত্নী এজনে ইজনৰ বাহুত সোমাই আলিংগন বদ্ধ হব পাৰে

আৰু পতি অতি সহজে স্ত্ৰীৰ স্তনৰ মৰ্দন কৰিব পাৰে। এটা হাতেৰে পত্নীৰ মৰ্দনত ভৰাই অন্য হাতেৰে তেওঁৰ নিতম্ব আদি বিভিন্ন কাম-কেন্দ্ৰক চুব পাৰে। লিংগৰ যোনিত গভীৰতালৈকে প্ৰবেশ কৰাৰ লগতে লিংগ ভগনাসাৰো স্পৰ্শ কৰি থাকে। সেইকাৰণে যোনিৰ বৰ্ষণৰ লগতে ভগনাসাৰো নিৰন্তৰ ঘৰ্ষণ হৈ থাকে যাৰ দ্বাৰা স্ত্ৰীক অত্যাধিক আনন্দ প্ৰাপ্ত হয়। এই আসনত সম্ভোগ অবধি অতি সহজতে বঢ়াব পাৰি। বিপৰীত ৰতিৰ সমান এই আসনেৰে সম্ভোগ কৰিলেও গৰ্ভ-স্বপনাৰ সম্ভাৱনা কম হয়। এইটো আসন সৰু যোনি থকা স্ত্ৰী আৰু দঘল লিংগ থকা পুৰুষৰ বা উপযুক্ত হয়। যদি পুৰুষ সৰু শৰীৰৰ হয় আৰু স্ত্ৰীৰৰ শৰীৰৰ গধুৰ হয় তেতিয়া এইটো আসন উপযুক্ত সিদ্ধ নহব।

এই ধৰণৰ আলপ বহুত পৰিৱৰ্তন কৰি ইচ্ছানুসাৰে সুবিধাজনক আসনৰ উপভোগ কৰা যাব পাৰে। এইটো পৰিৱৰ্তন সম্ভোগ ক্ৰীড়াৰ মাধ্যমেৰে জীৱনত নবীনতা প্ৰদান কৰে যাৰ দ্বাৰ দাম্পত্য জীৱন আৰু সুখী তথা সুন্দৰ বনে।

ৰতি জন্য ৰোগ

স্ত্রী আৰু পুৰুষৰ শাৰীৰিক ৰচনাত বহুত অন্তৰ আছে। তেওঁলোকৰ যৌনাংগত পৰিৱৰ্তন স্পস্ট ৰূপেৰে দেখা দিয়ে কিন্তু তেওঁলেকৰ সামান্য শৰীৰৰ ৰচনাতো বহুত অন্তৰ আছে। পুৰুষৰ শৰীৰত যিটো শক্তি পোৱা যায় সেই স্ত্রীৰ শৰীৰত পোৱা নাযায়। স্ত্রীৰ শৰীৰ পুৰুষৰ শৰীৰৰ অপেক্ষা অধিক কোমল আৰু সুকুমাৰ হয়। যিটো শৰীৰ কোমল আৰু সুকুমাৰ হয় সেইটোত ৰোগ সংজতে আক্রমণ কৰে আৰু যেতিয়া এবাৰ তেওঁ শৰীৰত স্হান প্রাপ্ত হয় তেতিয়া উলোৱাৰ নাম নলয়।

কিন্তু স্ত্রী আৰু পুৰুষত এটা ডাঙৰ অন্তৰো থাকে যাৰ সামান্যতে মানুহ কম ধ্যান দিয়ে। যি পুৰুষ শাৰীৰিক শ্রম কৰে তেওঁৰ স্হিতিত ভিন্ন কিন্তু যিটো পুৰুষ শাৰীৰিক শ্রমৰ অপেক্ষা মানসিক বা বৈদ্ধিক শ্রম কৰে তেওঁৰ শৰীৰো স্ত্রীৰ দৰে কোমল হয় তেওঁ শৰীৰ স্ত্রৰ শৰীৰৰ সমান সুকুমাৰ নাথাকে যদিও নৰ্ম আৰু কোমলতা হয়।

স্ত্রীৰ শৰীৰ সুকুমাৰ আৰু কোমল হয় কিন্তু তেওঁ ৰাতিপুৱাৰ পৰা ৰাতিলৈকে ঘৰৰ কাম-কাজত লাগি থাকে য়াৰ কাৰণ তেওঁ পৰ্য্যাপ্ত শ্রম কৰিব লাগে। আৰু এইটো শ্রম তেওঁৰ সুকুমাৰ শৰীৰক ৰোগৰ পৰা বচায়। বহুতো ৰোগ এনেকুৱা হয় যিটো তেওঁক পুৰুষৰ মাধ্যমেৰে প্রাপ্ত হয়। অন্যথা স্ত্রীৰ জনন্দ্রেীয় শৰীৰৰ ভীতৰৰ স্হিতি থাকে যিটোৰ ওপৰত ৰোগৰ বীজাণুৰ আকক্রমণ হোৱাৰ কোনো সম্ভাৱনা নাথাকে।

পুৰুষ ৰোগ

উপদংশ–সামান্য মানুহৰ এইটো ধাৰণা যে উপদংশ যাৰ আতশক বাগৰম্ বুলিও কোৱা হয়, বেশ্যা অথবা চৰিত্রহীন স্ত্রীৰ লগত সম্ভোগ

কৰাত সৃষ্টি হয়। কিন্তু এইটো ধাৰণা সত্য নহয়। কেতিয়াবা-কেতিয়াবা এইটো ৰোগ এনেকুৱা পুৰুষকো লাগিব পাৰে জীৱনত কেতিয়াও বেশ্যাৰ কোঠাত প্ৰৱেশ কৰা নাই আৰু যাৰ পত্নীৰ অতিৰিক্ত কোনো অন্য স্ত্ৰীৰ লগত যৌন সম্বন্ধ ৰখা নাই।

বাস্তৱত উপদংশ বা আতশক সংক্ৰামক ৰোগ যিটো কোনো এনেকুৱা ব্যক্তিৰ লগত থাকে, তেওঁৰ কাপোৰৰ প্ৰয়োগ কৰিলে সৃষ্টি হৈ যায় যিটো এই ঘৃণতি ৰোগৰ চিকাৰ হয়। এইটো ৰোগ ইমান সংক্ৰামক ৰোগ যে সাৰ্বজনিক মুদ্ৰালয়ত অথবা সেই স্থানত যত কোনো উপদেশৰ ৰোগীয়ে পেচাব কৰিছে, যদি পেচাব কৰি দিছে তেতিয়া এই ৰোগৰ বীজাণু ভাল আৰু পূৰ্ণতে স্বস্থ ব্যক্তিৰ শৰীৰতো প্ৰৱেশ কৰে। এই ৰোগৰ বীজাপুৰ আক্ৰমণ পুৰুষৰ জননেন্দ্ৰিয়ৰ ওপৰত পৰে আৰু আকৌ সেইটোৰ দ্বাৰা লাহে লাহে সকলো শৰীৰত সিৰিচত হয়। এই ৰোগৰ পৰা গ্ৰস্ত পুৰুষ যেতিয়া কোনো স্ত্ৰীৰ লগত সম্ভোগ কৰে তেতিয়া এইটো ধাৰাণা কৰিছে যে ৰোগ সেই ব্যক্তিক লাগে যিটো চৰিত্ৰ ভ্ৰস্ট হয় সেইকাৰণে হৈ বদনামীৰৰ পৰা ভয় কৰি এই ৰোগৰ ৰোগী নিজৰ ৰোগ যিটো চৰিত্ৰ ভ্ৰস্ট হয় সেই কাৰণে এই বদনামীৰ পৰা ভয় কৰি এই ৰোগৰ ৰোগী নিজৰ ৰোগ লুকাৱই ৰখাৰ প্ৰয়াস কৰে। ইয়ালৈকে যে ডাক্টৰৰ ওচৰত যাবলৈ সংকুচ কৰে।

যেতিয়া এইটো ৰোগ আৰম্ভ হয় তেতিয়া পুৰুষ বা স্ত্ৰীক নিজৰ লিংগ বা যোনিৰ ওপৰত এটা সৰু দানা অথবা সৰু ঘা দেখা দিয়ে। এইটোও হব পাৰে যে এইটো ঘা বা দানা কোনো অন্য অংগত দেখা দিয়ে। কিছু দিন পাছত এই ঘাৰ পৰা আঠা বব ধৰে আৰ, লাহে লাহে ঘাত সলনি হয়। যদি এইটো আঠা কোনো স্ত্ৰী বা পুৰুষৰ কোনো যৌনাংগত লাগি যায় তেতিয় তেওঁকো এইটো ৰো লাগে। আকৌ লাহে লাহে সকলো শৰীৰত ৰঙা বা দাগ লাগিব ধৰে। এই ৰোগক যিমান লুকৱালেও কিন্তু যেতিয়া এইটো ৰোগ বাঢ়ি যায় তেতিয়া ইয়াক লুকুৱাতো কঠিন হৈ যায়। মুৰত প্ৰতেক সময়তে বিষ হব ধৰে। ভুখ কমি যায়। শৰীৰত সদাই বেয়া লাগে। যৌনাংগত সূজন আহি যায়, তাত দাগ লাগিব ধৰে। ঘাত জলন আৰু পিছলতা হব ধৰে যিটো তেওঁ জোৰেৰে ছটফটাব ধৰে। আৰু যদি সমুসিত চিকিৎসা নকৰালে যতে ততে ঘা লাগিব ধৰে। শৰীৰ সেই ভাগ গলি পিৰি যায়। ৰোগৰ অন্তিম স্থিতিত ৰোগী নিজৰ মানসিক সন্তুলন পাহৰি যায়। এই ৰোগৰ বীজাণু ৰোগীৰ ৰক্তত মিলি যায়। যেতিয়া তেওঁৰ সন্তান হয় তেতিয়া ৰক্তও ৰোগৰ

বীজাণু পোৱা যায়।

কেতিয়াবা কেতিয়াবা এইটো ৰোগ দুই তিনিটা পৰ্য্যায়লৈকে থাকি যায় আৰু আকৌ পিছৰ পৰ্য্যায়ত একাত্ৰক উভি আহে। ইয়াৰ পৰা স্পষ্ট হৈ যায় যে এইটো ৰোগ বহুত ভয়ংকৰ। এই ৰোগৰ ৰোগী মা-দেউতাৰ সন্তান বা গৰ্ভত মৰি যায় বা আকৌ ৰোগী হয়।

সূজাক–এই ৰোগৰ প্ৰভাৱ কেৱল পুৰুষৰ লিংগলৈকে থাকে। এই ৰোগত লিংগ মুণ্ডত সূজন আহি যায় আৰু অলপ হালধীয়া বা বগা ৰংৰ তৰল স্ৰাৱ উলাৰ ধৰে। এইটো ৰোগো ছুতৰ ৰোগ হয়। এই ৰোগত প্ৰথমে ৰোগীৰ লিগত পেচাব কৰ সমত বিষ অনুভৱ হয়। পেচাব নলীৰ পৰা প্ৰথমে পানীৰ দৰে স্ৰাৱ আৰম্ভ হয় আৰু আকৌ কাৰা হৈ যায়। যদি সময়ত চিকিৎসা নকৰে তেতিয়া পেচাব ৰখি ৰখি আহিব ধৰে আৰু লিংগ তথা পেচাবৰ নলীত সূজন আহি যায়।

প্ৰমেহ–এই ৰোগত পেচাৱৰ লগত বীৰ্য্য উলাব ধৰে–এনেকুৱা মানুহৰ ধাৰণা। কিন্তু পেচাৱৰ লগত বীৰ্য্য উলোৱা অসম্ভৱ হয়। যি সময়ত পুৰুষ পেচাৱ কৰে সেই সময়ত বীৰ্য্য পেচাৱত সম্মিলিত হব নোৱাৰে আৰু বীৰ্যপাত হোৱা সময়ত পেচাব উলাব নোৱাৰে। বাস্তৱত এইটে বগা ফচফোটেই হয়। যদি কোনো ব্যক্তিক নিৰন্তৰ কবজ থাকে তেতিয়া ফচফেট অধিক মত্ৰাত বনিব ধৰে আৰু আকে সেইটো মসাত আহি পেচাবত মিলি যায়। প্ৰেমহ বাস্তৱত কোনো ৰোগ নহয়। যদি খান-পানত লাগি থাকে আৰু কবজ দুৰ কৰি দিয়া যায় তেতিয়া প্ৰেমহ স্বয়ং সমাপ্ত হৈ যায়।

নুপুংসকতা – আগতে কোৱা গৈছে যে নপুংসকতা দুটা প্ৰকাৰৰ হয়। যদি কোনো পুৰুষ জমজাত নপুংসক হয় তেতিয়া। উচিত উপচাৰ কৰাও তেওঁৰ এইটো ৰোগ দুৰ কৰিব পাৰি। বাস্তৱত এনেকুৱা পুৰুষত পুৰুষ হৰমনচৰ কম এই সীমালৈকে থাকে যে পৰুষ হলেও পুৰুষ হব নোৱাৰে। তেওঁৰ গাওঁ সম্ভোগ শক্তি নাথাকে আৰু যদি থাকে তেতিয়া সন্তান সৃষ্টি কৰাত অযোগ্য হয়। কাৰণ এই স্থিতিত তেওঁক বীৰ্যত শুক্ৰাণু নাথাকে।

অন্য ধৰণৰ নপুংসকতা মানসিক নপুংসকতা হয়। যদি কোনে পুৰুষ সম্ভোগত অসফল হয় বা কোনে কাৰণেৰে তেওঁ সম্ভোগ কৰিব নোৱাৰে তেতিয়া তেওঁৰ মনত এইটো বিচাৰ থকি যায় যে তেওঁ নপুংসক হল। লাহে-লাহে এইটো স্থিতি আহি যায় যে তেওঁ স্ত্ৰীৰ নামৰ পৰা দূৰত থাকি লগীয়া হয়।

সাধাণতে কেতিয়াবা-কেতিয়াবা দীঘল বেমাৰীও মানসিক নপুংসকতাৰ কাৰণ বনি যায়। উপদংশ, সূজাক,ডায়বেটিজ আৰু যক্ষা তথা গুৰ্দাৰ ৰোগীও কেতিয়াবা কেতিয়াবা নপুংসকতাৰ চিকাৰ হয়। কাৰণ এই ৰোগৰ পৰা পুৰুষৰ সম্পূৰ্ণ শাৰীৰিক শক্তি সমাপ্ত হৈ যায় সেইকাৰণে সেইটো প্ৰযত্ন কৰাতো সম্ভোগৰ বাবে আৱশ্যকীয় শক্তি গুটাব নোৱাৰে।

স্ত্ৰী-ৰোগ

কিছুমান ৰোগ এনেকুৱা হয় যিটো স্ত্ৰীক পুৰুষৰ পৰা লাগে। উপদংশ আৰু সূজাকৰ দৰে ৰোগ পুৰুষৰ স্পৰ্শৰেই স্ত্ৰীক লাগে। কিন্তু কোনা স্ত্ৰী এই ৰোগত ফচি যায় তেতয়িা তেওঁৰ উপচাৰ পুৰুষৰ অপেক্ষা বহুত কঠিন হৈ যায়। কাৰণ পুৰুষৰ যৌনাংগ শৰীৰৰ বাহিৰ ভাগত স্হিত হৈ থাকে সেই কাৰণে ৰোগৰ স্হিতি স্পস্ট দেখা দিয়ে কিন্তু স্ত্ৰীৰ যৌনাংগ শৰীৰত ভীতৰত স্হিত হয় সেইকাৰণে তেওঁ ৰোগৰ দশা গম নাপায় আৰু ঔষধ ভালৰে লগা নোৱাৰে।

যদি কোনো পুৰুষক উপদংশ বা সূজাকৰ বেমাৰ হয় আৰু তেওঁ স্ত্ৰীৰ লগত সম্ভেগ কৰে তেতিয়া তেওঁৰ ৰোগৰ বীজাণু স্ত্ৰীৰ শৰীৰত প্ৰবেশ কৰি যায়। বিশেষ ৰূপেৰে উপদংশ ইমান ভয়ংকৰ সংক্ৰামক ৰোগ হয় যে এই ৰোগীৰৰ স্পৰ্শ বা তেওঁৰ স্পৰ্শৰ কৰা বস্তৰ প্ৰয়োগ মাত্ৰৰে এইটো ৰোগ লাগি যায়। যেতিয়া স্ত্ৰীক এইটো ৰোগ লাগি যায় তেতিয়া তেওঁৰ ঘোমি, যোনমিাৰ্গ আৰু গৰ্ভাশয়ৰ মুখত ঘা হৈ যায় আৰু আকে আঠা ধৰে। জলা পুৰা কৰে। এইটো লন ইমান অসহনীয় হয় যে ৰাতিদিন চিক্ৰৰ চিঞৰী কান্দে। পদংশ ৰোগ 'স্পাইৰোকি' নামৰ বীজাণুৰে সিচৰিত হয়। এইটো বীজাণু ইমান সুক্ষ্ম হয় যে বহুত শক্তিশালী মাইক্ৰোস্কপৰ দ্বাৰা দেখা যায়। এই বীজাণু শৰীৰৰ সিচৰিত হয়। যেতিয়াই এই ৰোগৰ লক্ষণ প্ৰকট হয় যদি তেতিয়া চিকিৎসা কৰে তেতিয়া ঠীকেই অন্যথ যিমান কস্ট এই ৰোগত উঠাই অন্য ৰোগ ইমান দুখদায়ী নহয়।

স্ত্ৰীৰ শৰীৰত গৰ্ভাশয় বহুত কঠিন আৰু অত্যাধিক মহত্বপূৰ্ণ অংগ হয়। সেই কাৰণে স্ত্ৰীৰ অধিকাংশ ৰোগ গভাশয়ৰ পৰাই সম্বন্ধিত হয়। অন্য সকলো ৰোগৰ অপেক্ষা গৰ্ভাশয়ৰ পৰত ৰোগ শীঘ্ৰ আৰু ভয়ংকৰ প্ৰভাৱ পৰে। স্ত্ৰীক যৌন সম্বন্ধী ৰোগ গৰ্ভাশয়ত বিকাৰ হৈ যোৱাতহে হয়।

কেতিয়াবা-কেতিয়াবা কোনো কাৰণত গভাশয়ত সুজন আহি যায় যদি এইটো সূজন গৰ্ভাশয়তৰ ওপৰৰ ভাগ চেৰিভিকস (Cerevix) লৈকে সীমিত থাকে তেতিয়া ইয়াৰ দ্বাৰা মাংস-পেশীত প্ৰভাৱ পৰে। কেতিয়াবা-কেতিয়াবা গৰ্ভাশয়ৰ পুৰা ঝিল্লীত সূজন সিচৰিত হৈ যায়। যদি গভাশয়ৰ যিকোনো ভগত সূজন আহি যায় তেতিয়া এই সূজনক দূৰ কৰাতো বহুত কঠিন হৈ যায়।

গভাশয়ত যিকোনো ধৰণ বিকাৰ সৃষ্টি হোৱাৰ ৰোগিণক চৰ্দি, মুৰ বিষ আদিৰ ওপৰ বা শৰীৰৰ পিছৰ ভাগত পেটলৈকে পিছলতা, যোনিত খজুৱতী আৰু অসহ্য শাৰীৰিক শিথিলতা আৰ, ককালত যি থকা আৰম্ভ হৈ যায়। কিছু দিনলৈকে পিছলতাৰ পাছত গভাশয়ও যোনি দ্বাৰ বগা তথা হালধীয়া ৰংৰ তৰল পদাৰ্থ স্ৰাৱিত হব ধৰে। যদি সময়ত চিকিৎসা নকৰে তেতিয়া গৰ্ভাশয়ৰ এইটো সূজন ভয়ংকৰ ৰূপ ধাৰণ কৰে যাক অনেক দুপৰিমাণৰ ভুগিব লগীয়া হয়।

শ্বেত প্ৰদৰ ৰোগ কেৱল স্ত্ৰীৰ ক্ষেত্ৰতে পোৱা যায়। এইটো বহুত দুখদাই ৰোগ হয় যিটো অধিকাংশ স্ত্ৰী প্ৰায়ঃ পীড়িত হয়। এই ৰোগত যোনিমাৰ্গৰ পৰা সকলো সময়ত বগা বা সেইজীয়া ৰংগৰ এটা বিশেষ প্ৰকাৰৰ তৰল পদাৰ্থ স্ৰৱিত হয়। সাধাৰণতে এই ৰোগৰ কাৰণ লেতেৰা স্থান থকা লেতেৰ কাপোৰ পিন্ধা। সদান স্নান কৰিণে আৰু স্নান কৰাৰ সময়ত যোনী চাফা নকৰিলে লেতেৰাৰ প্ৰভাৱ যোনিমাৰ্গৰ ঝিল্লীত পৰে। প্ৰথমে যোনিত মাৰ্গত টনাৰ লগত সৰসৰাহট অনুভৱ হয় আৰু আকৌ খজুৱতী হব ধৰে। ইয়াৰ পাছত যোনিমাৰ্গৰ ঝিল্লীৰ পৰা বগা বা হালধীয়া ৰং চিপচিপা তৰল পদাৰ্থ স্ৰৱিত হব ধৰে।

স্ত্ৰীৰ যোনিমাৰ্গত এটা বিশেষ প্ৰকাৰৰ ঝিল্লী থাকে যাক (Epithelium) ইপেথেলিয়ান বুলি হয়। এই ঝিল্লীত চাফা তল পদাৰ্থ স্ৰৱিত হৈ থাকে। ইয়াৰ দ্বাৰ যোনি ভীগী তথা চাফ-চিকুন বনি থাকে। এইটো স্ৰাৱ এক প্ৰকাৰৰ তেজাৱ হয় যাৰ স্ৰৱিত হেৱা যোনৰি বাবে বহুত আৱশ্যক হয়। এইটো স্ৰাৱ যোনিৰ সুৰক্ষা কৰে। এই ঝিল্লী আৰু ইয়াৰ দ্বাৰা স্ৰৱিত হব লগীয়া তৰল পদাৰ্থৰ নিৰ্মা এটা বিশেষ প্ৰক্াৰৰ হাৰমৰ পৰা হয়। কিশোৰস্হালৈকে এই হাৰমন কম হোৱাৰ কাৰণে ঝিল্লীৰ তহ এটা থাকে। কিন্তু যেতিয়া ছোৱালী গাভৰু হয় তেতিয়া এইটো ঝিল্লী তই বনী যায় আৰ, হৰমনৰ মাত্ৰাও বাঢ়ি যায়। যোনিৰ লেতেৰাৰ কাৰণে এই তৰল পদাৰ্থ অধিক মাত্ৰাত বব ধৰে আৰু প্ৰদৰ ৰোগৰ ৰূপ ধাৰণ কৰি লয়।

প্ৰদৰ ৰোগ উপদংশৰ কাৰণতে হব পাৰে। যদি স্ত্ৰী উপদংশ বা সূজাকৰ ৰোগী পুৰুষৰ লগত সম্ভোগ কৰে তেতিয়া সাধাৰণতে প্ৰদৰৰ বেমাৰ হৈ যায়। গৰ্ভাশয়ৰ মুখত ঘৰ্ষণ কৰিলে ঘা বনিব পাৰে আৰু আকৌ স্যেই ঘাৰ পা অঠো বব ধৰে। বিশেষ হৰমণৰ কম আৰু অধিকতাৰ কাৰণতো এইটো ৰোগ বাহিব পাৰে।

যি স্ত্ৰীক হস্ত মৈথুন কৰাৰ অভ্যাস থাকে, গৰ্ভ নিৰোধক বস্ত্ত চেক পেচৰ আদিৰ প্ৰয়োগ কৰি তেওঁকো এইটো ৰোগ লাগি যায়। ইয়াৰ দ্বাৰা ককাল আৰু শৰীৰৰ অন্য অংগত সকলো সময়ত বিষ অনুভৱ হব ধৰে। চেহেৰাৰ লালিমা আৰু উজ্জলতা লুপ্ত হৈ যায়। দাগ আৰ, আচ পৰি যায়। চকুৰ তলত্ কলা দাগ পৰি যায়।

হিস্টীৰিয়া স্নায়বিক ৰোগ যিটো প্ৰায়ঃ যুবৱস্হতেই পোৱা যায়। এই ৰোগৰ চীধা সম্বন্ধ মনৰ পা হয়। অধিকতৰ এইটো ৰোগ সেই স্ত্ৰীক হয় যি মানসিক ৰূপেৰে সংবেদনশীল, অসহনশীলত আৰু কোমল স্বভাৱৰ হয়।

যেতিয়া যুৱতীয়ক প্ৰথমবাৰ মাহেকয় স্ৰাৱ হয় তেতিয়া তেওঁৰ শাৰীৰিক তথা মাহেকীয়া পৰিৱৰ্তন হয়। এই পৰিৱৰ্তনৰ প্ৰভাৱ কোমল আৰু সংবেদনশল স্বভাৱ থকা যুৱতীৰ গাও লাগে আৰু তেওঁক হিস্টীৰিয়াৰ বেমাৰ পৰিব ধৰে। যদি বহুত কস্টৰে মাহেকীয়া স্ৰাৱ হয় তেতিয়াও হিস্টীৰিয়ৰ বেমাৰ পৰি ধৰে। যদি সম্ভোগৰ সময়ত স্ত্ৰীক পূৰ্ণ কামসুখ প্ৰাপ্ত নহয় আৰু অতৃপ্তিৰ এইটো কাৰ্য্য কিছু মাহলৈকে চলি থাকে তেওঁ তেওঁক হিস্টীৰিয়াৰ মোৰ পৰিব ধৰে কাৰ সম্ভোগৰ অতৃপ্তিৰ কাৰণ মানসিক কস্ট বাঢ়ি যায়। কিন্তু কেতিয়াবা-কেতিয়াবা অত্যাধিক সম্ভোগ কৰিওে এইটো ৰোগ লাগি যায়।

বাস্তৱত মানসিক কস্ট ভয় তথা চিন্তা আদি এই ৰোগ মুখ্য কাৰণ হয়। কামোত্তেজনাক বলপূৰ্বক কৰিলে অবিবাহত যুবতি আৰু যুৱ আয়ুস বিধবা স্ত্ৰীয়ো এই ৰোগৰ চিকাৰ ওহ যায়।

হিস্টীৰিয়াৰ বেমাৰ হোৱাৰ পূৰ্বে ৰোগিপীৰ পেটত বায়ুৰ গোল চক্ৰ লগোৱা প্ৰতিত হয়। ঠাণ্ডা ঘাম আহিব ধৰে, হৃদয়ৰ গতি আৰু উপহাৰ বেগ বাঢ়ি যায়। ৰক্তচাপত বৃদ্ধি হৈ যায়। সুখী কাঁহ আহিব ধৰে। কেতিয়াবা-কেতিয়াবা বাৰে বাৰে পেচাব কৰিবলৈ মন যায়। বোমাৰ পিছত সকলো শৰীৰত বিষ হয় আৰু কমজোৰী বাঢ়ি যায়।

যি স্ত্ৰী সন্তান উৎপন্ন কৰিলে অসমৰ্থ হয় তেওঁক মানুহে বাজী বুলি কয়। বাজী বাস্তৱত পুৰুষৰ নপুংসক ৰোগৰ নিচিনা ৰোগ হয়। যদি

স্ত্ৰী পূৰ্ণ ৰূপেৰে বাজ হয় তেতিয়া তেওঁৰ গৰ্ভাশয়ত কিছুমান এনেকুৱা পৰিবৰ্ত্তন আহি যায় যাৰ দ্বাৰ স্ত্ৰী গৰ্ভধাৰণ কৰাৰ অযোগ্য হৈ যায়। গভাশয়ৰ গৰ্ভধাৰণ নকৰাৰ বিভিন্ন কাৰণ থাকে। কেতিয়াবা-কেতিয়াবা কিছুমান স্ত্ৰী পূৰ্ণ ৰূপেৰে বিকাশ হব নোৱাৰে। তেওঁৰ যৌন-গ্ৰন্থি পূৰিপেৰে বিকসিত নহয়। শৰীৰত ভিটামিনৰ কম বা গৰ্ভাশিয় নিজৰ স্হানেৰে নাইকীয় হয় আদি এনেকুৱা কোনো কাৰণত স্ত্ৰী গৰ্ভধাৰণ কৰাৰ অযোগ্য হৈ যায়। এই শাৰীৰিক কাৰণৰ অতিৰিক্ত কিছুমান মানসিক কাৰণো থাকে।

যি ছোৱালীৰ পালন-পোষণ উচিত ধৰণে নহয় তেওঁৰো প্ৰজনন ক্ষমতাৰ অভাৱ হয়।

যৌন-বিকাৰ

সাধাৰণ, খুব কমেই এনে কোনো স্ত্ৰী বা পুৰুষ আছে যাৰ কেতিয়াও যৌন বিকাৰ জন্ম হোৱা নাই। যৌন বিকাৰ বস্তুতঃ কোনো ৰোগ নহয় কিন্তু ইয়াৰ পৰিণাম ৰোগ ৰূপাৰেই প্ৰকট হয়।

স্বপ্নদোষ ঃ স্বপ্নদোষ এক এনে বিকাৰ যি স্ত্ৰী আৰু পুৰুষ দুয়োৰে মাপৰ পোৱা যায়। প্ৰায়ে এই ৰোগ অবিবাহিত যুৱক-যুৱতীৰ মাজত পোৱা যায় কিন্তু যুৱকৰ বুলানাত যুৱতীৰ খব কম পোৱা যায়। স্বপ্নদোষৰ অৰ্থ হল শুই শুই স্বতঃই বীৰ্য্য স্খলন হৈ যোৱাতো। চৈধ বছৰ বয়সৰ পৰা ল'ৰাৰ অণ্ডকোষ তথা অন্য গ্ৰন্থিয়ে নিজৰ কাৰ্য্য আৰম্ভ কৰি দিয়ে। শৰীৰত বীৰ্য্য নিৰ্মাণ হোৱা আৰম্ভ হৈ যায়। এই বীৰ্য্য শুক্ৰাশয়ত জমা হৈ থাকে আৰু যেতিয়া শুক্ৰাশয়ত বেছি বীৰ্য্য মোমাৰ নোৱাৰা হৈ পৰে। তেতিয়া অতিৰিক্ত বীৰ্য্য স্বপনদোষৰ দ্বাৰা মুক্ত অৱস্থাতে স্খলিত হৈ যায়। আচলতে স্বপ্নদোষ বিকাৰ নহয় বৰঞ্চ শৰীৰ এক সাধাৰণ প্ৰক্ৰিয়া আৰু স্বাভাৱিক হয়। স্বপ্নদোষ যদি মাহত এক-দুবাৰ হয় তেনেহলে চিন্তাৰ কোনো কাৰণ নাই। কিন্তু যদি স্বপ্নদোষ নিয়মিত ৰূপত হবল লয় আৰু তাৰ সংখ্যা বাঢ়িবলৈ লয় তেনেহলে ইয়াৰ যুৱকৰ স্বাস্থ্য ওপৰত বেয়া প্ৰভাৱ পৰে।

স্বাভাৱিক সম্ভোগ আৰু স্বপ্নদোষৰ বীৰ্য্য স্খলনত বহুত পাৰ্থক্য আছে। স্বাভাৱিক সম্ভোগত মুখুম্না নাড়ী কেন্দ্ৰ দ্বাৰা বীৰ্য্য স্খলন ক্ৰিয়া হয় কিন্তু স্বপ্নদোষত শুক্ৰাশয় ভৰি যোৱাৰ অনুভূতি মস্তিস্কত হয় আৰু যেতিয়া মস্তিস্কত অলপ উত্তেজনা অনুভৱ হয় তেতিয়া বীৰ্য্য স্খলিত হৈ যায়। স্খলনৰ পূৰ্বে যৌনাংগত উত্তেজনা জমাতো স্বাভাৱিক হয় অতঃ যেতিয়া বীৰ্য্য স্খলিত হবলৈ লয় তেতিয়া মতিস্কত সম্ভোগৰ

কোনো কাল্পনিক চিত্র অংকিত হবলৈ লয়। বা কোনো লুকাই থকা কামেচ্ছা যা কাম স্মৃতি হৈ ওভৰি পৰে যাৰ বাবে যৌনাংগ উত্তেজিত হৈ পৰে। লিংগ ঠান, হৈ পৰে আৰু বীৰ্য্য স্খলন হৈ যায়।'

স্বপ্নদোষৰ অধিক তেতিয়া হয় যদি যুৱকৰ কোনো যৌন ৰোগ থাকে বা হস্তমৈথুন বেছি কৈ কৰে। উত্তেজক যোজনা, উত্তেজনা পূৰ্ণ বিচাৰ আৰু কাম বিকাৰ গ্ৰস্ত ব্যক্তিৰ সৈতে, কাম-সম্বন্ধী কিতাপ পঢ়িলে বা কামুকতা পূৰ্ণ ফিল্ম চালে স্বপ্নদোষৰ বৃদ্ধি হয়।

স্বপ্নদোষ দৰৱৰ দ্বাৰা দুৰ নহয়। ইয়াক দুৰ কৰাটো কেৱল সেই যুৱকৰ হাতত আছে যিয়ে স্বপ্নদোষ বেমাৰত পীড়িত। তেওঁ সেই সকলো কাম এৰি দিব লাগে যাৰ দ্বাৰা মন মস্তিস্ক আৰু যৌনাংগত উজেনা জন্মায়। কাম-সম্বন্ধী বিচাৰ আৰু আচৰণৰ ত্যাগেই স্বপ্নদোষৰ সকলোইকৈ ডাঙৰ ঔষধ বা যদি তেওঁক বিবাহ কৰি দিয়া হয় তেনে হলে এই ৰোগৰ পৰা মুক্তি পাব পাৰি।

আচাৰ-বিচাৰ, থকা-মেলা, খোৱা-বোৱা আৰু চ'চাইটীৰ স্বপ্নদোষৰ নিচিনা যৌন বিকাৰত বহুত প্ৰভাৱ পৰে। যদি জৱনক সাত্বিক আৰু নিয়মিত ৰূপত ব্যতিত কৰা যায় তেনেহলে স্বপ্নদোষৰ পৰা বহুত শীঘ্ৰে আৰু কোনো ঔষধৰ অবিহনে মুক্তি পোৱা যায়।

যি যুৱকৰ স্বপ্নদোষৰ বিকাৰ আছে তেওঁলোকে গৰম আৰু দেখীকৈ হজম হোৱা খাদ্য পৰিহাৰ কৰিব লাগেং। নিচা জাতীয় বস্তু যেনে মদ আদিৰ সেৱনে কামোত্তেজনা জন্মায়। ৰাতিৰ ভোজন শুৱাৰ আঢ়ে - তিনি ঘন্টাৰ আগতে খাব লাগে। পাতল আৰু পাচক ভোজন কৰিব লাগে।

আচলতে স্বপ্নদোষ বিকাৰ এই কথাটোৰ প্ৰতীক যে সেই যুৱকৰ শৰীৰত পূৰ্ণ পুৰুষত্ব জন্ম লৈছে। সেইবাবে ঐ চিন্তাৰ কোনো কাৰণ নহয়। ঐ কোনো ৰোগ নহয়।

হস্তমৈথুনও আচলতে ৰোগ বা বিকাৰ নহয়, ই এটা অভ্যাস হয় কিন্তু এই অভ্যাটোত প্ৰাকৃতিক ৰূপেৰে বীৰ্য্য স্খলত কৰা যায় সেই কাৰণে ইয়াক যৌন বিকাৰত জনা যায়।

চৈধ বছৰ বয়সৰ পিছত যেতিয়া ল'ৰাৰ শৰীৰত পুৰুষ গ্ৰন্থি হয় নিজৰ কাৰ্য্য কৰিবলৈ যায় তেতিয়া শৰীৰত হোৱাৰ পৰিবৰ্ত্তনৰ কাৰণে প্ৰতি সময়ে এক শিহৰণ অনুভৱ কৰে। যৌনাংগত শিহৰণ হয় আৰু

যদি যৌনাংগাৰ কোনো বস্তুৰ ঘৰ্ষণ বা স্পৰ্শ হয় উত্তেজন জন্মে তেতিয়া এই উত্তেজনা ইমানেই মুখত আৰু ৰোমঞ্চক হয় যে এই উত্তেজনাৰ পৰা প্ৰাপ্ত হোৱা সুখকে বাৰে-বাৰে পাবলৈ ইচছা জাগে আৰু কিশোৰ নিজেই উত্তেজনা কাৰণে সুখক পাবলৈ যৌনাংগক ই বা ঘৰ্ষণ কৰিবলৈ লয়। আৰু লাহে লাহে হস্তমৈথুনৰ অভ্যাস হৈ পৰে। অশ্লীল আৰু কামুকতা পূৰ্ণ সাহিত্য, ৰোমান্টিক চিনেমা আদিয়ে এই হস্তমৈথুনৰ অভ্যাসক উৎসাহ দিয়ে।

হস্তমৈথুন আৰু স্বাভাৱিক সম্ভোগত বহুত পাৰ্থক্য আছে। স্বাভাৱিক সম্ভোগত লিংগ যোনিৰ ঘৰ্ষণ কৰে। কাৰণ যোনিনৰম কোমল আৰু পিছল আৰু জুলীয়া হয় সেই কাৰণে ঘৰ্ষণৰ লিংগৰ ওপৰত কোনো বেয়া প্ৰভাৱ নপৰে বৰঞ্চ যোনিৰ ঝীলীৰ দ্বাৰা স্ৰবিত তৰল পদাৰ্থই লিংগক শক্তি তথা সামৰ্থ্য প্ৰদান কৰে কিন্তু হাত যোনিৰ তুলনাত বহুত য়ান আৰু শুস্ক হয় যাৰ ঘৰ্ষণে লিংগৰ শিৰাত বেয়া প্ৰভাৱ পেলায়। শিৰাবোৰ ফুলি ওভৰি পৰে, লিংগ বেকা হৈ যায়। যেতিয়া হস্তমৈথুন অধিক হৈ পৰে তেতিয়া লিংগ শিথিল হৈ পৰে আৰু এনে এটা দিন আহে যে তেওঁৰ স্ত্ৰী সম্ভোগৰ শক্তি নাথাকেগৈ।

হস্তমৈথুনৰ প্ৰত্যক্ষ সম্বন্ধ ব্যক্তিৰমন আৰু মস্তিস্ক সৈতে আছে। সেইকাৰণে হস্তমৈথুনৰ প্ৰত্যক্ষ প্ৰভাৱ মন-মস্তিস্ক আৰু স্নায়ুৰ ওপৰত পৰে।

যুৱকৰ নিচিনাকি কিছুমান যুৱতীয়ো হস্তমৈথুনৰ অভ্যাসৰ চিকাৰত পৰে। কিছুমান ছোৱালীয়েটো এইটো ভয়তে যে যোনিমাৰ্গত পৰ্দা ফাটিব বুলি আঙুলি নভৰা। তেওঁলোকে ভগনাসা আৰু যোনিৰ ওপৰ ভাচাক হাতেৰে ঘহি উত্তেজনা প্ৰাপ্ত হয়ে আৰু এনেদৰে তেওঁলোকে তেনেধৰণৰ আনন্দ মিলা ধৰণৰ সামান্য প্ৰাপত কৰে যি সম্ভোগৰ দ্বাৰা প্ৰাপ্ত হয়।

হস্তমৈথুনৰ সকলোতকৈ ভয়ংকৰ পৰিণাম হয় যেতিয়া যুৱকৰ বিবাহ হৈ যায় বা কোনো স্ত্ৰীৰ সৈতে সম্ভোগ কৰে তেতিয়া শীঘ্ৰপতন হৈ যায়। হস্তমৈথুনৰ অধিকতৰ বাবে বীৰ্য্য পাতল হৈ পৰে। বীৰ্য্যবাহিনী নলিকা কমজোৰ হৈ পৰে- তেওঁলোকে নাৰীৰ স্পৰ্শমাত্ৰই উত্তেজিত হৈ পৰে। আৰু সম্ভোগ ক্ৰিয়া আৰম্ভনীতে স্খলিত হৈ যায়। তেওঁলোকৰ আত্ম-নিয়ন্ত্ৰণৰ শক্তি নাথাকেগৈ।

সম্ভোগ ক্ৰিয়াত স্ত্ৰীয়ে কামসুখ অনুভূতি কৰাৰ আগতেই যদি পুৰুষৰ স্খলিত হৈ যায় তেনেহলে তাক শীঘ্ৰপতন বুলি কয়।

যদি পতি-পত্নী বহুত দিনৰ পিছত লগ পায় বা বহুত দিন অসুখৰ পিছত বা শিশুৰ পাৰৰ পিছত বহুদিন পিছত সম্ভোগ কৰে তেনেহলে পতিচ অত্যাধিক উত্তেজিত হোৱাৰ বাবে বহুত শীঘ্ৰ স্খলিত হৈ যায়। ইয়াৰ পৰিণাম এইটো হয় যে পত্নীয়ে কামসুখ হবলৈ নাপাইগে।

ইয়াৰ বহুতেই দুস্প্ৰভাৱ স্ত্ৰীৰ ওপৰত পৰে। তেওঁৰ কামোত্তেজনা শান্ত হোৱাৰ ঠাইত আৰু বেছি হৈ পৰে। স্নায়ুজনিত উত্তেজনাৰ কাৰণে কিছুমান স্ত্ৰীটো হিস্টেৰীয়া চিকাৰ হৈ পৰে। স্বভাৱ লিং খিঙীয়া হৈ পৰে। এনে পৰিস্হিতিত পৰস্পৰ হবলৈ লয় আৰু এনেদৰে তেওঁলোকৰ বিবাহিত জীৱন দুখময় হৈ পৰে।

আচলতে যৌন বিকাৰ যুৱ সকলাৰ মাজত হোৱা উশৃংখলতা আৰু চেক্স সম্বন্ধী মান্যতাৰ পৰিণমা যেয়ন বিকাৰ আগতেও পোৱা গৈছিল কিন্তু ইয়ায় বেছি সীমালৈকে পোৱা নগৈলিছ। আজি যিফালে চাই সেইফালে এনে দৃশ্যই দেখা পোৱা যায় যিয়ে মনুষ্যক সহজেই উত্তেজনা জেগহি তুলে। ঠায়ে-ঠায়ে দেৱাত আৰু বিজ্ঞাপন ঠাইত লগ চিনেমাৰ ৰোমান্টিক দৃশ্য। শৰীৰ যৌনাংগৰ প্ৰদৰ্শন কৰা বেশ-ভুশ, পৰিবেশত ৰাজি থকা চিনেমা সস্তীয়া গান, নিৰোধ আৰু নচক্দীৰ ডাঙৰ-ডাঙৰ বিজ্ঞাপন যিয়ে যৌন-সম্বন্ধক বঢ়ায়। তাৎপৰ্য্য এইটোয়ে গোটেই পৰিবেশত চেক্সৰ প্ৰতি আকৰ্ষণ জন্ম দিয়া সংক্ৰামক বীজাণু ভৰি পৰিছে।

ডাঙৰ ডাঙৰ চহৰত সাধাৰণতে এনে পৰিয়াল খুব কমেই আছে যাৰ দুটা বা দুটাতকৈ বেছি ৰূম আছে। 75 শতাংশ লোক এটা ৰূমতে থাকে। তেওঁলোকে খাওতে-মেলোতে, গা ধুওতে আৰু ৰাতিৰ অন্ধকাৰত এইটো ভাবি যে ঘৰ অন্য সদস্যই শুলে বুলি, সম্ভোগ ক্ৰিয়া কৰে। তেওঁলোকে এইটো না যেভাবে যে যদি অন্যলোক শুলেও সম্ভোগ ক্ৰিয়াৰ সময়ত হোৱা শব্দই তেওঁলোকৰ টোপনীত বাধা দিয়ে। এটা সৰু ৰূমত শুৱা লোকৰ ববে যাৰ পাবলৈ সম্ভোগ ক্ৰীয়াত হোৱা অস্পষ্ট আৰু সৰু শব্দই যথেষ্ট।

স্হানৰ অভাৱত আজিৰ যুৱক-যুৱতীৰ ওপৰত বহুত বেয়া প্ৰভাৱ পৰিছে। প্ৰথমতে তেওলোকে হস্তমৈথুন আৰু অপ্ৰাকৃতিক সম্ভোগৰ প্ৰবৃত্তি জাগে আৰু পিছলৈ তেওঁলোকে স্বাভাৱিক সম্ভোগৰ বাবে

ইজনে-সিজনক বিচাৰিবলৈ লয়। কাৰণ একেটা ঘৰত থকা ভাড়াতীয়া সফলৰ মাজন এন কোনো সম্বন্ধ নাথাকে যিয়ে মৌন-সম্বন্ধত বাধা দিয়ে। ইয়াৰ পৰিণাম এইটো হয় যে মিলা-জুলাৰ সুবিধা থকাৰ বাবে যুৱক-যুৱতীৰে কেৱল নহয় বিবাহিত স্ত্ৰী-পুৰুষৰ মাজতে যৌন সম্বন্ধ স্থাপিত হৈ যায়।

যাৰ পৰিণাম কেৱল তেওঁলোকৰ বাবেই নহয় বৰঞ্চ সমাজ-ৰাষ্ট্ৰৰ বাবেও ঘাটক সিদ্ধ হৈছে। এই বাঢ়ি অহা চেক্স প্ৰবৃত্তিৰে এই পৰিণাম যে আজি যুৱ সকলৰা যৌন বিকাৰ গ্ৰস্ত হোৱাৰ কাৰণে যৌন ৰোচোবো আক্ৰান্ত। শাৰীৰিক আৰু মানসিক ৰোগৰ সংখ্যাৰ বৃদ্ধি হোৱ আৰু অপৰাধ, হত্যা আৰু লুটমাৰে ও এই কথাৰ স্পস্ট প্ৰমাণ যে আজিৰ যুৱ প্ৰজমৰ চৰিত্ৰ কোনোটো সীমালৈকে তল পৰিছে গৈ।

চেক্সৰ সমুচিত শিক্ষাৰ অভাৱত ভাঙি যোৱ পৰিয়ালে জ্ঞাতী কুটুম্বৰ দেশৰ এই পুৰাতন পৰম্পৰা আৰু মান্যতা যি গতিৰ নস্ট কৰি আছে, ই সবাধিক বিচাৰণীয় বিষয় হৈ পৰিছে।

দাম্পত্য জীৱনৰ কৰ্তব্য

বিবাহিত জীৱনত কেৱল সম্ভোগেই প্ৰধান নহয় বৰঞ্চ তেওঁৰ অতিৰিক্ত পৰিত আৰু পত্নীৰ কিছুমান সামুহিক কৰ্তব্যও থাকে যিটো সেই দুটাক মিলি পুৰা কৰিব লগীয়া হয়। প্ৰত্যেক মাক-দেউতাকৰ এইটো আশা থাকে যে তেওঁৰ লৰা ডাঙৰ হৈ তেওঁৰ পুৰা সহযোগ কৰিব। আমাৰ দেশত পশ্চিম সভ্যতাৰ প্ৰভাৱেৰে এইটো পৰম্পা আৰম্ভ হৈছে যে বিবাহ হোৱাৰ লগে লগে পতি নিজৰ পত্নীক লৈ ঘৰৰ পৰা বেলেগ হৈ যায়। সেই মানুহে নিজৰ এটা নতুন ঘৰ বনাই লয় আৰ, সেইক সদায়ৰ কাৰণে পাহৰি যায় যিটো ঘৰত তেওঁলোক জন্ম লৈছিল, ডাঙৰ হৈছিল, শিক্ষা প্ৰাপ্ত কৰিছিল আৰু তাত তেওঁ বিবাহ হৈছিল। নিৰ মাক-দেউতাকক পাহৰি যায়। পঢ়াইছিল, কামত লগাইছিল আৰু বিবাহ কৰিছিল। নিৰ বাই, ভনী, ককাকায়েক পাহৰি যায় যি তেওঁবশত নিঃস্বাৰ্থ ভাৱেৰে স্নেহ কৰিছিল। নৱবিবাহিত পত্নী পই পতি নিজৰ সম্পূৰ্ণ অতীতকে নহয় পিছৰ সকলো পুৰনা সম্বন্ধ আৰু পুৰনা পাৰিবাৰিক পৰম্পৰা নষ্ট হৈ যায়। পৰিবাৰ ভাঙি চিঙি যায় আৰু ইয়াৰ লগতে ছোৱালী জনীৰ প্ৰতি (যেতিয়া ডাঙৰ হয়) মা-দেউতাকৰ স্নেহ কমি যায় কাৰণ তেওঁৰ মনৰ কোনো কোণাত এইটো আশংকা থাকি যায় যে যেতিয়া ছোৱালীজনীৰ বিবাহ হৈ যাব তেতিয়া তেওঁ নিজৰ পত্নীক লৈ ঘৰৰ পৰা বেলেগ হৈ যাব। ভাৰতীয় পৰিবাৰৰ বাবে এইটো স্থিতি বহুত দুখদায়ক তথ্য চিন্তনীয় হয়।

সাধাৰণতে বিবাহৰ পাছত পুৰনা ঘৰক এৰি নতুন ঘৰ সংসাৰ পাতিব লগীয়া যুবক আৰু যুবতি সেইটো পাহৰি যায় যে জীৱনত মাক-দেউতা ভাই-ভনি আৰু সম্বন্ধীয় আদিৰ কিমান মহত্ব হয়। বিবাহৰ

কিছুমান দিনৰ পাছত যেতিয়া পত্নী গৰ্ভৱতী হয় আৰু সেইটোৰ ওপৰত ঘৰ সকলো কৰ্তব্য আহি যায়। তেতিয়া গম পাই যে বিবাহিত জীৱনত শাহু আৰু ননদ থাপ কিমান আৱশ্যক হয়। এটা অচিনাকী চহৰত যত কোনো নিজৰ সম্বন্ধী নাই যদি কোনো কঠিনতা আহিদ যায় বা পতি-পত্নীৰ কোনোবাই বেমাৰত পৰে তেতিয়া তেওঁক চোৱাতো এটা সমস্যা বনি যায়। যদি পতি বেমাৰ হৈ যায় আৰু দীঘল সময়লৈকে কাৰম ওপৰত যাব নোৱাৰে তেতিয়া পত্নীৰ ওচৰত আৰ্থিক কঠিনতা আহি যায় আৰু যদি পত্নী বেমাৰ হয় তেতিয়া পতিৰ ওচৰত চোৱা চিতাও সমস্যা সৃষ্টি হয়। সেই সময়ত প্ৰথমবাৰে তেওঁ এইটো অনুভৱ হয় যে তেওঁ নিজৰ মা-দেউতা, ভাই-বনি আৰু সম্বন্ধীয়ক এৰি কিমান ডাঙ মুৰ্খতা হয়।

আজি যেতিয়া কোনো ছোৱালীৰ বিয়া হয় তেতিয়া তেওঁক পিতাৰ ফালাৰ পৰা যি যৌতুক পায় সেইটোও তেওঁ নিৰ পুৰা পুৰা অধিাৰ বুজে। আৱশ্যকতা পৰিলে শাহুবাৰীৰ কোনো সদস্য যদি যৌতুক সেই বস্তুৰ যিকোনো বস্তৰ প্ৰয়োগ কৰিব ধৰে তেতিয়া কেৱল বেয়াই নহয় বৰঞ্চ কেতিয়াবা-কেতিয়াবা তেওঁ নিজৰ শাহুৰ লগত কাজীয়াও কৰে। এইটো ঠীক যে মা-দেউতা নিজৰ ছোৱালীৰ যৌতুকত যিটো কিছুমান দিয়ে এইটো ভাবি দিয়ে যে যৌতুকত দিয়া বস্তু তেওঁৰ ছোৱালীৰ কাম আহে কিন্তু তেওঁৰ এই ভাৱ হয় এই কথাৰ সূচক যে তেওঁৰ মনত প্ৰথমেৰ পৰাই এইটো ধাৰণ বদিহ গৈছে যে বিবাহৰ পাছত তেওঁৰ ছোৱালী নিৰ শাহুৰ ওচৰত নাথাকে আৰু পতিক লৈ বেলেগ হৈ যাব। মা-দেউতাৰ সেই ধাৰণাৰ অনুসাৰেই ছোৱালীৰ বিবাহ হোৱাৰ পাছত নিজৰ শাহুবীত খোজ দিয়ে তেতিয়া তেওঁৰ মনত এই নিশ্চয় সাধাৰ ভাবনা থাকে যিটো তেওঁ অধিকদিনলৈকে নিজৰ শাহুৰৰ লগত নাথাকে আৰু সেনাকালে নিজৰ ঘৰ সংসাৰ পাতিব।

আজিৰ যুগত মানৱ ওচৰত অধিকাৰৰ প্ৰাপ্ত কৰাৰ প্ৰশ্ন থাকে কিন্তু তেওঁৰ কৰ্তব্যৰ কি এই সম্বন্ধত সেইটোও ভবাৰৰ চেষ্টা নকৰে নিজৰ অধিকাৰ প্ৰাপ্ত কৰিবৰ বাবে তেওঁ উচিত আৰু অনুচিত দুটা প্ৰকাৰ খোজ উঠোৱাত কোনে ধৰণৰ সংকোচ নকৰে। ইয়াৰ পৰিণাম এইটো হয় যে তেওঁ নিৰ অধিকাৰ প্ৰাপ্ত কৰিব নোৱাৰে তাৰ বাদে ঘৰ এৰিবলৈ বিবশ হৈ যায় যত তেওঁ জম লৈছিল। সংসাৰৰ এইটো সামান্য নিয়ম

যে যদি আপুনি বেলেগৰ পৰা সন্তান প্ৰাপ্ত কৰিব বিচাৰে তেতিয়া তেওঁক স্নেহ দিয়ক। সাধাৰণতে যেতিয়া নব বধু নিজৰ নতুন ঘৰ আহে তেতিয়া তেওঁ নিজৰ পতিৰ মা-দেউতাক নিজৰ মা-দেউতাৰ সমান মানিলৈ তৈয়াৰ নহয়। পতিৰ ভাই-ভনি তথা সম্বন্ধিয়ক নিৰ হিচাপে মানিবলৈ সংকুচিত হয়। তেওঁ নীজৰ মা-দেউতাক নিজীৰ পতিৰ মা-দেউতাকতকৈ অধিক শ্ৰেস্ঠ বুলি ভাবে আৰু যদি সংযোগেৰে তেওঁৰ মা-দেউতা তেওঁৰ শহুৰালাৰ অপেক্ষা অধিক ধনবান হয় তেতিয়া তাত আহি ভাবনা সৃষ্টি হয়। তেওঁ নিকো নিজৰ শাহুৰালাৰ প্ৰত্যেক ব্যক্তি ইয়লৈকে যে নিৰ পতিত কৈ অধিক শ্ৰেস্ঠ বুলি ভাৱে। শাহু-ননদক নিজৰ চাকৰানীতকৈও ভাল বুলি নাভাৱে আৰু যদি সংযোগেৰ তেওঁ নিজৰ পতি মহোদয়ক কি ধৰণে নিৰ ফালে কৰি লয় তেতিয়া 'কেৰেল আৰ, নীমৰ নিচিনা কথাতো প্ৰযোজ্য হয়। ইয়াৰ পৰিণাম এইটো হয় যে তেওঁ চাৰি দিনৰ পাছত নিজৰ যৌতুকৰ সকলো বস্ত্ত আৰু পতিক লৈ বেলেগ ঘৰ সংসাৰ পাতে। তেওঁ এইটো কেতিয়াও নাভাবে যে এটা দিন ঠীক এইটো পৰিস্হিতি তেওঁৰ ওচৰত আহিব পাৰে আৰু যদি তেওঁৰ ওচৰত ঠক এইটো ঠীক পৰিস্হিতি আহি যায় তেতিয়া সেইটো কেনেকুৱা অনুভৱ হব। বৰ্তমান শাহুৰ অতীত বোৱাৰী আছিল আৰু বৰ্তমানৰ বোৱাৰী ভৱিষ্যত শাহু বনিব, সেইটো প্ৰকৃতিৰ ক্ৰম হয়।

ভাল এইটো যে নৱ বিবাহিত পতি-পত্নী নিজৰ অধিকাৰৰ লগতে নিজৰ কৰ্তব্যকো বুজিব লাগে আৰু কৰ্তব্যপালন কৰাৰ চেস্টা কৰিব লাগে।

মনুষ্য এটা সামাজিক প্ৰাণী। তেওঁ সমাজৰ পৰা পৃথক হব নোৱাৰে। নিজৰ পৰিয়াল এৰাৰ পাছতো তেওঁ সমাজত থাকিব লাগে। যিটো ব্যক্তি নিজৰ পৰিয়ালৰ কৰ্তব্য পালন কৰিব নোৱাৰে তেওঁ নিজৰ সামাজিক কৰ্তব্যওে পালন কবি নোৱাৰে যিটো ব্যক্তি নিজ সামাজিক কৰ্তব্যৰ প্ৰতি জাগৰুক নহয় তেওঁ ৰাস্ট্ৰৰ প্ৰতি অথবা মানৱ জাতিৰ প্ৰতি নিজৰ কৰ্তব্যক কেতিয়াও বুজি নাপায়।

আমাৰ মানসিক চিন্তনৰ বহুত গম্ভীৰ প্ৰভাৱ আমাৰ পৰিবাৰিক জীৱন থাকে, আমাৰ সন্তানৰ ওপৰত পৰে। যদি আমি নিজৰ কৰ্তব্যৰ পৰা পলাই তেতিয়া আমি নিজৰ সমাজ আৰু ৰাস্ট্ৰৰ হিতৰ বাবে যি কোনো কৰি পাৰিব।

পুৰাতন কালত বিবাহৰ পিছত যেতিয়া ছোৱালী নিজৰ শহুৰালৰ পৰা বিদা হব পাৰিছিল তেতিয়া মা আৰু ঘৰৰ ডাঙৰ তেওঁক শিক্ষ দিছিল যে আজিৰ পৰা তোমাৰ মা-দেউতা। মুচলমানত আজিও যেতিয়া বিবাহ পাছত ছোৱালী শাহুৰাল যায় তেতিয়া ঘৰৰ ডাঙৰে তেওঁক উপদেশ দি কয় যে তুমি আজি যি ঘৰত যাব সেই ঘৰৰ পৰা তুমি ঘৈনিয়েকৰ লগত উলায়। কিন্তু এইটে সকলো আজি কয় যে কথা থাকি গৈছে। পাশ্চাত্য সভ্যতাই আমাৰ পাবিৰিক জীৱনক ইমান বেয়াকৈ প্ৰভাৱিত কৰে যে আমাৰ সমস্ত পুৰাতন পৰম্পৰা আৰু মান্যতা সমাপ্ত হৈছে। সমান অধিকাৰক মোহক নাৰেই স্ত্ৰীক বেয়াকৈ ভ্ৰমিত কৰিছে যে তেওঁ কেৱল নিজৰ অধিকাৰৰ প্ৰতি জাগৰুক হৈ গৈছে কিন্তু কৰ্তব্যৰ প্ৰতি এতিয়ালৈকে তেওঁৰ ধ্যান যোৱা নাই। ৰাজনীতিক দৃষ্টিকোণেৰে মিলা সমান অধিকাৰৰ এইটো অৰ্থ নহয় যে তেওঁক প্ৰত্যেক ক্ষেত্ৰত উশৃংলতা থকা স্বাধীনত প্ৰাপ্ত হৈছে বা তেওঁ খুদমুক্তাৰ নাই দিয়ে। ভাৰতীয় পৰিবেশত আৰু য়োৰোপিয়ান পৰিবেৰশত ডাঙৰ অন্তৰ আছে। সমান অধিকাৰ পোৱাত ভাৰতীয় নাৰী পতিৰ নিৰ্ভৰ কৰিব লগীয়া হয় তেওঁ আৰ্থিক ৰূপেৰে নিজৰ পতিৰ ওপৰত নিৰ্ভৰ নাথাকিলেও কিন্তু তেওঁ সমাতজ যি প্ৰতিস্ঠা আৰু সম্মান তথা স্হান প্ৰাপ্ত হয় তেওঁ তেওঁৰ নিজৰ পতিৰ কাৰণেই প্ৰাপ্ত হব পাৰে। আজি ভাৰতত অনেক স্ত্ৰী উচচ পৰ্দাত কাৰ্য্য কৰি থাকে। আৰ্থিক ৰূপেৰে তেওঁ স্বতন্ত্ৰ তথা সম্পন্ন হয়। ইয়াৰ বাবে তেওঁ পতিৰ সহায়তা আৱশ্যক নহয় কিন্তু যদি সামাত্রিক দৃষ্টিকোণৰ পৰা সৰ্বক্ষণ কৰা যায় তেতিয়া তেওঁৰে বিবাহিত স্ত্ৰীক যি সম্মান প্ৰাপ্ত হয় তেওঁ অবিবাহিত স্ত্ৰী প্ৰাপ্ত নহয়। ইয়াৰ এটা মাত্ৰ কাৰণ যে সমাজত তেওঁ আদৰ, সম্মান তথা উচিত স্হান দিয়োৱা একমাত্ৰ সাধন, ‘পতি’ তেওঁৰ ওচৰত নাথাকে। বিবাহিত জীৱনক সুখী বনাবৰ বাবে পতি আৰু পত্নী দুটাক নিজৰ পাৰিবাৰিক তথা সামাজিক কৰ্তব্য পুৰা ধ্যান দিয়াতো আৱশ্যক হয়। পতি আৰু পত্নীক এজনে ইজনক নিজৰ মিত্ৰ আৰু জীৱন নগৰী বুজিব লাগে। যদি পতি নিজকে শাসক বা স্বামী আৰু পত্নীক নিজৰ দাসী বুলি ভাৱে তেতিয়া সেইয়ো তেওঁৰ সকলোতকৈ ডাঙৰ ভুল আৰু যদি নিজৰ ৰূপ-সৌদয্য নিজৰ মা-দেউতাৰ ধন-বৈভৱ, নিজৰ শিক্ষা বা পদৰ অসংকাৰীত পত্নী নিজৰ পতিৰ অবহেলা

কৰে তেতিয়া সেইটো তেওঁ সকলোতকৈ ডাঙৰ ভুল।

এই ধৰণৰ পতি পত্নীৰ বৈবাহিক জীৱন কেতিয়াও সুখী হব নোৱাৰে।

বিবাহ বাস্তৱত কেৱল এটা চুক্তিয়েই নহয়। শাৰীৰিক, মানসিক আৰু আত্মিক ৰূপেৰে পতিৰ একান্ত হোৱাই বিবাহ হয়। যি ঘৰত পতি আৰু পত্নীৰ বিচাৰত যিকোনো ধৰণৰ অন্তৰ পোৱা যায় তাত সাধাৰণতে কাজিয়া হৈ থাকে। আদৰ মান আৰু স্নেহ দিব নোৱাৰে পৰিণামস্বৰূপে তেওঁৰ বিবাহিত জীৱনত বাধা আহি যায়।

গৰ্ভ আৰু প্ৰসৱ

গৰ্ভ ধাৰণ কৰা আৰু আকৌ সন্তান জন্ম দিয়া নাৰী শৰীৰৰ স্বাভাৱিক ক্ৰিয়া যি ধৰণে খেতি বীজ সিচাৰ পিছত সেই বীজৰ অংকুৰিত হোৱাতো স্বাভাৱিক সেই ধৰণেৰ সম্ভোগ কৰিলে স্ত্ৰীৰগৰ্ভ ধাৰণো এটা স্বাভাৱিক প্ৰক্ৰিয়া হয়।

সম্ভোগৰ অন্তিম চৰণত যেতিয়া পুৰুষৰ বীৰ্য্য স্ত্ৰীৰ যোনি মাৰ্গত পৰে তেতিয়া তাত লাখৰ সংখ্যাত শুক্ৰাণু থাকে। যোনিমাৰ্গত পৰাৰ পাছত কিছুমান শুক্ৰাণু যোনিমাৰ্গ ঝিল্লীৰ পৰা স্ত্ৰৱিত হৈ থকা তেজাৱৰ কাৰণে মৰি যায় আৰু কিছুমান জীৱিত থাকে। জীৱিত শুক্ৰাণুবোৰ গৰ্ভাশয়ৰ মুখৰফালে আগবাঢ়ে আৰু তাৰে কোনো এটা শুক্ৰাণু গৰ্ভাশয় মগ্ৰত প্ৰৱেশ কৰাত যদি সফলহৈ যায় তেতিয়া স্ত্ৰী গৰ্ভৱতী হৈ যায়।

সম্ভোগৰ অন্তত যি ধৰণে পুৰুষৰ বীৰ্য্য স্খলিত হয় সেই ধৰণে স্ত্ৰীৰ যোনিৰ পৰা কোনো স্ৰাৱ নুলাই। সেইটো কেৱল নিজৰ আত্মৰিত যৌনাংগৰৰ স্কুৰণেৰে স্খলতৰ অনুভূতিহে হয়, বৃদ্ধি হৈ যায়। কিন্তু স্ৰাৱ স্ত্ৰীক গৰ্ভৱতী বনোৱাত সহায় নকৰে। স্ত্ৰী তেতিয়া গৰ্ভৱতী হয় যেতিয়া পুৰুষ বীৰ্য্যৰ কোনো শুক্ৰাণু স্ত্ৰীৰ গৰ্ভাশয়ত প্ৰৱেশ কৰাৰ পাছত ডিম্ব নলিকাত গৈ পায় আৰু তাত ডিম্বৰ লগত মিলি যায়।

স্ত্ৰীৰ গৰ্ভাশয়ৰ ডিম্ব গন্থিৰ পৰা প্ৰায় ঃ প্ৰত্যেক মাহৰ পাছত এটা পিৰপক্ক ডিম্ব উলাই। এইটো ডিম্ব বাৰে বাৰে এবাৰ সোঁ গ্ৰন্থিৰ পৰা দ্বিতীয় বাৰ বাওঁ গ্ৰন্থিৰ পৰা উলাই ডিম্ব লাহে-লাহে ডিম্ব নলিকাত আগবাঢ়ে। ডিম্ব নলিকাৰ কৰ্চ চাফা আৰু কোমল হয়। এই ফৰ্চত বহুতো ৰেচো উপৰৰ ফালে উঠি থাকে। এই ৰেচোত প্ৰত্যেক সময়ত

খেলিমেলি হয় থাকে। ডিম্ব নলীৰ সীমাবোৰত সংকোচ হৈ থাকে। সেইকাৰণে ডিম্ব বহুত লাহে লাহে দুৰ্বল হৈ 4 দিনত গৰ্ভাশয়লৈকে গৈ পাই।

ডিম্বৰ এই যাত্ৰা কালতেই পুৰুষ শুক্ৰাণু ডিম্ব নলিকাত প্ৰৱেশ কৰি ডিম্বৰ পৰা আৱৰত মিলি যায় আৰু শুক্ৰাণুৰ লগত একে লগ হৈ ডিম্ব দুৰ্বল হৈ গৰ্ভাশয়ত আহি যায়। ইয়াৰ পাছত গৰ্ভাশয়ৰ সীমাৰ পৰা লাগি থাকি বাঢ়িব ধৰে।

ডিম্ব গ্ৰন্থিৰ পৰা উলোৱাৰ পাছ সামান্য ৰূপেৰে ডিম্ত খুব বেছি 48 ঘণ্টালৈকে অগৰ্ভিত হোৱাৰ শক্তি থাকে। 48 ঘণ্টাৰ পাছত সগৰ্ভিত হোৱাৰ ক্ষমতা নাইকীয়া হয়। সেইকাৰণে প্ৰকৃতিয়ে ডিম্ব আৰু শুক্ৰাণুৰ মিলনৰ ব্যৱস্হা ডিম্ব নলিকই কৰিছে। যদি শুক্ৰাণুৰ ডিম্ব নলিকাত পোৱালৈকে ডিমব শক্তিহীন হৈ যায় তেতিয়া শুক্ৰাণুক নিজৰ লগত একেলগ কৰিব নোৱাৰে আৰু গৰ্ভাশয়ৰ পৰা লাগি থকাৰ শক্তি নষ্ট হৈ যায় আৰু সেইটোৰ লগত শুক্ৰাণুত নষ্ট হৈ যায়।

গৰ্ভাধানৰ এইটো মহত্বপূৰ্ণ ক্ৰিয়া স্ত্ৰীৰ শৰীৰৰ আভ্যন্তৰিক ভাগত সম্পাদিত হৈ থাকে কিন্তু তেওঁক একো গম নপায়। তেওঁক এইটো নাজানে যে তেওঁ গৰ্ভৱতী হৈছে। গৰ্ভাধানৰ প্ৰাৰম্ভিক সপ্তাহত এনেকুৱা চিহ্নও প্ৰকট নহয় যিটো এই কথাক প্ৰকট কৰি পাৰে যে স্ত্ৰী গৰ্ভৱতী হৈছে। তেওঁ তেতিয়া সন্দেহ হয় যেতিয় পিছৰ বাৰ ঋতুমতী হোৱা নাই কিন্তু তেতিয়াও তেওঁ বিশ্বাস নহয়, কেৱল সন্দেহ মাত্ৰহে হয় কিন্তু গৰ্ভধানৰ পাছত যদি স্ত্ৰী ঋতুমত হয় তেতিয়া স্বাভাৱিক মাহেকীয়া ধৰ্মত হবলগীয়া ৰক্তস্ৰাৱতৰ অপেক্ষা গভাধানৰ পাছত হব লগীয়া মাহেকীয়া ধৰ্মৰ স্ৰাৱত ৰক্তস্ৰাৱ হত কম হয় আৰু দুই তিনি দিনতে বন্দ হৈ যায়। দ্বিতীয় মহত ৰক্তস্ৰৱ আধা দিনলৈকে থাকে আৰু তৃতীয় মাহত কেৱল আধা ঘণ্টালৈকে থাকে। ইয়াৰ পাছত একেবাৰে বন্দ হৈ যায়। কিন্তু কোনো-কোনো স্ত্ৰীক গৰ্ভকালৰ পুৰা হোৱালৈকে ৰক্তস্ৰাৱ হৈ থাকে।

গৰ্ভ স্হাপিত হোৱাৰ পাছত স্ত্ৰীৰ ঋতুমতী হোৱা সময় আহে তেতিয়া পেডুত এঠন হব ধৰে। তেওঁ এনেকুৱা অনুভৱ হব ধৰে যে তেওঁ দশ-পাচ মিনিটতেৰই ঋতুমতী হৈ যাব। কিন্তু তেওঁ ঋতুমতী নহয়, ৰক্তস্ৰাৱৰ আগয়েটালৈকে নাহে। দুই-তিনি দিনলৈকে স্ত্ৰীৰ এইটোৱেই

স্হিতি থাকে। কিন্তু ওঁ ঋতুমতী নহয়।

গৰ্ভ-স্হাপনীৰ ছয় সপ্তাহৰ পাছত গৰ্ভৱতী স্ত্ৰীৰ যি মিচলানে লাগে আৰু যেতিয়াই খাই, বমি হব ধৰে। কিছুমান স্ত্ৰীক গৰ্ভৱতী হোৱাৰ এটা মাহৰপাছত আৰু কিছুমান স্ত্ৰীক দুইমাহৰ পৰা বমি আৰম্ভ হয়। কিন্তু ছয় বা আঠ সপ্তাহৰ পাছ নিজেই বন্দ হৈ যায়। সামান্য ৰূপেৰে প্ৰাতঃকাল বিচনাৰ উঠি যি মিলনা বা বলি হোৱা আৰম্ভ হৈ যায়।

আৰম্ভনিতে গৰ্ভৱতী স্ত্ৰীৰ পেটত অলপ খেলিমেলি অনুভৱ কৰে। লাগে যে তেওঁৰ যি খাইছিল সকলো উলাই যাব। কিছুদিন পাছত বাস্তৱত প্ৰথমৰ দৰে মিচলতা আৰু আকে বাম হৈ যায়। কিন্তু যেতিয়া সূৰ্য্য আগবাঢ়ে, বমি কৰা কমি যায়। দুপৰীয়ালৈকে তেওঁ পূৰ্ণ ৰূপেৰে সামান্য হয়। কিন্তু কলো গৰ্ভৱতী স্ত্ৰীৰ অৱস্হা এনেকুৱা নহয়। কিছুমান স্ত্ৰীক গধূলজী সময়ত বমি হয়। কিছুমান স্ত্ৰীৰ দিনভৰ মিলাতা থাকে আৰু বমি হব ধৰে। কিন্তু কিছুমান ত্ৰী গৰ্ভধানৰ পৰা লৈ প্ৰসৱ হোৱালৈকে সামান্য স্হিতিত থাকে।

বাত্বৱত জী মিচলানে আৰু বমি হোছাৰ কাৰণ মানসিক হয়। যেতিয়া গৰ্ভধানৰ পাছত নিশ্চিত দিনত স্ত্ৰী ঋতুমতী নহয়, তেওঁ যেতিয়া এইটো গম পাই যে তেওঁ গৰ্ভৱতী হৈছে তেতিয়া তেওঁ নিজেই ভয়-খাই যায়। যেতিয়া স্ত্ৰী প্ৰথমবাৰ গৰ্ভধাৰণ কৰে তেতিয়া ভয় অধিক হয় আৰু সেইকাৰণে তেওঁৰ জী বহুত মিহলে আৰু বমিয়ো আকৌ হয় অধিক দিনলৈকে থাকে। কিন্তু আকৌ প্ৰত্যেক গৰ্ভাধানৰ পাছত কম হৈ যায় সেই কাৰণে এইটো ৰোগ নহয়। এইটোৰ পৰা ভয় কৰাতো আৱশ্যকতা নহয়।

গৰ্ভাধান এটা মাহৰ পাছত স্তনৰ আকাৰত পৰিবৰ্তন হোৱাতো আৰম্ভ হৈ যায়। কিন্তু কেতিয়াা-কেতিয়াবা তিনি মাহৰ পাছত স্তনত পৰিৱৰ্তন হয়। জম হব লগীয়া কেচুৱাৰ বাবে গাখীৰৰ ব্যৱস্হা হোৱা আৰম্ভ হৈ যায়। স্তনৰ গাখীৰ গ্ৰন্হি বাঢ়িব ধৰে। স্তন ৰক্ত সংচাৰত বৃদ্ধি হৈ যায়। স্তনত কষ্ট আহি যায় আৰু সেইটো ছোৱাৰ লগে লগে বিষ হৈ যায়।

তৃতীয় মাহৰ ওচৰত পাজৰত স্তনৰ বিন্দুৰ ওচৰ পাজৰৰ গোল ঘোত কলা পৰে। মাহৰ অন্তলৈকে স্তনক হেচিলে গাখীৰ উলাই।

এই ধৰণে গৰ্ভাশয়ত যেতিয়া যেতিয় কেচুৱা বাঢ়িব ধৰে, গৰ্ভাশিয়ো

সিচতি হব ধৰে যাৰ দ্বাৰ পেট বাঢ়িব ধৰে। সামান্য ৰূপেৰে তিনি মাহলকে পেটৰ আকাৰত কোনো পৰিৱৰ্তন নহয় কিন্তু তিনি মাহৰ পাছত নাভিৰ তলত এটা সামান্য, গোল দেখা দিব ধৰে যিটো বাঢ়ি-বাঢ়ি পাচ মাহত নাভিলৈকে গৈ পাই। চতুৰ্থ আৰু পঞ্চম মাহৰ মাজত পেট ইমা বাঢ়ি যায় যে অন্য মানুহক দেখা দিয়ে। পেট বঢ়াৰ লগতে পেটৰ পৰত ধুনীয়া ধৰিয়া পৰিব ধৰে যিটো গৰ্ভকাল পুৰা হোৱালৈকে বাঢ়ি যায়। যি স্ত্ৰীৰ পেট যি আকাতৰ বঢ়ে সিমানেই ধাৰিয় পৰে আৰু বাঢ়ে। কেচুৱা জন্ম হোৱাৰ পাছত এই ধুনীয়া চিহ্ন সৰু হৈ যায় কিন্তু দেখা পায়।

চাৰি-পাচ মাহত গৰ্ভত কেচুৱা হিলোৱা অনুভৱ হব ধৰে। নিজীৰ হাত-ভৰি চলাব ধৰে। কেতিয়াবা-কেতিয়াবা কেচুৱাৰ চলন ফুৰন ইমান বাঢ়ি যায় যে গৰ্ভিনী অচেতন হৈ যায়। যি স্ত্ৰী প্ৰথমবাৰ গৰ্ভৱতী হয় গৰ্ভাশয়ত শিশুৰ দ্বাৰা কৰা চলন ফুৰনৰ পৰা অসুবিধা আৰু চিন্তিত হৈ উঠে। তেওঁ ভাৱে যে তেওঁৰ পেটত বায়ুৰ বিকাৰ হৈছে। গৰ্ভৱতী স্ত্ৰীক এনেকুৱা অনুভৱ হয় যেনে কোনো বস্তু তেওঁৰ পেটত হেচা মাৰিছে। কেতিয়াবা-কেতিয়াবা এইটে কাৰ্য্য স্ত্ৰীক কষ্ট দিয়ে আৰু এইটে আশংকা হয় যে তেওঁৰ পেটত এটাই নহয় দুটা তিনিটা কেচুৱা আছে।

খুব বেছি চাৰি মাহৰ পাছত গৰ্ভত শিশুৰ হৃদয়ৰ শব্দ আৰম্ভ হয়। নাভিৰ তলৰ ভাগত যদি মাজত কান ৰাখে তেতিয়া এনেকুৱা লাগে যেনে গাৰুৰ তলত ঘড়ীৰ টিক-টিক হয়। শিশুৰ হৃদয়ৰ শব্দৰ গতি মাকৰ হৃদয়ৰ শব্দৰে দুগুণ হয়।

গৰ্ভৱতী মহিলাক প্ৰাৰম্ভিক মাহত টোপনীৰ মাত্ৰা এই সীমালৈকে বাঢ়ি যায় যে তেওঁ দিনতো টোপনি ধৰি থাকে। ৰাতিপুৱা তেওঁৰ চকু দেৰিকে খুলে। কিন্তু দুই তিনি মাহৰ পাছত টোপনি আকৌ সামান্য হৈ যায়। গৰ্ভৱতী স্ত্ৰীৰ ভূতো কমি যায়। তেওঁ এবাৰতে পুৰা ভোজন কৰিব নোৱাৰে সেইকাৰণে অলপ অলপ দেৰিৰ পাছত অলপ খাই থাকিব লাগে। ইয়াৰ অতিৰিক্ত কিছুমান গৰ্ভৱতী স্ত্ৰীৰ ইচ্ছা এনেকুৱা বস্তু যোৱাৰ হয় যাৰ দ্বাৰা তেওঁ সামান্য অৱস্থাত আছিল।

আৰু তেওঁৰ এনেকুৱা বস্তুৰ পৰা চিঢ় হৈ যায় যিয়ো সামান্য অৱস্থাত তেওঁ অত্যাধিক প্ৰিয় আছিল। কিছুমান স্ত্ৰী গৰ্ভ স্থপিত

হোৱাৰ লগে লগে মাটি, মাটিৰ বাচনৰ টুকুৰা আৰু কয়লা খাবলৈ আৰম্ভ কৰি দিয়ে। ডাক্টৰে স্ত্ৰীৰ এই ৰুচিৰ কাৰণ বিচাৰি উলোৱাৰ বহুত চেষ্টা কৰিছে। কিন্তু এতিয়ালৈকে পৰা নাই।

গৰ্ভ স্থাপিত হোৱাৰ এটা মাহৰ পাছত কিছুমান মহিলা বাৰে বাৰে পেচাব আহিব ধৰে কিন্তু এইটো স্থিতি কেৱল আঢ়ৈ তিনি মাহলৈকে থাকে আকৌ সামান্য হৈ যায়। কিন্তু প্ৰসৱৰ পৰা সপ্তাহ প্ৰথমে এইটো কাৰ্য্য আকৌ আৰম্ভ হয়।

যেতিয়া প্ৰসৱ পীড়া আৰম্ভ হয় তেতিয়া প্ৰথমে পিঠি আৰু পেডুত বিষ হব ধৰে। এইটো বিষ ৰখি ৰখি হয়। প্ৰত্যেক 15-20 মিনিটৰ পাছত বিষৰ এটা অনুভৱ হয় কিন্তু অলপ পাছত বিষৰ অনুভৱ সোনকালে আৰু অলপ পাছত হোৱাৰ আৰম্ভ হয়। বিষৰ এইটো অৱস্থা গৰ্ভাশয়ৰ মুখক খুলি উঠই দিয়ে আৰু গৰ্ভাশয়ৰ উপৰ পেশী লাহে লাহে খামুচি ধৰে। বাস্তৱত এইটো বিষ গৰ্ভাশয়ৰ পেশীক খামুচিলে শিশু লাহে-লাহে গৰ্ভাশয়ৰ মুখৰ ফালে আহিব ধৰে। কিছু দুৰ পাছ যেতিয়া গৰ্ভাশয়ৰ মুখ বহুত উঠি যায় তেতিয়া কেঁচুৱা গৰ্ভাশয়ৰ পৰা বাহিৰত আহি যায়।

বৃদ্ধিত মূল্য পৰিয়াল নিয়োজন

দেশ লগতে বঢ়া জনসংখ্যা আজি ৰাষ্ট্ৰৰ লগত এটা গম্ভীৰ সমস্যা ৰূপত আগবাঢ়িছে। পিছত তিনি দশকৰ মেডিকেল চাইঞ্চয়ে ইমান উন্নতি কৰিছে যে তিনি দশক পূৰ্বে যি ৰোগ ৰাজৰোগ বুলি কৈ অসাধ্য মানিছিল এতিয়া সেইটোও ৰোগৰ শ্ৰেণীত আহি গৈছে। আৰু এই ধৰণৰ মৃত্যুৰ ভয়ত বহুত কম হৈ গৈছে। কিন্তু মৃত্যুদুৰত যাক দ্ৰুত গতিৰে কমিছে সেই দ্ৰুত গতিৰে জন্মৰ ভয়ত বৃদ্ধি হয়। সেই কাৰণে বাঢ়ি যোৱা জনসংখ্যাৰ এটা গম্ভৰ সমস্যা বনি যোৱাতো স্বাভাৱিক হয়।

এনেকুৱা নহয় যে নিৰন্তৰ বাঢ়ি যোৱা জনসংখ্যা আমাৰ দেশৰ বাবেই গম্ভীৰ বনিছে। আজি সমস্ত বিশ্বৰ কিছুমান দেশক এৰিসকলো দেশৰ আগত গম্ভীৰ সমস্যাৰ ৰূপত ঠিয় হৈছে।

আয়ুৰ্বেদ বিজনত এই বাঢ়ি যোৱা জনসংখ্যাক নিয়ন্ত্ৰণ কৰিবৰ বাবে ঔষধ আৰু সাধনা বিচাৰি উলিয়াইছে যাৰ প্ৰয়োগেৰ অবাঞ্চিত সন্তান উৎপত্তিক সহজত ৰখাব পৰা যায়।

পৰিবাৰ নিয়োজনৰ বাস্তৱিক অৰ্থ হল উচিত অবধিৰ অন্তৰালৰ পৰা আৱশ্যকতানুসাৰ সন্তান উৎপত্তি কৰে। আজিৰ যুগৰ এই ককাল ভঙা দাম বৃদ্ধিত পৰিয়ালৰ সমুচিত ব্যৱস্হা কৰাতো কঠিনেই নহয় অসম্ভৱো হৈ গৈছে। আজি যিমান দ্ৰুত গতিৰে জনসংখ্যা বৃদ্ধি হৈছে সিমানেই প্ৰগতি দেশত খাদ্যান্ন তথা অন্য আৱশ্যক বস্তুৰ উৎপাদনত নাথাকে। আবাদৰ লগতে জীৱনযাপনৰ আৱশ্যক বস্তৰ অভাৱে প্ৰত্যেক বুজা পৰী নাগৰিকক এই কথাৰ ওপৰত বিবশ কি দিয়ে যে সি সিমানেই সন্তান জম দিয়ে যিমান তেওঁ সহজে আৰু উচিত ধৰণেৰে পালন-পোষছ কৰিব পাৰে। তেওঁৰ বাবে ভোজন, বস্ত্ৰ আৰু শিক্ষাৰ আৰশ্যক সাধন গুটাব পাৰে।

কেৱল এই কাৰণেৰে পৰিয়াল নিয়োজন আৱশ্যক নহয়। তাৰ কিছুমান কাৰণো আছে। যি স্ত্ৰী সোনকালে গৰ্ভধাৰণ কৰে তেওঁ শাৰীৰিক শক্তি প্ৰত্যেক প্ৰসৱৰ পাছত কাম হৈ যায় সেইকাৰণে তেওঁৰ স্বাস্থ্যৰ ওপৰত অধিক সন্তান জন্ম দিলে বহুত বেয়াকৈ প্ৰভাৱ পৰে।

ঘৰত অধিক কেচুৱা থকাৰ কাৰণে তেওঁৰ গৰ্ভকাল আৰু প্ৰসৱৰ পাতে পৌষ্টিক খাদ্য নাপায়। ইয়াৰ দ্বাৰা তেওঁৰ শাৰীৰিক শক্তি কমি যায়। অধিশ কেচুৱাক চোৱাচিতা কৰিবলৈ অধিক শক্তি ব্যয় কৰিব লগীয়া হয়। বাৰে বাৰে গৰ্ভধাৰণ কৰিলে যৌনাংগত বেয়া প্ৰভাৱ পৰে। তেওঁৰ অনেক যৌন-সম্বন্ধী ৰোগ আহি যায়ং। আৰু যেতিয়া স্ত্ৰীৰ স্বাস্থ্য বেয়া হয়, শাৰীৰিক শক্তি কমি যায় তেওঁ ঘৰ ব্যৱস্থা আৰু কেচুৱা পানল-পোষণ ভালদৰে কৰিব নোৱাৰে সেইকাৰণে পৰিয়ালতৰ অৰ্থব্যৱস্থা ওপৰত বেয়া প্ৰভাৱ পৰে। যাৰ পৰিনামস্বৰূপ কেচুৱা উচিত পানে-পোষণ দিব নোৱাৰে সমুচিত শিক্ষা পাব নোৱাৰে।

সমুচিত পালন-পোষণৰ অভাৱত ডাঙৰ হোৱা কেচুৱা উচিত আৰু আৱশ্যক শিক্ষা নোপোৱাত ৰাস্ট্ৰৰ ওপৰত বোজা বনি যায়। তেওঁৰ লালন পালনৰ সমস্যা কেৱল তেওঁৰ ব্যক্তিগত সমস্যাই নহয় ৰাস্ট্ৰৰো সমস্যা হয়। চৰকাৰৰ বাবে ৰোজগাৰৰ ব্যস্হাত সম্ভ নহয় যে তেওঁ প্ৰত্যেক ৰোজগাৰ ব্যক্তিৰ বাবে ৰোজগাৰৰ ব্যৱস্হা কৰিব পাৰে আৰু আকৌ অশিক্ষিত বা অৰ্দ্ধ শিক্ষিত নিবনুৱাৰ সমস্যা শিক্ষিত নিবনুৱাৰ সমস্যাতকৈ অধিক বিকট হয়।

এই সকলো পৰিস্হিতিক চাই আজি দেশৰ প্ৰত্যেক বুজা পৰা নাগৰিক পৰিয়াল নিয়োজনাৰ আৱশ্যকতা বহুত গম্ভীৰতাৰে অনুভৱ কৰিব ধৰে। চৰকাৰ ফালৰ পৰা পৰিয়াল নিয়োজনৰ সাধন নিঃশুল্ক কৰিব পাৰে। এই সাধনাক তিনিটা বৰ্গত বিভাজিত কৰা যাব পাৰে–

1. স্বাভাৱিক সাধন 2. পুৰুষৰ দ্বাৰা প্ৰযুক্ত কৰা সাধন। 3. স্ত্ৰীৰ দ্বাৰা প্ৰযুক্ত কৰা সাধন।

স্বাভাৱিক সাধন

স্বাভাৱিক সাধনৰ অভিপ্ৰায় সেই সাধনাৰে যত কোনো বাহিৰৰ উপকৰণৰ সহায় লব লগীয়া নহয়। এইটে সাধনাস্ত্ৰী আৰু পুৰুষ দুটাই প্ৰয়োগ কৰিব পাৰে। এই সাধনাৰে সবাধিক মহত্বপূৰ্ণ সংযম হয়।

পতি-পত্নীক তেতিয়া সম্ভোগ কৰিব লাগে যেতিয়া বহুত ইচছা হয় বা আকৌ সন্তানৰ আৱশ্যকতা হয়। কিন্তু সংযম ৰখাতো বহুত কঠিন

হয়। আজিৰ চেক্স প্ৰধান বাতাবৰণত পতি-পত্নীৰ সম্ভোগৰ পৰা দূৰত থকাতো কঠিন হয়। যদি কেচুৱা তিনি বছৰত অন্তৰেৰে সৃষ্টি হয় তেতিয়া এইটো একেবাৰে আৱশ্যক নহয় যে পতি-পত্নী তিনি বছৰলৈকে সংযমত থাকে আৰু সম্ভোগ নকৰে। কামবাসনাক ৰখোৱাতো সাধাৰণ কথা নহয়। আৰু আৱশ্যকতাকৈ অধিক সংযমৰ পতি-পত্নীৰ মন, মস্তিস্ক আৰু শাৰীৰিক স্বাস্থ্যত বহুত বেয়া প্ৰভাৱ পৰে। অনাবশ্যক সংযম আৰু কামবাসনাৰ তৃপ্তি পতি-পত্নীক দুৰ কৰি দিয়ে। পৰিণামস্বৰূপে তেওঁলোকৰ দাম্পত্য জীৱনত কটুতা আহি যায়।

কিছুমান মানুহৰ ধৰাণ যে মাক যেতিয়া কেচুৱাক গাখীৰ যোৱাই সেই অৱধিক সম্ভো কৰে তেতিয়া গভৱতী নহয়। কাৰণ সেই অৱাধিত তেওঁ ঋতুমতী হৈ নাথাকে। স্ত্ৰীৰ ঋতুমতী নোৱাৰ এইটো কথা প্ৰামাণিত হয় যে এতিয়া তেওঁৰ ডিম্ব গ্ৰন্থিৰ পৰা ডিম্ব মোচন প্ৰাৰম্ভ হোৱা নাই। সেইকাৰণে যদি তেওঁ লগত সম্ভোগ কৰা যায় তেওঁ গৰ্ভৱতী নহয়। কিন্তু এইটো ধাৰণা ভুল। বাস্তৱিকতে এইটোৱেই যে স্ত্ৰী তেতিয়া ঋতুমী হয় যেতিয়া ডিম্ব নিজৰ স্হানৰ পৰা ভলাই পুৰুষৰ শুক্ৰাণুৰ লগত নিমিলাকে গৰ্ভাশয়ত গৈ নস্ট হৈ যায়। অতঃ এইটে ধাৰণা যে স্ত্ৰী যেতিয়ালৈকে নিজৰ কেচুৱাক গাখীৰ খোৱাই থাকে গৰ্ভৱতী হ নোৱাৰে, ভুল হয়। আৰু আকৌ সামান্য ৰূপেৰে মা কেচুৱাক ডেয়-দুই বছৰকৈ গাখীৰ খোৱাই। পাশ্চাত্য সভ্যতাৰ পৰা প্ৰভাৱিত বা কোনো অন্য কাৰণেৰে কেচুৱাক গাখীৰ খোৱাৱাত অসমৰ্থ স্ত্ৰী নিজৰ কেচুৱাক গাখীৰ নুখোৱাহি।

কিছুমান মানুহৰ বিচাৰ যে সম্ভোগৰ অন্তিম ক্ষাত যেতিয় পুৰুষ স্খলিত হ্ব ধৰে তেতিয়া লিংগক যোনিৰে বাহিৰত উলিয়াই লয়। এই ধৰণে যেতিয়া পুৰুষৰ বীৰ্য্য যোনিত পৰে তেতিয়া সন্তানো নহব। বহুতো মানুহ এই বিচাৰ অনুসাৰে সম্ভোগ কলি বীৰ্য্যক স্ত্ৰীৰ যোনিৰ ভিতৰৰ পৰিব নিদি বাহিৰত পৰিব দিয়ে। কিন্তু সেইটো নাজানে যে এইটো বিধি কিমান দোষপূৰ্ণ। ইয়াৰ কিমান ভয়ংকৰ পৰিণাম হয়।

সম্ভোগ ক্ৰিয়া কৰোতে পতি-পত্নী আনন্দৰ অন্তিম বিন্দুত পায় আৰু সম্ভোগ ক্ৰিয়া ৰখাই দিয়ে, তেতিয়া সেই দুটাক হৈ কামসুখৰ প্ৰাপ্তি নহয় যিটো পাবৰ বাবে তেওঁলোক সম্ভোগ কৰিছিল। ইয়াত তেওঁৰ মন আৰু মস্তিস্কৰ বেয়া প্ৰভাৱ পৰে। তাত স্নায়ুবিক বিকাৰ জন্ম হৈ যাব। ই এই অতৃপ্ত বাসনা তেওঁৰ মন আৰু মস্তিস্কত প্ৰতি সময়ে চঞ্চল হৈ থাকিব যাৰ দ্বাৰ তেওঁৰ স্বভাব আৰু স্বাস্থ্য দুয়োটাতে বেয়া

প্ৰভাৱ পৰে। এটাদিন এনেকুৱাও আহিব পাৰে যে, যেতিয়া তেওঁৰ নিজৰ কাম-বনৰ লগতে জীৱনৰ পৰাও বিৰক্তি হৈ যায়।

ইয়াৰ অতিৰিক্তে এই সাধনক ব্যৱহাৰ কৰিলেও হৈ কথাটোৰ কোনো গেৰাণ্টি নাইয়ে তেওঁৰ পত্নী গৰ্ভৱতী নহব বুলি। এনেকুৱাও হব পাৰে যে বীৰ্য্য স্খলনৰ সময়ত লিগক যোনিৰ পাা উলিয়াওতে বীৰ্য্যৰ কোনে কিদু যোনিত পৰি যাবলৈ পাৰে। বীৰ্য্যৰ একটোপালত হাজীৰটা শুক্ৰাণু থাকে। আৰু তাৰ ভিতৰত যদি এটুপালও শুক্ৰাণু আৰ্ভাশয় মুখত প্ৰবেশ কৰাত সফল হৈ যায় তেনেহলে গোটেই কামৰ পানী হৈ যায় আৰু স্ত্ৰী গৰ্ভৱতী হৈ যাব।

সম্ভোগৰ পূৰ্বে ৰতিক্ৰিয়াৰ আৰম্ভ কৰাৰ লগে লগে পুৰুষৰ কাওপৰ গ্ৰন্থিৰ স্ৰাৱ লিংগ সমুখলৈ আহিবলৈ ধৰে। কেতিয়াবা সেই স্ৰাৱৰ লগত শুক্ৰাণুও আহে। এইটো স্বাভাৱিক যে পুৰুষে যেতিয়া সম্ভোগ কৰিব তেতিয়া সেই শুক্ৰাণু স্ত্ৰীৰ যোনিত প্ৰৱিস্ট হৈ যাব আৰু স্ত্ৰী গভৱতী হৈ যাব।

সম্ভোগৰ পূৰ্বে ৰতিক্ৰিয়াৰ আৰম্ভ কৰাৰ লগে লগে পুৰুষৰ কাওপৰ গ্ৰন্থিৰ স্ৰাৱ লিংগৰ সমুখলৈ আহিবলৈ ধৰে। কেতিয়াবা সেই স্ৰাৱৰ লগত শুক্ৰাণুও আহে। এইএটা স্বাভাৱিক যে পুৰুষে যেতিয়া সম্ভোগ কৰিব তেতিয়া সেই শুক্ৰাণু স্ত্ৰীৰ যোনিত প্ৰৱিস্ট হৈ যাব আৰু স্ত্ৰী গৰ্ভৱতী হৈ যাব।

কিছুমান লোকৰ বিচাৰৰ মতে সম্ভোগ সেই অৱধিত কৰিব লাগে। যেতিয়া স্ত্ৰীৰ ডিম্ব গ্ৰন্থিৰ পৰা ডিম্ব নোলায়। এইটো প্ৰাকৃতিক নিয়ম হয় যে দুই মাসিক ধৰ্মৰ মাজত কিছু এনে দিন আহে যেতিয়া ডিম্ব মোচন হৈ যায় আৰু দি সেই দিনত সম্ভোগ কৰিলে স্ত্ৰী গৰ্ভৱতী হৈ যাব। দুই ধৰ্মৰ মাজৰ প্ৰায় আঠদিন এনে থাকে যেতিয়া সম্ভোগ কৰিলে স্ত্ৰী গৰ্ভৱতী হোৱা সম্ভাৱনা থাকে। এই সময়চেৱাক অসুৰক্ষিত কল বলি কয়। শেষদিন অৰ্থাৎ মাসিক ধৰ্মৰ তৎকাল পিছৰ কিছদিন আৰু মাহেকীয় ধৰ্ম আৰম্ভ হোৱাৰ আগৰ কিছুদিনক সুৰক্ষিত কাল বুলি কোৱা হয়। এই সময় চোৱাত সম্ভোগ কৰিলে স্ত্ৰী-গৰ্ভৱতী নহয়।

চাবলৈ গলে সুৰক্ষিত কালৰ বিধি বহুতেই সহজ যেন লাগে কিন্তু এই বিধিক ব্যৱহাৰ বহুত কঠিন হয়। প্ৰায় সকলো স্ত্ৰীৰে মাহেকীয়া ধৰ্মৰ চক্ৰ কম-বেছি তথা আগ-পিছ হৈ থাকে। সেই কাৰণে এইটো ঠীক কৰাটো কঠিন যে সুৰক্ষিত কাল কোনটো হয়। শৰীৰ বৈজ্ঞানিকৰ মতে

ডিম্ব মোচন দুই মাহেকীয়া ধৰ্ম কেইদিনত হয়। কিন্তু এই কথাটো সকলো স্ত্ৰীৰ ওপৰত নাখাতে। কাৰণ ডিম্বমোচন মাহৰ যিকোনো দিনত হব পাৰে। সুৰক্ষিত কালতো সম্ভোগ কলি প্ৰায়ে স্ত্ৰী গৰ্ভৱতী হৈ যায় কাৰণ এই বিধিও পৰিয়াল নিয়োজনক অচুক সাধন নহয়।

পুৰুষৰ দ্বাৰা প্ৰযুক্ত সাধন

অবাঞ্চিত সন্তানক ৰখাবলৈ পুৰুষে হয়তো নিৰোধৰ প্ৰয়োগ কৰে নহলে নচবন্দ কৰায় লয়।

আজিকালি নিৰোধৰ বহুত প্ৰচলন হয়। গৰ্ভ-নিৰোধৰ ইয়াতকৈ উত্তম আৰু কোনো সাধন নাই। ইয়াত কোনো সন্দেহ নাই যে নিৰোধৰ প্ৰয়োগ কৰিলে লিংগ আৰু যোনিৰ চিধা সম্পৰ্ক নোহোৱাৰ কাৰণে স্ত্ৰী আৰু পুৰুষৰ আনন্দত অলপ কমি যায় কিন্তু নিৰোধ ইমান পাতল ৰববেৰে নোৱা হয় যে সম্ভোগত আনন্দৰ আংশিক কম হে হয়। ইয়াৰ অতিৰিক্তে ইয়াৰ দ্বাৰা কিছু লাহৈকে হয়। যি পুৰুষৰ শীঘ্ৰপতনৰ ৰোগ আছে। তেওঁৰ বাবে নিৰোধৰ প্ৰয়োগ বহুতেই লাভদায়ক হয় কাৰণ ইয়াৰ দ্বাৰা পুৰুষৰ উত্তেজনা অলপ কম হৈ যায় আৰু তেওঁ বেছি সময়লৈকে সম্ভোগ কৰিব পাৰে। যদি স্ত্ৰী বা পুৰুষৰ কোনো ধৰণৰ ৰতি ৰোগ আছে তেনেহলে ইয়াৰ দ্বাৰা সুৰক্ষিত হয়।

নিৰোধৰ প্ৰয়োগ কৰিলে পুৰুষৰ যদিও আনন্দৰ অনুভূতি কম হয় কিন্তু স্ত্ৰীৰ আনন্দৰ অনুভূতি বেছি হয়। কাৰণ নিৰোধৰ প্ৰয়োগৰ বাবে পুৰুষৰ লিংগ অলপ ডাঠ হৈ যায় আৰু ই যেতিয়া ই যোতিন ঘৰ্ষণ কৰে তেতিয়া স্ত্ৰীৰ আনন্দ অনুভূতি অধিক হয়।

নিৰোধৰ অতিৰিক্ত দ্বিতীয় সাধন হ'ল নচবন্দী। নচবন্দীত পুৰুষৰ দুয়ে শুক্ৰ নলিকাৰমাজেৰ অংশ অলপ-অলপ কাটি দুয়ো ফালৰ পৰা বান্ধি দিয়া যায়। ইয়াৰ দ্বাৰা শুক্ৰাণু বীৰ্য্যৰ লগত সম্মিলিত হ'ব নোৱাৰে। এইসৰু অপাৰেচনৰ পৰা সম্ভোগ কৰাত কোনো বাধা নাহে আৰু আনন্দত কোন ধৰণৰ কম নহয়। পুৰুষৰ বীৰ্য্য স্বাগৱিক ধৰণে যোনিত স্খলিত হয়। বীৰ্য্যত শুক্ৰাণু মনোহোৱাৰ বাবে গৰ্ভধাৰণ হব নোৱাৰে।

স্ত্ৰীৰ দ্বাা প্ৰযুক্ত সাধন

সাধাৰণতে মহিলায়ে তিনি ধৰণৰ সাধনক প্ৰয়োগ কৰে।

(1) ৰাসায়নিক সাধন (2) যান্ত্ৰিক সাধন (3) অপাৰেচন ৰাসায়নিক সাধনে শুক্ৰাণুৰগতি মন্দ কৰি দিয়ে। বা নহলে সেইবোৰক নষ্ট কৰি

দিয়ে আৰু এনে ধৰণে শুক্ৰাণু গৰ্ভাশয়ৰ মুখলৈকে নাপাইগৈ আৰু আগতেই নষ্ট হৈ যায়। ৰাসায়নিক সাধন স্ত্ৰীৰ যোনি ভিতৰত থৈ বা লগোৱা হয়, যি চাবো, মম, মলম আৰু গেলী ধৰণৰ পোৱা যায়। এই উপকৰণৰ সম্ভোগৰ 10-20 মিনিট আগতে যোনি যোৱা বা লগোৱা হয়। চাবোন জাতীয় টুকুৰোক যোনিত পাই তাৰ পৰা ওলোৱা স্ৰাৱৰ লগত ঘুল মিনিট যায় আৰু ফেন উলিয়াই দিয়ে। যদি যোনি সেই সময়ত পিছল বা জলীয়া পদাৰ্থ কম থাকে তেনেহলে চাবোন টুকুৰয় পানীত দুবাই ৰাখি যোনি ভিতৰত যব লাগে।

এই চাবোন টুকুৰাত পিছল পদাৰ্থ নাথাকে কিন্তু জেলী, মম, ক্ৰীম আৰু মলম পিছল জাতীয় বস্তুৰে বনোৱা যায়। ক্ৰীম আৰু জেলী টিউবত পোৱা যায়। টিউবৰ লগত এডাল পাইপ থাকে। যাক টিউবৰ মুখত লগাই দিয়া হয় আৰু পাইপহাল যোনিত প্ৰবিস্ট কৰি টিউবটো চেপি দিয়া হয়। ইয়াৰ দ্বাৰা টিউবত থকা পদাৰ্থ যোনিমাৰ্গ আৰু গৰ্ভাশয়ৰ মুখলৈকে মিচৰিত হৈ যায়। এই পিছল পদাৰ্থ গৰ্ভাশয়ৰ মুখত সিচৰিত হৈ শুক্ৰাণুক গৰ্ভাশয়ৰ মুখলৈকে যোৱাৰ পৰা বাধা দিয়ে। যোনিমাৰ্গত পিছল পদাৰ্থ মিচৰিত হেৱাৰ বাবে শুক্ৰাণু যাবলৈ অসমৰ্থ হৈ যায়। এই দববত কোনো এনে পদাৰ্থ থাকে যিয়ে শুক্ৰাণুক নষ্টকি দিয়ে।

ক্ৰীম আৰু জেলী বহুত দামী স্নান হয় যাৰ প্ৰয়োগ সকলোৱে কৰিব নোৱাৰে। ইয়াৰ অতিৰিক্ত কিছুমান এনে ঘৰুৱা সাধনও আছে য'ত অধিক খৰছও নাই। নেমুৰ ৰসক পানীত গুলি কপাহৰ শকত টুকুৰাফ বা স্পঞ্জৰ টুকুৰাক এই পানীত দুবাই সম্ভোগ সামতে আঙুলিৰে গৰ্ভাশয়ৰ মুখত লগাই দিলে গৰ্ভ হাপনাৰ সম্ভাৱনা কম হৈ যায়। নেমু ৰসৰ টেঙাই শুক্ৰাণুক নষ্ট কৰি দিয়ে। কিন্তু নেমু পানীত পৰ্যাপ্ত মাত্ৰাত মিলাব লাগে কাৰণ অত্যাধিক নেমুয়ে যোনিমাৰ্গত জলন উৎপন্ন কৰিব পাৰে।

খোৱা গৰ্ভ নিৰোধক বড়িৰ আৱিস্কাৰ সদ্যহতে হৈছে। যি বড়ি এক কৃত্ৰিম হ'ৰমনৰে তৈয়াৰ কৰা হয়। এই বড়ি স্ত্ৰীয় সেৱন কৰে। মাহেকীয়া ধৰ্মৰ পিছত দহ দনলৈকে এটা এটাওক বড়ি খালে গৰ্ভ স্থাপনৰ সম্ভাৱনা সমাপ্ত হৈ যায়।

যান্ত্ৰিক সাধন

পৈচী, কেপ, লুপ, আৰ, ডচ গৰ্ভ নিৰোধৰ–যান্ত্ৰিক সাধন হয়। পৈচৰীক 'চেক পৈচৰী' আৰু কেপক 'চাভাইকল কেপ' বুলিকয়, এই

দুয়োট উপকৰণৰ মাজত অলপহে পাৰ্থক্য আছে। কিন্তু প্ৰয়োগ একেধৰণেই থয়। দয়োকে গৰ্ভাশিয়ৰ মুখত ফিট কৰি দিয়া হয়। চেক পিচৰী আৰু কেপ ৰবৰ বা বেক লাইটেৰে বনোৱা হয়। কেপ দীঘল টুপীৰ নিচিনা হয় যি গৰ্ভাশিয়ৰ মুখক চাফি লয়, যত নেক পৈচৰ ফুলা আৰু বহল হয়। ইয়াৰ দ্বাৰা গৰ্ভাশিয়ৰ মুখৰ অতিৰিক্তে ওচৰ পাজৰৰ ভাগও চাক খাই যায়।

এই দুয়ো উপকৰণ বেলেগ-বেলেগ চাইজত পোৱা যায় কাৰণ সকলো স্ত্ৰীৰ গৰ্ভাশিয়ৰ মুখ আৰু ইয়াৰ ওচৰ-পাজৰৰ ভাগৰ চাইজ একে নহয়। সেইকাৰণে এই দুয়ো উপকৰণৰ প্ৰয়োগ কৰিলে যোনিৰ আন্তৰিক ভাগক কোনো লেডী ডাক্টৰৰ দ্বাৰা চেক-আপ কৰি লব লাগে।

যদি পৈচৰী আৰু কেপৰ সৈতে ক্ৰীম বা জেলীৰো প্ৰয়োগ কৰিলে বেছি ভাল হয়।

সম্ভোগৰ তৎক্ষণাত পিছতে শুক্ৰাণুনাশক দৰৱ মিলোৱা গৰম পানীৰে যোনিত ডুচ লগাই তাৰ ভিতৰত পৰা বীৰ্য্যক চাফা কৰি দিব লাগে। কিন্তু ডুচ লগালে বহুত দীঘলীয়া হৈ পৰে সেইকাৰণে স্ত্ৰীয়ে ইয়াক বহুত কম ব্যৱহাৰ কৰে।

পুৰুষৰ নচবন্দী অপাৰেচনৰ দৰে স্ত্ৰীৰো অপাৰেচনৰ কৰিব পৰা যায়। এই অপাৰেচনত পুৰুষৰ শুক্ৰ নলিকাৰ দৰে স্ত্ৰীৰো ডিম্ব নলিকাক কাটি বান্ধি দিয়ে। নলিকাক কাটি দিলে ডিম্বৰ মাৰ্গ ৰখি যায় আৰু গৰ্ভ স্হাপনৰ সম্ভাৱনা সমাপ্ত হৈ যায়। এই অপাৰেচনটোও পুৰুষৰ নচবন্দী অপাৰেচনৰ সমানেই গৰ্ভ-নিৰোধৰ স্হায়ী সাধন হয় সেই কাৰণে এই অপাচেনটো তেতিয়াহে কৰিব লাগে যেতিয়া সন্তানৰ আৱশ্যকতা নাথাকে।

সন্তান নোহোৱাটো

দাম্পত্য জীৱনৰ মুখ্য উদ্দেশ্য কাম-বাসনাৰ পৰিতৃপ্তিয়ে কেৱল নহয় বৰঞ্চ সন্তানৰ প্ৰাপ্তিও। বিবাহৰ মূল উদ্দেশ্য এইটো হয় যে ওবধানিক ৰূপত সন্তান জম দি পুৰুযে নিজৰ বংশ বৃদ্ধি কৰে। যি পতি-পত্নী সন্তানহীন হয় তেওঁলোকৰ নিৰ জীৱনটো বহুত উৰুঙা আৰু নীবস প্ৰতীত হয়। তেওঁলোকৰ সমস্ত ইচছা আৰু আকাংক্ষা নাইকীয়া হৈ যায়। জীৱনৰ এই অভাবে তেওঁলোকৰ সমস্ত ক্ৰিয়াশীলতাক নাইকীয়া কৰি দিয়ে। তেওঁলোকে কেৱল জীৱন নিৰ্বাহি কৰিবলৈহে কাম কাজ কৰে। নিজৰ কাৰ্য্যস্হানত উন্নতি কৰাৰ লালসাও সমাপ্ত হৈ

যায়। আৰু এনেদৰেই তেওঁলোকৰ বিকাশৰ লগতে সমাজ আৰু ৰাষ্ট্ৰৰ বিকাশো হৈ যায়।

আমাৰ সমাজত আজিও পুৰুষৰে আধিপত্য সেইকাৰণে সন্তান নোহোৱাৰ সকলো দোষ স্ত্ৰীৰ পৰত জাপি দিয়ে। কোনোৱেও এই কথাটো মানি নালয় যে পুৰুষৰো কিবা দোষ থাকিব পাৰে। কেতিয়াবা এনেকুৱাও হয় যে পতি-পত্নী দুয়োৰে কোনো দোষ না থাকে তথাপিও তেওঁলোকৰ সন্তান নাথাকে। ইয়াৰ একমাত্ৰ কাৰণ এইটোৱে সে পুৰুষৰ শুক্ৰাণু আৰু স্ত্ৰীৰ ডিম্বৰ মিলন হব নোৱাৰে। ইয়াৰ অতিৰিক্তো আৰু এনে কিছুমান কাৰণ থাকে যাৰ বাবে পতি-পত্নী সন্তান জন্ম দিব নোৱাৰে।

সাধাৰণতে পুৰুষৰ নিম্নলিখিত কাৰণৰ বাবে সন্তান উৎপন্ন কৰাৰ সামৰ্থ্য নাথাকে।

1. শুক্ৰাণু উৎপন্নই নহয়। যদি হয়ও তথাপিও বহুত কম বা অস্বাস্থ্য উৎপন্ন হয়।
2. শুক্ৰ নলিকা বা বেলেগ কিবা ভাগত কোনো এনে বাধা জন্ম হয় যিয়ে শুক্ৰাণু ওলোৱাৰ মাৰ্গত বাধা দিয়ে।

এনে দৰেই স্ত্ৰীৰো নিম্নলিখি দোষৰ বাবে গৰ্ভধাৰণৰ অযোগ্য হয়–

1. ডিম্ব গ্ৰন্থিত কোনে বেয়া হোৱাৰ বাবে ডিম্ব মোচন নহয়।
2. ডিম্ব নলিকাত কোনো বাধা আহি যায়।
3. গভাশয়ৰ মুখ বহুতেই সৰু।
4. ৰেঙা যোনি স্ৰাৱ অধিক মাত্ৰাত হয়।

কেতিয়াবা স্ত্ৰী আৰু পুৰুষ দুয়াৰে হ'ৰম'নৰ কমৰ বাবে সন্তান উৎপন্ন কৰাৰ ক্ষতাও সমাপ্ত হৈ যায়।

এইয়া এনে দোষ যে যাক সহজে সমুচিত উপচাৰৰ দ্বাৰা দুৰ কৰি পৰা যায়। এনেয়ে যদি কোনো দম্পতিৰ বিবাহৰ দুই তিনি বৰ্ষৰ পিছত ও সন্তান নহলে তেওলোকে চিন্তা কৰিব নালাগে। কেতিয়াবা পতি-পত্নীৰ কোনো দোষ নহলে কেৱল সম্ভোগ মাত্ৰৰে সন্তান হব নোৱাৰে।

শিশু পালন

প্ৰসৱৰ পিছত শিশুৰ পালন-পোষণ মাক-দেউতাকৰ এক বহুত ডাঙৰ কৰ্তব্য। লাগিলে শিশুটো যেনেকুৱাই হওক সুন্দৰ বা অসুন্দৰ, মাক দেউতাকৰ বাবে সকলো বহুত মৰমৰ হয়। কিন্তু কিছুমান এনেকুৱাও মাক দেউতাক থাকে যিয়ে শিশুক দেখি সুখী হোৱাৰ ঠাইত দুখী হৈ যায় আৰু সেই শিশুৰ পানল-পোষণও উচিত ধ্যান নিদিয়ে।

মাক দেউতাকৰ এই ভাৱনা বহুতে ঘৃণিত আৰু নিন্দনীয় হয়। সৌন্দৰ্য্য আৰু কুৰূপতাতো প্ৰকৃতিৰ দেন হয়। ইয়াৰ অতিৰিক্তে অধিকাংশ শিশু মাক-দেউতাকৰ ৰূপ-ৰংগৰ লগত মিল হয় কিন্তু কেতিয়াা এনেকুৱাও হয় যে সুন্দৰী মাকৰ গৰ্ভৰ পৰা কুৰূপ সন্তান আৰু কুৰূপ মাকৰ গৰ্ভৰ পৰা সুন্দৰ শিশৱে জন্ম লয়।

নৱজাত শিশু যেনে কুৱাই হওক মাক-দেউতাকক সিহতৰ লালপ-পালনত পুৰা ধ্যান দিব লাগে।

নৱজাত শিশুক যেতিয়া মাকে কোলতা লৈ স্তনপান কৰায়। তেতিয়া সেই সময় তেওঁ এক বহুতেই ৰোমাঞ্চপূৰ্ণ সুখ তথা আনন্দৰ অনুভৱ কৰে। বাস্তৱত স্ত্ৰীত্বৰ সাৰ্থকতা মাতৃত্বতে হয়।

সাধাৰণতে নৱজাত শিশুত কিছুমান ৰীতি থাকে। সিহতৰ শৰীৰৰ ছাল, মনুয্যৰ ছালতকৈ অধিক ৰঙা হয়। কোনো-কোনো শিশুৰ ছালৰ ৰং অলপ ক'লাও হয়। সাধাৰণতে সিহতৰ নাকটোচেপেটা হয়। কিছুমান শিশুৰ মুৰটো দেখাত আকৃতি হীন যেন লাগে। কিন্তু এই সকলো দেখি নিৰাশ বা চিন্তিত খোৱাৰ কোনো দৰকাৰ নাই। কিছু সপ্তাহৰ পিছত শিশুৰ শাৰীৰিক গঠন বহুত বদলি যায়। ইহত আগৰ তুলনাত অধিক সুন্দৰ আৰু সুগঠিত দেখা দিয়ে। ইহঁতৰ শৰীৰ গঠন নিজেই ঠিক হৈ

যায়। জন্মৰ চুলিৰ ঠাইত নতুন চুলি গজে। এই ধাৰণাটো একেবাৰে ভূল যে শিশু মুক পাণী হয় আৰ, নিজৰ বিষয়ত ইহঁতৰ কোনো জ্ঞান নাই। এইটো বেলেগ কথা যে সেই সময়ত শিশুৰ মগজটো পূৰ্ণ ৰূপত বিকশিত নহয় কিন্তু তথাপিও সিহতৰ সাধাৰণ জ্ঞান পূৰ্ণ হয়। এই সাধাৰণ জ্ঞানৰ আধাৰত সিহতে কান্তি বা অন্য চেষ্টাৰে নিজৰ গোটেই আৱশ্যকতাক প্ৰকট কৰি দিয়ে আৰু মাকে লাহে-লাহে সিহতৰ সকলো আকাৰ ইংগিত ভালদৰেই বুজিবলৈ ধৰে।

প্ৰায়ে দেখা যায় যে শিশু-পালনৰ সম্বন্ধত আৱশ্যক জানকাৰী নোহোৱাৰ কাৰণে যি পতি-পত্নী প্ৰথম বাৰৰ বাবে মাক-দেউতাক হয়, শিশুৰ লালন-পালনৰ দৰকাৰত কৈ বেছি সতৰ্ক আৰু ভাবুক হৈ উঠে। তেওঁলোকে প্ৰায়ে এইটো চিন্তা কৰে যে তেওঁলোকৰ শিশু কমজোৰ আৰু ক্ষীণ নহওক যেন। ভাবুকতাবশ শিশুক বেছিকৈ খুৱাই-বুৱাই আৰু ইমান বেছি আৰু স্বাদিষ্ট স্বাস্থ্যকৰ খুৱাবলৈ লয় যি শিশুৱে হজম কৰিব নোৱাৰে। শিশুক শকত আৰত কৰাবলৈ দৰৱ খোৱাবলৈ আৰম্ভ কৰি দিয়ে কিন্তু এই দৰবে লাভৰ তুনতা হানি অধিক কৰে। কাৰণ অকনামানি শিশুটোৰ কাৰণে হৈ দৰৱ সমূহক হজম কৰাটো বহুত কঠিন হৈ পৰে।

কিছুমান মাক দেউতাকে অলপ ঠাণ্ডা পৰিলেই শিশুটোক ঠাণ্ডা লাগিব বুলি শুৰোঁত ইমান কাপোৰ পিন্ধাই দিয়ে যে সিহতৰ শৰীৰক বতাহেও চুব নোৱাৰে। শিশুটোৱে শুদ্ধ বায় নোপোৱোৰ বাবে সিহতৰ শাৰীৰিক বিকাশ ৰখি যায়। সিহতৰ শৰীৰে ঠাণ্ডা সহ্য কৰাত অসমৰ্থ হৈ পৰে আৰু পৰিণামস্বৰূপে সাধাৰণ ঠাণ্ডাও ঘাটক হৈ পৰে। বাস্তৱত শিশুক সিমানেই কাপোৰে পিন্ধাৰ লাগে যিমান ঠাণ্ডাৰ পৰা বচাব পাৰে। ঠাণ্ডাদিন আৰম্ভ হলে এমোপা গৰম কাপোৰ পিন্ধাব নালাগে, যেনেকৈয়ে ঠাণ্ডা বাঢ়ি যায় সেই অনপাতে ইহতক কাপোৰ পিন্ধা লাগে। যদি শিশুৱে প্ৰাৰম্ভিক ঠাণ্ডাক সহ্য কৰি পাৰে তেনেহলে হাড় কঁপা ঠাণ্ডাইয়ো ইহতক একো হানি কৰিব নোৱাৰে।

শিশুৰ এনে কোনো ৰোগ নাই যাৰ চিকিৎসা নাই। কিন্তু আজিৰ বৈজ্ঞানিক যুগত এনে মাক-দেউতাকোৰ কম নাই যিয়ে ৰোগক ৰোগ নাভাবি ভূত প্ৰেমৰ প্ৰকোপ মানি লয় আৰু সাধু-তান্ত্ৰিকৰ জাতল ফচী টকা-পইচা লগতে কেতিয়াবা নিজৰ শিশুকো হেৰুৱাই পেলাই।

কিছুমান মাকে শিশুক গোটেই দিন কোঁযোত লৈ বহি থাকে। যেতিয়া তেওঁ ঘুৰি-ফুৰিব লাগে তেতিয়াৰ তেওঁ নিৰ ফোলাত লৈ ফুৰে। ইয়াৰ দ্বাৰা দুটা মুখ্য হনি হব পাৰে। প্ৰথমতে এইটো যে দিনে-ৰাতি ফোলাত লৈ ফুৰাৰ কাৰণে শিশুৰ স্বাভাৱিক বিকাশত বাধা পৰে আৰু দ্বিতীয়তে এইটো যে শিশুটোৰ কোলাত থকাৰ অভ্যাস হৈ যায় যাৰ বাবে মকে একো বেলেগ কাম কৰি নোৱৰে। যদি তেওঁ শিশুটোক কৰবাৰ পৰা নমাই বিচনাত শুৱাই দিয়ে, কেচুৱাটোৱে কান্দি কাটি চিত্ৰৰ ৰাখৰ কৰিবলৈ আৰম্ভ কৰি দিয়ে আৰ, কন্দাৰ বাবে মাকে নিজৰ কাম কাজ এৰি আকৌ কোলাত লব লগীয়া হয়। যি শিশুৰ কোলাত থকা অভ্যাস হৈ পৰে সিহতৰ মাকৰ ঘৰৰ সকলো কাম-কাজ এক সমস্যা হৈ পৰে।

মা শিশুৰ সকলোতকৈ প্ৰথম আৰু প্ৰমুখ শিক্ষয়ত্ৰী হয়। তেওঁ শিশুটেক যেনেকৈ বিচাৰে তেনেকৈ গঢ়ি তুলিব পাৰে। শিশুৰ নিৰ্মাণ আৰু বিকাশৰ কৰ্ত্তব্য মাকৰ ওপৰত থাকে কিন্তু কিমান মাকে এই কৰ্ত্তব্য সম্পূৰ্ণ ৰূপে পালন কৰি পাৰে? অনাৱশ্যক মোহ-মমতাৰ কাৰণে শিুয়ে লাগিলে যিমানে ভূল কাম নকৰক সিহতক নৰখায় আৰু গালিও নিদিয়ে। যদি কোনোবো বেলেগ লাগিলে সেইয়া দেউতাকেই হওঁক যদি তেওঁ শিশুটোক ভূল কাম কৰাৰ পৰা ৰখায় আৰু গালি দিয়ে তেনেহলে মাকে তেওঁলোকৰ লগত কাজিয়ো কৰিবলৈ ধৰে। যদি কোনোবাই তেওঁক বুজাবলৈ যায় তেওঁৰ এটাই উত্তৰ এতিয়া সৰু হৈ আছে। যেতিয়া ডাঙৰ হব নিজে-নিজে ঠীক হৈ যাব। কিন্তু তেওঁ এইটো পাহৰি যায় যে এটা শিশুৰ ব্যক্তিত্ব, চৰিত্ৰ, আচৰণ আৰু স্বভাৱৰ বাস্তৱিক আধাৰশিা শৈশৱতে গঢ়ি উঠে। যদি আৰম্ভণীতে শিশৱে উচিত শিক্ষা মাকৰ পৰা নাপায় তেনেহলে ডাঙৰ হ'লে চম্ভালিব পোৱাৰিব। শৈশৱৰ ভাল-বেয়া অভ্যাস ইমান গঢ়ি উঠে যে, নিজৰ এই অভ্যাস বিলাক ডাঙৰ হৈও এৰিব নোৱাৰে। বস্তুতঃ এই অভ্যাস বিলাকৰ সংস্কাৰৰ নাম দিয়া যায়। শৈশৱতে যি সংস্কাৰ পোৱা যায়। সেইয়া মৃত্যুলৈকে এৰিব পোৱাৰে-

দৰাচলতে অনুচিত আৰু অনাৱশ্যক মৰম-চেনেহে শিশুক জিদ্দী বা দদুৰা কৰি পেলায়। যদি এনে সময়তে ইহতক অনুশাসনৰ শিক্ষা দিয়া নহয় তেনহলে ইহতৰ উদ্দন্ত হৈ পৰে।

সেই কাৰণে আৰম্ভনীতে শিশুক অনুশাসনত ৰাখি এনে অভ্যাস

কৰাৰ লাগে যিয়ে ইহতক এজন সুযোগ্য নাগৰিক বনব পাৰে যাৰ ওপৰত কেৱল মাক-দেউতাকৰে নহয় বৰঞ্চ ৰাষ্ট্ৰইও যাতে গৰ্ব কৰিব পাৰে।

এই ধাৰণাতো একেবাৰে ভুল যে যি লোক ধনী মানি তেওঁলোকহে শিশু সুযোগ্য হয়। বাস্তৱত শিশু সুযোগ্য হোৱাৰ লগত টকা-পইচাৰ কোনো হাত নাথাকে। সংসাৰত আজি লৈকে যিমান যোগ্য আৰু প্ৰসিদ্ধ তথা মহান ব্যক্তি আছে তেওঁলোক সকলো ধনী-মানি ব্যক্তিৰ সন্তান নাছিল। তাৰ ভিতৰত অধিক সংখ্যা তেওঁলোক যি অতি সাধাৰণ তথা নিৰ্ধন পৰিয়ালত জন্ম নিছিল। ভগৱান কৃষ্ণ, হজৰত মহম্মদ আৰু যীশু খ্ৰীষ্টই অতি সাধাৰণ আৰু নিৰ্ধন লোকৰ ঘৰত জন্ম লৈছিল। জগত গুৰু শংকৰাচাৰ্য্য, গুৰু নানক কবীৰ, তুলসীদাস আৰু সুৰদাসৰ নিচিনা মহান পুৰুষ দুখীয়া ঘৰত জন্ম গ্ৰহণ কৰিছিলি। নেপ'লিয়ন বোনাপাৰ্ট, স্টালিন, হ'চি মিন, ডাক্টৰ ৰাজেন্দ্ৰ প্ৰসাদ, চৰদাৰ বল্লভ ভাই পাটিল আদি কোনো কোটি পতিৰ পুত্ৰ নাছিল। ঝাচীৰ ৰাণী লক্ষ্মীবাই, নবাব হেদৰ আলী, মোগল ৰজা বাবৰ, চন্দ্ৰগুপ্ত মৌৰ্য্য আদিয়ে কোনো ৰজাৰ ঘৰত জন্ম লোৱা নাছিল। পণ্ডিত মদন মোহন মালকীয়, জয়প্ৰকাশ নাৰায়ণ, ডাক্টৰ ভীমৰাও আম্বেডকাৰ, লাল বাহাদৰ শাস্ত্ৰীৰ নিচিনা মহান নেতা ধন সম্পন্ন থকা ঘৰত জন্ম লোৱা নাছিল। পণ্ডিত মহাবীৰ দ্বিবেদী, মহাকবি নিৰালা আৰু মহান উপন্যাসকাৰ প্ৰেমচান্দৰে নিৰ্ধন পৰিয়ালত জন্ম গ্ৰহণ কৰিছিল।

এনেদৰেই শিশুৰ চৰিত্ৰ আৰু ব্যক্তিত্বৰ নিৰ্মাণৰ বাবে ধণৰ নহয় মাক-দেউতাক আৰু, ঘৰৰ ঘয়ো জেষ্ঠ্যৰৰ উচিত শিক্ষাৰ আৱশ্যকতা আছে। শিশু কোমল মাটিৰ নিচিনা, আপুনি তাক যেনেকৈ বিচাৰে তেনে আকৃতি দিব পাৰে। কিন্তু যেতিয়া ডাঙৰ হৈ যাব তেতিয়া কোমল মাটি শুকাই টান হৈ যায়, তেতিয়া আপুনি ইচ্ছানুসাৰে আকাৰ-আকৃতি দিব নোৱাৰে।

প্ৰত্যেক দেশৰ সভ্যতা আৰু সংস্কৃতি সেই দেশৰ ভৌগলিক, ঐতিহাসিক তথা ৰাজনীতিক পৰিস্থিতিৰ ওপৰত আধাৰিত হয়। ব্যক্তি সকলৰ থকা-মেলা, খোৱা, মেলা, পিন্ধা-উৰা আৰু সামাজিক ব্যৱস্হাৰ লগত সেই দেখাৰ ভৌগালিক স্হিতিৰ গভীৰ সম্বন্ধ আছে। যি লোক ঠাণ্ডা পৰ্ব্বতীয়া প্ৰদেশত থাকে তেওঁলোকৰ থকা খেলা, পিন্ধা-উৰা,

খোৱা, যোৱা আৰু সামাজিক ব্যৱহাৰ গৰম ঠাইত থকবা সকলতকৈ বহুত পাৰ্থক্য আছে। কোনো এখন দেশৰ সভ্যতাই বেলেগ এখন দেশৰ সভ্যতাৰ প্ৰভাৱিত কৰিব পাৰে কিন্তু তক সমাপ্ত কৰিব নোৱাৰে।

পাশ্চাত্য সভ্যতাই ভাৰতীয় সভ্যতাক এনেদৰে প্ৰভাৱিত কৰিছে যে আৰু ভাৰতীয়ও সেই সভ্যতাৰ গুণ দোষ আৰু অনুকুলতাক নুচুৱাকৈ তাক এনে কুৱা সীমালৈকে অনুকৰণ কৰিছে যে তাক অনুকৰণ কৰাটে অন্ধানুকৰণ হৈ পৰিছে। আমি চকু মুদি পাশ্চাত্য সভ্যতাৰ ফালে চলি গৈছো।

এই পাশ্চাত্য সভ্যতাৰেই প্ৰভাৱ যে আজিৰ ভাৰতীয় নাৰীয়ে নিজৰ নৱজাত শিশুক গাখীৰ খুৱাবলৈও বন্ধ কৰি দিছে। শিশুৰ জম হোৱাৰা লগে লগে ঠেসা গাখীৰ খুৱাবলৈ আৰম্ভ কৰি দিয়ে। তেওঁলোক এনে কৰে কেৱল এইটো কাৰণে যে চতন পান কৰালে তেওঁলোকৰ স্তনৰ আকাৰ বেয়া হৈ যাব আৰু তাৰ সৌন্দৰ্য্য নাইকীয়া হৈ যাব।

কিছুমান স্হিতিত শিশুক মাকৰ গাখীৰ খুৱাবও নলাগে। যদি মাকৰ কোনো সংক্ৰামক বা পুৰণা ৰোগ আছে, মাকৰ স্বাস্হ্য বেয়া বা মাকৰ গাখীৰ বিষজাতীয় বা পুৰণা ৰোগ আছে, মাকৰ স্বাস্হ্য বেয়া বামাকৰ গাখীৰ বিষজাতীয় পদাৰ্থ পোৱা যায় অথবা মাক গাখীৰক শিশুৱে হজম কৰিব পৰা নাই। তেতিয়া এনে স্হিতিত শিশুক মাকৰ গাখীৰ খুওৱাটো উচিত নহয়। তেওঁলোকে শিশুক গৰু ম'হ, ছাগলী অথবা টেমাৰ গাখীৰ খুৱাব পাৰে। যদিও মাকৰ গাখীৰত স্বাভাৱিক গাখীৰত কোনো গুণ নাথাকে আৰু যদি শিশুৰ বাবে উপযুক্ত আৰু লাভকাৰী গুণ নথকা সুত্তেও উপায় পোহোৱাত সেই গাখীৰ খুৱাওবঅ লগা পৰে। পশুৰ গাখীৰ আলপ গধুৰ খাদ্য হয়। শিশুৱে সেইয়া হজম কৰিব নোৱাৰে। ইয়াৰ দ্বাৰা সিহত হয়তো বমি কৰে নহলে পেটৰ অসুখ হৈ যায়। মহঁৰ গাখীৰ গৰু আৰু ছাগলীৰ গাখীৰৰ তুলনাত গধুৰ হয়। কিন্তু গৰু আৰু ছাগলী গাখীৰো ইমান পাতল নহয়য়ে শিশুৱে হজম কৰিব পাৰে। আৰম্ভণীতে শিশুৱে গৰু আৰু ছাগলীৰ গাখীৰকো বৰ কঠিনতাৰে হজম কৰে কিন্তু লাহে-লাহে তাক অনুকূলেৰে হজম কৰিবম পৰা হৈ যায়।

গৰু আৰু ছাগলীৰ গাখীৰৰ তুলনতা টেমা গাখীৰ সঠিক লাভৱান সিদ্ধ হয়। এই গাখীৰ বিশেষ প্ৰণালীৰে শিশুৰ শাৰীৰিক অৱশ্যকতাৰ

মনত ৰাখি তৈয়াৰ কৰা হৈছে। এই গাখীৰত প্ৰ'টিন আৰু ভিটামিনৰ মাত্ৰা সিহতৰ শৰীৰৰ নিৰ্মাণ আৰু বিকাশৰ মনত ৰাখি সন্মিলিত কৰা যায়। কিন্তু শিশুক ঠেমা গাখীৰ খুওৱাৰ আগতে ডাক্টৰৰ পৰামৰ্শ লব লাগে। ডাক্টৰ শিশুৰ স্বাস্থ্যক চিকিৎসা কৰাৰ পাছত ক'ব যে তেওঁক কোনবিধ গাখীৰ খুৱাব লাগে।

কিন্তু মাকৰ স্তনৰ গাখীৰ শিশৰ বাবে যিমান লাভৱান, সিমান কোনো পশু আৰু কোনো ঠেমা গাখীৰ লাভপ্ৰদ নহয়। স্ত্ৰীৰ স্তনত প্ৰকৃতিয়ে গাখীৰ এই কাৰণে দিয়ে যাতে শিশুক পালন-পোষণত মকে যাতে কোনো কঠিনতা সন্মুখীন নহয়। মাকৰ স্তনত গাখীৰ শিশুৰ বাবেই প্ৰকৃতিয়ে জন্ম দিে কাৰণ শিশুক দেখি মাকৰ স্তনত চটফটাবলৈ লয় আৰু গাখীৰ স্বয়ং স্তনৰ খুণ্ডীয়াৰ সৰু সৰু ছিদ্ৰল আহি যায়। যদি শিশুক মাকৰ ওচৰৰ পৰা বহুত দেৰিলৈকে দুৰত ৰখা হয় তেন্তে মাকৰ স্তনত অভাৱ আহি যায় আৰু মাকে শিশক স্তনপান কৰাবলৈ ত্ৱাৰল হৈ পৰে। শিশুৰ যদি অসুখ হয় আৰু মাকৰ গাখীৰ খাবলৈ এৰি দিয়ে তেনেহলে স্তনৰ ফুলি উঠে আৰু স্ত্ৰীৰ জ্বৰ হৈ যায়।

মাকৰ আন্তৰিক ভাৱনাৰ গাখীৰত গভীৰ প্ৰভাৱ পৰে। সেইকাৰণে শিশুক গাখীৰ খুওৱাৰু সময়ত মাকৰু মনত চিন্তা, শোক, ক্ৰোধ, ঝল্লাহট বা দুখৰ ভাৱন হব নালাগে বৰঞ্চ প্ৰসন্নতা পূৰ্বক শিশুক খুওৱালে বহুত গাখীৰ ওলাব আৰু শিশুৰ স্বাস্থ্য আৰু স্বভাৱতো ভাল প্ৰভাৱ পৰিব। শিশুক গাখীৰ খুওৱাৰ সময়ত যদি মাকৰ মন দুখী, ক্ৰোধ বা চিন্তিত হৈ থাকে তেতিয়া গাখীৰ কম ওলায় আৰু তেওঁৰ শিশুৰ স্বাস্থ্য ওপৰতো হানিকাৰক প্ৰভাৱ পৰে। দুখোৎপাডক ভাৱনায়ে গোটেই শৰীৰত এক অভাৱ জমায়। এই অভাৱে শৰীৰৰ বিভিন্ন গ্ৰন্হি কাৰ্য্যত খেলি মেলি জমায়। কেতিয়াবাটো গ্ৰন্হিয়ে নিজৰ কাম কৰা বন্ধ ৰি দিয়ে আৰু যদি কৰেও সাধাৰণ ৰূপত নকৰে আৰু ভূল ধৰে কৰে। এই অভাৱে গীখৰৰ গ্ৰন্হিটো দুস্প্ৰভাৱ পৰে আৰু কম গাখীৰ ওলায়। যি ঘৰত দিনে ৰাতি কলহ হয় বা যি স্ত্ৰীয়ে দিন ৰাতি গৃহস্হৰ লগত কাজিয়া কৰি থাকে তেওঁৰ স্তনত গাখীৰ কমি যায়। দিনে ৰাতি চিন্তাগ্ৰস্হ থকা মাকীৰ স্তনত গাখীৰ কমি যায় আৰু এনে দশাত লাহে লাহে গাখীৰ উৎপন্ন হোৱা বন্ধ হৈ যায়।

স্ত্ৰীৰ মানসিক কস্টৰ স্তন বহুত বেয়া প্ৰভাৱ পৰে। স্তনতো প্ৰতি

সময়ে কষ্ট হৈ থাকে যাৰ বাবে দুগ্ধ উৎপাদন কৰা গ্ৰন্থি উৎপাদন কম কৰি কৰি এদিন গোটেই উৎপাদনেই বন্ধ হৈ যায়।

বয়ো জেষ্ঠ সকালৰ মতে মাকৰ গাখীৰ সৈতে শিশুৰ ভাকা বেয়া সংস্কাৰৰ জন্ম হয়। শিশুক স্তন পান কৰাৰ সময়ত মাকৰ চৰিত্ৰ, ভাৱনা আৰু বয়সত যিমান পবিত্ৰতা, স্নেহ আৰু মমতা হব শিশুৰ বিচাৰ, ভাৱনা আৰু কৰ্মতো তেনে কুৱা পবিত্ৰতা আহি। মাকৰ গাখীৰ দ্বাৰা পোৱা এই গুণৰ আধাৰত তেওঁৰ সুন্দৰ জীৱন আৰু ব্যক্তিত্বৰ নিৰ্মাণ হ। যি স্ত্ৰী দুন্দৰী স্বভাৱৰ হয়। যাৰ মনত ঈৰ্ষা, দ্বেষ, ঘৃণা আদিৰ ভাৱনা থাকে যা যাৰ চৰিত্ৰ ভাল নহয়, তেওঁৰ সন্তান তো এই সকলো বেয়া স্বভাৱৰ কিা নহয় কিবা অংশত নিশ্চয় পোৱা যায়। তেওঁলোকৰ শিশুৰ ডাঙৰ হৈ যদি তেন‌াতাবৰণ পাই তেনেহলে অন্তৰত থকা সেই স্বভাৱবোৰ ফুটি দলাব। কিন্তু যদি ইহতৰ লালন-পালন ভিন্ন বাতাবৰণত কৰা যায় আৰু ডাঙৰ হ'লে তেওঁক ভাল শিক্ষা আৰ, ভাল মানুহৰ চ'চায়টি পাই তেনেহলে মাকৰ গাখীৰ সৈতে পোৱা বেয়া সংস্কাৰৰ বোৰ হেচা পাৰ যায় কিন্তু নষ্ট নহয়।

সাৰাংশটো এইটো যে শিশু চৰিত্ৰ নিৰ্মাণত মাকৰ গাখীৰৰ বহুত ডাঙৰ হাত আছে।

ডেৰ-দুই বছৰলৈকে শিশুৱে মাকৰ গাখীৰ খাই। এই বয়সলৈকে ইহতে অন্য বস্তুৰ লগতে গাখীৰ খোৱাৰ সভ্যাস হৈ যায়। সেই কাৰণে নিজেই মাকৰ গাখীৰ খোৱা বন্ধ কৰি দিয়ে। ইয়াৰ পিছতে ইহতৰ প্ৰাৰম্ভিক শিক্ষা আৰম্ভ হৈ যায়। বেলেগক অনুকৰণ শৰটো শিশুৰ স্বাভৱিক গুণ হয়। ইহতে বেলেগে যি কৰা দেখে নিজেওঁ তেনে কৰিবলৈ চেস্টা কৰে। সেই কাৰণে ইহতৰ আগত এনে কোনো কাম কৰিব নালাগে যিয়েই ইহতৰ শাৰীৰিক বা সাময়িক হনি কৰিব পাৰে। যদি শিশুৰ আগত দিয়াচালই জলোৱা। তেনেহলে ইহতেও দিয়াচলাইটো লৈ কাঠিৰে জলাবলৈ চেস্টা কৰে। ডাঙৰে গালি দিয়া শুনিলে ইহতিও গালি দিবলৈ লয়। কিছুমান লোকেতো এইটো ভাবে যে সৰু ল'ৰা ছোৱালী একো নাজানে আৰু সেই কাৰণো সিহতৰ আগতে ৰতি-ক্ৰীয়া বা সম্ভোগ-ক্ৰিয়া কবিলৈ লয়। কিন্তু শিশুৰ মন আৰু মস্তিস্ক কেমেৰাৰ লেন্সৰ সমান হয় য'ত সকলো দৃশ্য বহুত গভীৰকৈ অংকিত হৈ যায়। তেওঁলোকৰ স্মৰণ শক্তি বহুতেই তীক্ষ্ণ হয়। ইহতে কেতিয়াও কোনো

কথা না পাহৰে আৰু শৈশৱতে স্মৰণ শক্তি ইমানেই তীক্ষ্ণ হয় যে শৈশৱৰ স্মৃতি জীৱন জুৰি লগত থাকে।

সেই কাৰণে শিশুৰ আগত আচৰণ কৰাৰ সময়ত বহুতেই সাৱধান হব লাগে। লগতে ইহঁতৰ সৈতে যি আচৰণ বা ব্যাসন কৰা হয় তাতো পুৰা সাৱধানতা অৱলম্বন কৰিব লাগে কাৰণে শিশুৰ সৈতে যদি কোনে অনুচিত ব্যাসন কৰে তেনেহলে ইহতে কেতিয়াও নাপাহৰে। সিহতে না বাৰোবাৰ স্নেহক পাথৰ না কাৰোবাৰ ঘৃণাক। সিহতৰ লগত যেনে ব্যৱহাৰা কৰা হয় সিহতৈও তেনে ব্যৱহাৰ কৰে।

নিজীৰ সন্তানক সভ্য, সুশীল, সুচৰিত্ৰ আৰু শ্ৰেষ্ঠ বনোৱাৰ কৰ্ত্তব্য মাকৰ ওপৰত থাকে। মাকে এই উত্তৰদ্বায়িত্ব নিশ্চয় পালন কৰিব লাগে।

পাৰিবাৰিক জীৱন

পতি আৰু পত্নী পৰিয়াল ৰূপীৰ গাড়ী দুটা চকা হয় যাৰ সহায়ত পৰিয়াল চলে। যদি গাড়ীৰ কোনো এটা চকা এৰি যায় বা তাত কোনো বেয়া হয় তেনেহলে গাড়ীখন নচলে। পতি-পত্নীৰ সহযোগৰেহে পৰিয়াল চলে। যদি এই দুয়োৰ মাজৰ কোনো এটা ইঠোৰ সহযোগ দিয়া বন্ধ কৰি দিয়ে তেনেহলে গোটেই পৰিয়ালত তাৰ দুস্প্ৰভাৱ পৰে। ঘৰৰ আৰ্থিক স্হিতি বেয়া হৈ যায়। প্ৰতিটো সময় কলহৰ বাতাবৰণ হৈ থাকে। পৰিায়ালৰ সদস্যৰ ভিতৰত ইটো-সিটোৰ প্ৰতি ঘৃণা, দ্বেষ আৰু অবিশ্বাসৰ ভাৱনা জন্ম হৈ যায় আৰু আকৌ এদিন গোটেই পৰিয়াল সৰ্বনাশ হৈ যায়।

পৰিয়ালক সমুচিত ৰূপত চলোৱাৰা কৰ্ত্তব্য পতি আৰু পত্নী দুয়াৰে ওপৰত থাকে। পৰিয়ালৰ প্ৰতি দয়োৰে সমান কৰ্ত্তব্য আৰু উত্তৰদ্বায়িত্ব থাকে। তেওঁলোকৰ অধিকাৰো সমান হয়। যদি এই তিনিটাৰ ভিতৰত কোনো এটা কথা অভাৱ থাকে তেনেহলে ঘৰৰ ব্যৱসহা খেলি খেলি হৈ পৰে। পতিৰ মুখ্য কৰ্ত্তব্য ধনোপাৰ্জন কৰাটো যাৰ দ্বাৰা পৰিয়ালৰ প্ৰত্যেক ব্যক্তিয়ে যাতে আৰামোৰ পালন-পোষণ হব পাৰে। তেওঁলোকৰ অৱশ্যকতাৰ যাতে পুৰ্তি হব পৰে। পিৰিয়ালত ভাই-ভনি আৰু ল'ৰাছোৱালৰ শিক্ষা-দীক্ষা তেওঁলোকৰ বিবাহ আৰু অন্য কাৰ্য্য যাতে সহজে কৰিব পাৰে। ঘৰৰ বয়ো-জেষ্ঠক সকলো ধৰণৰ সুখ-সুবিধাৰ সাধন মানক যাতে। ঘৰৰ আৰ্থিক স্হিতি ইমান সুদৃঢ় হওক। আৱশ্যকতা পৰিলে যাতে তেওঁ বেলেগৰ আগত খুজিব নালাগে।

প্ৰত্যেক পতি যিয়ে নিজৰ এই কৰ্ত্তব্য আৰু উত্তৰদায়িত্বক বুজি পাই, দিন ৰাতি এইটোৱে চেস্টা কৰে যে তেওঁ ইমান টকা উপাৰ্জন কৰে

ৰাতে ঘৰত কোনো বস্তু অভাৱ নহয়, তেওঁ পৰিয়াল সুখী আৰু সমৃদ্ধ ৰাখিবলৈ দিনে-ৰাতিয়ে অথক পৰিশ্ৰম কৰে। ইমান কৰে যে নিজৰ যত্ন লবলৈওও পাহৰি যায়। তেওঁ গোটেই দিন শৰীৰিক আৰু মানসিক পৰিশ্ৰম কৰি ভাগৰি যায় আৰু যেতিয়া ঘৰলৈ ঘুৰি আহে তেতিয়া তেওঁ বিচাৰে ঘৰ বাতাবৰণ এনে হৈ থাকক য'ত তেওঁ সুখেৰে উশাহ লব পাৰে যাতে।- দিনটোৰ ভাগৰ পাহৰি যায় যেন। ইয়াৰ লগতে আকৌ যুজিবলৈ প্ৰেৰণা আৰু শক্তি পাই যেন।

কিন্তু প্ৰায়ে-ইয়াৰ উলোটাতোহে হয়। তেওঁ যেতিয়াই দিন জোৰা কস্ট বিভিন্ন কাম কাজৰ চিন্তাৰে ভৰি থয়, তেওঁৰ কস্ট আৰু চিন্তা আৰু বাঢ়ি যায়। ঘৰ পালেই পত্নী আৰু পৰিয়ালাৰ অন্য সদস্য তেওঁৰ সমুখত যিয় হৈ দুখ কৰি কান্দিবলৈ লয়। ঘৰৰ আমুকটো বস্তু শেষ হ'ল, অমুক ব্যক্তিক ফীজ লাগে, ল'ৰা-ছোৱালীক ফজ দিব লাগে, আমুকটো লৰাছোৱালী কিতাপ কিনিব লাগে আদি। এনেকুৱাই কিমান দৰকাৰী বস্তু থাকে, যাৰ এখন দীঘল লিস্ট পাতি সমুখন ডাঙি ধৰা হয়। যিয়ে এই সকলো বিচাৰে তেওঁলোকক এই বস্তু সমূহ ইমান দৰকাৰ হয় যে, তেওঁলোকে এইটো পাহৰি যায় যে এই মানুহজন দিনজুৰি পৰিশ্ৰম কৰাৰ পাছত এতিয়াহে ঘৰলৈ উভতি আহিছে। এইদৰে দিন জুৰি পৰিশ্ৰমৰ ভাগাৰ আৰু অধিক বঢ়াই দিয়ে। তেওঁ সকলোকে হাত জোৰে যাতে তেওঁক প্ৰথমতে অলপ আৰম কৰিবলৈ দিয়ে আৰু তাৰ পিছত সকলোৰে কথা শুনিব। কিন্তু পৰিয়াল সদস্যই কান্দি কাটি কোনেও তেওঁৰ কথা শুনিবলৈ ৰাজিয়ে নহয়।

ঘৰৰ অন্য সদস্যৰ কথাটো বাদ দিয়ক কিন্তু পত্নীৰ এইটো কৰ্ত্তব্য যে যেতিয়া পতি ঘৰলৈ আছে সকলো কথা পাহৰি আহিমুখে তেওঁক স্বাগত কৰিব লাগে। তেওঁক ঠাণ্ডা পানী বা চাহ খোৱাব লাগে। কাপোৰ খোলাত সহায় কৰিব লাগে। দিনজোৰা পৰিশ্ৰম পিছত যদি গা ধুবলৈ বিচাৰে তেনেহলে গা ধুৱাৰ ব্যৱস্হা কৰি দিব লাগে। তেওঁৰ মনপছন্দ আহাৰ বনাই তেওঁক খুৱাব লাগে আৰু যেতিয়া পতিয়ে আমি কৰিবলৈ বিচনত পৰে তেতিয়া শান্ত আৰু লেহ ভৰা কথাৰে নিজৰ তথা পৰিয়ালৰ অন্য সদস্য দৰকাৰী বস্তুৰ কথা কব লাগে।

ঘৰৰ সকলা সমস্যা তেওঁৰে ঠীক কৰিবলগা হয়। এই কথাটো তেওঁ বহুত ভালদৰে জানে আৰু বুজে। তেওঁ সেই সমস্যাক পুৰা কৰিবলৈ

নাকচ নকৰে কিন্তু নিজৰ সুবিধানুসাৰে কৰিব। তেওঁ ঘৰৰ সকলো আৱশ্যকতা পুৰা কৰিবলৈ সময়তো লাগে। কিন্তু পৰিয়ালাৰ সদস্যই তেওঁৰ সুবিধা নাচায়। তেওঁলোকে এইটোৱে ভাৱে যে তেওঁ যি বিচাৰে তাক তৎক্ষণাত পুৰা কৰা যাওঁক। এইটো পত্নীৰ কৰ্ত্তব্য যে তেওঁ পৰিয়ালাৰ অন্য সদস্যক বুজাই বঢ়ায় ধৰ্য্য ধৰিবওল অনুৰোধ কৰিব লাগে। পতিৰ কঠিনতাক নিজৰ কঠিনতা আৰু পতিৰ চিন্তাক নিজৰ চিন্তা ভাৱি ঘৰৰ পৰিবেশক শান্ত কৰি ৰাখিবলৈ প্ৰয়াস কৰিব লাগে।

কিন্তু কিছুমান এনেকুৱাও পত্নীও আছে যিয়ে পতিৰ চিন্তা কম কৰাৰ ঠাইত বেছি কৰায়। তেওঁ ভাৱে যে পতিয়ে জানি বুজি তেওঁ আৰু পৰিয়ালাৰ আৱশ্যকতাক অৱহলো কৰি থকে। তেওঁ অনুমান কৰে যে হেচা দিলে যেন সকলো কাম পুৰা হৈ যাব আৰু যেতিয়া হেচা দিয়া স্বত্তেও কাম নহয় তেতিয়া উচিত অনুচিত ধমকি দিবলৈ লয়। উচিত–অনুচিত শব্দক প্ৰয়োগ কৰিবলৈ তেওঁ অলপো সংকোচবোধ নকৰো।

আৰু যদি কেনেবাকে যদি পত্নীৰ মাকৰ ঘৰ পৰিতৰ ঘৰৰ তুলনতা অধিক আৰু সাধন সম্পন্ন হয় তেনেহলে পতি আৰু পৰিয়াল সদস্যই কেতিয়া স্নেহ আৰু সমান নাপায়। তেওঁৰ চকুত পতিৰ কোনো মূল্য নাই। তেওঁ দিনে ৰাতি নিজৰ মাকৰ ঘৰৰ সম্পত্তিৰ গুণগান গাই থাকে। কিন্তু তেও। এইটো বুজি নাপাই যে এতিয়া এইখন ঘৰেই তেওঁৰ নিজীৰ ঘৰ। অভাৱ থাকিলেও তেওঁ এতিয়া এই অভাৱৰ মাজতে জীয়াই থাকিব লাগিব।

তেওঁ এইটো পাহৰে যে তেওঁৰ মাক-দেউতাকে যদি নিজতকৈ নিম্নখাপৰ ঘৰৰ লগত বিবাহ কৰোৱাইছে তেনেহলে নিশ্চয়ে তেওঁৰ পতি আৰু তেওঁ পৰিয়াল কিবা নহয় কিবা এক বিশেষ গুণক দেখিয়ে বিবাহ দিছে। নহলে ধন সম্পন্ন মাক-দেউতাকে যৌতুকৰ সৈতে কোনো এক ধন সম্পন্ন যুৱকৰ সৈতে বিবাহ দিব পাৰিলে হেতেন। নহলে তেওঁলোকে ধনৰ তুলনাত গুণক প্ৰধানতা কিয় দিলে ?

কিছুমান স্ত্ৰী এনে থাকে যিয়ে ঘৰৰ মানুহৰ কৈ বাহিৰৰ মানুহক বেছি বিশ্বাস কৰে। তেওঁ এইটো নাভাৱে যে ঘৰৰ মানুহ যিমানেই যি হওক নিজৰেই হয় সদায় আৰু বাহিৰৰ মানুহে লাগিলে যিমানেই স্নেহ প্ৰদশন নকৰক কিয়, যিমানেই নিজৰ নেদেখুৱাক কিয়, তেওঁলোকে

কোনো পৰিস্হিতি তে নিজৰ হব নোৱাৰে। জগতৰ এইটোৱে নিয়ম যে তেওঁ কান্দি লেকৰ মনৰ কথা জানি লয় আৰু হাহি-হাহি সেই ৰহস্যক খুলবলৈ লয় আৰু ইয়াৰ পৰিণাম কেতিয়াবা বহুত ভয়ংকৰ হয়। মনৰ কথা বেলেগক প্ৰকট কৰা স্ত্ৰী ঘৰৰ মানুহৰ দৃষ্টিত তল পৰি যায় আৰু তেওঁ কেতিয়াও সেই স্হান প্ৰাপ্ত কৰিব নেৱাৰে যি তেওঁৰ অধিকাৰ হয়।

মনৰ কথা আৰু ঘৰৰ সদস্যক লুকুৱাবলৈ ত্ৰীৰ কাৰণে বহুত কঠিন হয়। এই গুণৰ শিক্ষা যদি তেওঁক শৈশৰতে যদি দিয়া নহয় তেনেহলে তেওঁ জীৱনভৰ নিজৰ ওপৰত নিয়ন্ত্ৰণ ৰাখিব নোৱাৰে। এনেদৰেই কিছুমান স্ত্ৰীৰ নিজৰ পতি আৰু পতিৰ পৰিয়ালাৰ সদম্যৰ নিন্দা কৰাটো অভ্যাস হৈ পাৰ। নিন্দা নকৰাকৈ থাকিব নোৱাৰা হয়।

কেতিয়াবা পতি-পত্নীৰ সৰু-সৰু কাজিয়াৰ কাৰণ পতি দ্বাৰা পত্নীৰ সম্ভোগ ইচছাক পুৰা নকৰাতোও হয়। কেতিয়াবা পতি বহুত ভাপবি থাকে বা কোনো কাৰণত চিন্তিত হৈ থাকে আৰু সেইকাৰণে সম্ভোগৰ ইচছা জম নহয় আৰু যদি পত্নীৰ ইচছাৰ বাবে কৰেও কিন্তু সেই সীমালৈকে পত্নী সুখী কৰি নোৱাৰে পত্নীৰ ইচছাৰ বাবে কৰেও কিন্তু সেই সীমালৈকে পত্নী সুখ কৰিব নোৱাৰে যিমান সদায় তেওঁ নিজৰ পত্নীক প্ৰদান কৰে, তেতিয়া পত্নীৰ খুব বেয়া লাগে। তেওঁ ইয়াক নিজৰ স্ত্ৰীত্বৰ, নিজৰ আৰু নিজীৰ অধিকাৰৰ হানি হোৱা বুলি ভাৰে। কেতিয়াবাটো তেওঁ পতিক বয়সতকৈ বুঢ়া আৰু নপুংসক খুলি ভাবিবলৈ লয়। তেওঁ পতিক নপুংসক আৰু বুঢ়া বুলি খাতিবলৈ লয়। তেওঁ এইটো নাজানে যে এই পদ্ধতিৰ তেওঁৰ কিমান য়ংকৰ পৰিণাম হব পাৰে। পত্নীৰ এই শব্দবোৰে পতিক বহুত দুখ দিয়ে আৰু এইয়া শুনি এদিন সঁচাকে মানসিক নপুংসকতাৰ চিকাৰ হৈ পৰে।

পতিয়ে এইটো কেতিয়াও সহ্য কৰিব নোৱাৰে যে তেওঁৰ পত্নীয়ে কোনো বেলেগ পুৰুষ প্ৰশংসা কৰণটো। তেওঁক অপমান কৰি কোনো বেলেগ পুৰুষক অধিক ধ্যান দিয়াটো। তেওঁক অপমান কৰি কোনো বেলেগক প্ৰধানতা দিয়াটো। লাগিলে পত্নীয়ে কোনো অন্য পুংযক কেৱল প্ৰসংগৰ হে প্ৰশংসা কৰক অথবা তেওঁক অধিক সমান আৰু প্ৰাথমিকতা দিয়াৰ যিকোনো কাণ থাকক তাক কিন্তু পতিয়ে সন্দেহৰ দৃষ্টিৰে চায়। ঠীক এনে দশা পত্নীৰ সৈতেও হয় তেওঁলোকেও নিজৰ পতিৰ মুখৰ

পৰা কোনো অন্য স্ত্ৰীৰ প্ৰশংসা মা কৰিব নোৱাৰে। তেওঁলোকৰ মনত সন্দেহে জম লয় আৰু কেনেবাকৈ সেইকেইদিনত যদি তেওঁ সমুখত সম্ভোগৰ প্ৰস্তাৱ ৰখা নাযায় বা পত্নীৰ সম্ভোগৰ ইচ্ছা প্ৰকট কৰাৰ সংকেটাৰ ফালে ধ্যান দিয়া নহয়, তেতিয়াটো সন্দেহ বিশ্বাসলৈ পৰিণত হয় আৰু যেতিয়া এবাৰ কাৰোবাৰ ওপৰৰ পৰা বিশ্বাস উঠি যায় বা কাৰোবা মনত সন্দেহ উপাজ তেনেহলে তাক দ্বিতীয়বাৰ বিশ্বাসত লোহৱা বা সেই সন্দেহক নাইকিয়া কৰাটো কঠিন হৈ পৰে। যি বেয়া অভ্যাস বা অভাৱ স্ত্ৰীৰ থাকে, সেইয়া কিবা নহয় কিবা অংশত পুৰুষৰ তাতো পোৱা যায়। কিছুমান পুৰুষে স্ত্ৰীক নিজৰ জীৱন-সাথী লভাৱি নিজৰ ভৰিৰ জুতা বা কিনা অনা বান্দী বুলি ভাবিবলৈ লয়। তেওঁলোকে ভাবিবলৈ লয় যে বিয়াৰ পিছত তওঁক নিজৰ পত্নীৰ সৈতে মনে বিচৰা মতে ব্যবহাৰ কৰিবলৈ স্বাধীনতা পালে। তেওঁ পত্নীৰ সৈতে মনে বিচা মতে ব্যৱহাৰ কৰিবলৈ স্বাধীনতা পালে। তেওঁ পত্নীক যেনেকৈ ক বিচাৰে তেনেকৈ উপভোগ কৰিব বিচাৰে! এনে ধৰণৰ বিচাৰ থকা ব্যক্তি বহুতে কামুক প্ৰবৃত্তিৰ হয়। তেওঁ পত্নীক কেৱল কামনা বাসনাৰ সাধন বুলি ভাবে। লাগিলে পত্নী বেমাৰেই হওক, ঋতুমতীয়ে হওক বা তেওঁ শিশু এতিয়াহে জম দিতে আৰু তেওঁৰ যৌনাংগ পুৰ্ন ৰূপত সম্ভোগ ক্ৰিয়া কৰাৰ যোগ্য নহয় কিন্তু ইয়াৰ বাৰে পতিৰ কোনো ধ্যান নাই। তেঁওঁ পত্নীৰ সৈতে সম্ভোগ কৰটো নিজৰ জমসিদ্ধ অধিকাৰ বুলি ভাৱে। যদি পত্নীয়ে সম্ভোগৰ বাবে নাকচ কৰে আৰু ইয়াৰ বিৰোধ কৰে তেনেহলে তেওঁ পত্নীৰ সৈতে ধৰ্ষণ আৰু বৰ্বৰতাপূৰ্ণ ব্যৱহাৰ কৰিবলৈও নেৰে। এনে পুৰুষৰ নিজৰ সন্তান আৰু পত্নীৰ প্ৰতি কোনো মৰম নাথাকে। তেওঁলোকৰ নিজৰ কৰ্ত্তব্য প্ৰতি ধ্যান নাথাকে বৰঞ্চ অধিকাৰৰ প্ৰতিহে ধ্যান থাকে। তেওঁলোক বহুত স্বাৰ্থপৰ হয় আৰু নিজৰ স্বাৰ্থক পুৰা কৰিবলৈ উচিত অনুচিত সকলো প্ৰকাৰৰ সাধনক ব্যৱহাৰ কৰে। তেওঁলোকে সাবধানিক আৰু অসামাজিক কাৰ্য্য কৰিবলৈ অলপো সংকোচ নকৰে।

ঘটনাক্ৰমে তেওঁ যদি ধন সম্পন্ন হয় আৰু কোনো বিশেষ কাৰণে কোনো নিধন পৰিয়ালাৰ ছোৱালীৰ সৈতে বিবাহ হয় তেনেহলে টেখা সেই বেচেৰীৰ জীয়াই জীয়াই মৃত্যু হৈ যায়। পতিক চাই পতিৰ পৰিয়াল অন্য সদস্যয়ো তেওঁক অপমান কৰে। তেওঁলোকে তাইৰ ওপৰত মনে

বিচৰা অত্যাচাৰ কৰাৰ পিছতো ভাৱে যে তেওঁলোকে তাইৰ ওপৰত উপকাৰ কৰিছে। যদি তেওঁৰ অসুখৰ হায়, কোনেও তেওঁৰ চিকিৎসাৰ কথা নাভাৱে। বৰঞ্চ তেঁওক চিকিৎসা কৰোৱাটোক ধনৰ অপব্যয় বুলি ভাৱে। তাইৰ অধিকাৰ ঘৰৰ চাকৰণীতকৈ বেয়া অৱস্হা।

পতি-পত্নী জীৱন সাথী হয়। তেওঁলোকৰ বাবে ইজন-সিজনতকৈ ডাঙৰ আৰু কোনো হিতৈষী আছে, মিত্র আছে আৰু না ৰাজদাৰ আছে। তেওঁলেকে ইজনে-সিজনৰ ৰহস্য কথা নোকোৱাকৈয়ে বুজি পাই। এনে পৰিস্হিতিত যদি পতিয়ে পত্নীৰ পৰা কিবা লুকুৱাই, তেতিয়া পত্নীয়ে বহুত দুখ অনুভৱ কৰে। নিজৰ মাক-দেউতাকক এৰি যেতিয়া তেওঁ এখন অচিনাকী ঘৰ-পৰিয়াললৈ আহে তেতিয়া কেৱল পতিয়ে সেই পৰিয়ালৰ একমাত্র এনে সদস্য হয় যাৰ সৈতে তেওঁৰ ঘনিস্ঠ সম্বন্ধ আছে যে তেওঁ পতিক সংকোচ বিনে নিজৰ সৰ্বস্ব সমৰ্পিত কৰি দিয়ে, যদি ব্যক্তিয়ে তেওঁৰ সৈতে দূৰত্ব বগাই থাকে, কিবা লুকুৱাই বা লোকৰ নিচিনা ব্যৱহাৰ কৰে তেনেহলে তেওঁৰ হৃদয়ৰ বহুত গভীৰ দুখ পায়। ইয়াক কল্পনা কৰাটেও সহজ নহয়।

পতি-পত্নী দয়োৰে বাবে এইটো আৱশ্যক যে তেওঁলোক দুয়োৰে ইজনে-সিজন পৰিয়ালাৰ সদস্য সম্বন্ধিয়া আৰু পৰিচিত লোকক যথচিত সম্মান কৰিব লাগে। তেওঁলোকৰ প্ৰতিমনত কোনে বেলেগ, আৰু দুৰ্ভাৱনা ৰাখিব নালাগে। ইজনে-সিজনৰ ওপৰত পুৰা বিশ্বাস কৰিব লাগে। ইজনে-সিজনৰ মনোভাৱকো সমান কৰিব লাগে। সুখ-দুখৰ ভাগী হব লাগে। ইজনে-সিজনৰ আৱশ্যকতাক পুৰা ধ্যান ৰাখিব লাগে। আৰু সদায় মনত ৰাখিব লাগে যে তেওঁলোকে গোটে জীৱন ইজনে-সিজনৰ লগত একেলগে থাকিব লাগিব। একেলগে জীয়াই একেলগে মৰিব লাগিব।-

সমাজীৰ প্ৰইত পতি-পত্নীৰ দায়িত্ব

মনুষ্য সামাজিক প্ৰাণী হয়। সমাজৰ অবিহান জীৱৰ কল্পনা কৰাটোও তেওঁৰ বাবে কঠিন হয়। তেওঁলোকে সকলে জীৱন নিৰ্বাহ কৰিবও লোৱাৰে, খাব-শুবও নোৱাৰে। তেওঁ সকলে মুখৰ অনুভূতিও প্ৰাপ্ত কৰিব নোৱাৰে আৰু দুখী হলেও সকলে কান্দিব নোৱাৰে। এওলোকক প্ৰতি খোজতে লগী লাগে। নিজৰ ওচৰ-পাজাৰ মানুহৰ চিৰ লাগে য'ত তেওঁ সুখ-দুখৰ লগৰী পাই। যিয়ে তেওঁৰ উন্নতি, বিকশ আৰু উত্থানৰ সময়ত যাতে তেওঁক অভিনন্দন দিব পাৰে, প্ৰেৰণা দিব পৰে আৰু তেওঁ পৰিশ্ৰমক প্ৰশংসা কৰিব পাৰে। যিয়ে তেওঁ কষ্টৰ সময়ত সাহস জোটায়। তেওঁৰ দুখনৰ ভাগ লব পাৰে। তেওঁক উচিত মাৰ্গৰ নিৰ্দেশ আৰু উচিত উপদেশ দিব পাৰে।

সেইকাৰণে তেওঁ য'তেই যায় নিজৰ এজন লগৰী বা মিত্ৰ বনাই লয়। মিত্ৰ–পৰিচিত লোকৰ এই গৰু সমাজত থাকি তেওঁ এক নিশ্চিন্ততা তথা নিৰ্ভীকতাৰ অনুভৱ কৰে।

সমাজ আৰু ব্যক্তিৰ এক অটুট সম্বন্ধ আছে। সমাজৰ অবিহনে ব্যক্তিৰ কোনো মল্য নাই আৰু ব্যক্তিৰ অবিহনেও সমাজৰ কোনো অস্তিত্ব নাই। য'ত সমাজে ব্যক্তিক আশ্ৰয়, সহযো, সহানুভূতি, শক্তি তথা প্ৰেৰণা আৰু সুৰক্ষা প্ৰদান কৰে, তাত ব্যক্তিয়েও সমাজৰ বিকাশ আৰু উত্থানত যিখান পাৰে সহযোগ দিয়ে।

স্ত্ৰীয়ে হঁওক বা পুৰুষ সকলো সমাজৰ অংগ হয়। সমাজত সকলোৰ স্হান আছে। এইটো বেলেগ কথা যে যি ব্যক্তি যে সমাজৰ হিতৰ কাৰ্য্য তেওঁক সমাজত এক বিনিস্ট স্হান প্ৰাপ্ত হয় কিন্তু ইয়াৰ দ্বাৰা তেওঁৰ অধিকাৰ বৃদ্ধি হৈ নাযায়। তেওঁও সেইয়ে স্হান পাই সমাজত অন্য সদস্যকো প্ৰাপ্ত হয়। এইটো সঁচা যে অন্য সদস্য মনত

তেওঁৰ প্ৰতি শ্ৰদ্ধা আৰু আয়কৰৰ ভাৱ নিশ্চয় বৃদ্ধি হৈ যায়। প্ৰত্যেক দম্পত্তিৰ সমাজৰ প্ৰতি সকলোতকৈ প্ৰথম কৰ্ত্তব্যটো হ'ল যে তেওঁলোকে নিজৰ সন্তানৰ ৰূপত সমাজক সভ্য, শিস্ট, অনুশসিত আৰু যোগ্য সদস্যক বৃদ্ধি কৰে যেন, সন্তানক জন্ম দিয়াটো কোনো ডাঙৰ কথা নহয় কিন্তু সন্তানক সুযোগ্য বনোৱাঠোহে ডাঙৰ কথা। অযোগ্য সন্তানক জন্ম দি ব্যক্তিয়ে সমাজৰ প্ৰতি নজৰ প্ৰথম আৰু প্ৰধান কৰ্ত্তব্যক পুৰা কৰিব নোৱাৰে। বৰঞ্চ অযোগ্য সন্তানক সমাজৰ ভৰসক প্ৰয়াস কৰে যে সিহতৰ বহুত অনুচিত কাৰ্য্য চোৱাচিতা কৰি তাক ঠিক কৰিবলৈ পুৰা সুযোগেই নহয় সহযোগ কৰে। সিহতক সামাজিক মান্যতা দি নিজৰ উদাৰতাৰ পৰিচয় দিয়ে। কেতয়িাবাটোক ইমান দয়ালু হৈ পৰে যে সিহতৰ ঘৃণিত কাৰ্য্য আৰু আমাৰ ধানিক কাৰ্য্যকো ক্ষমা কি আপোনাই লয়।

যুৱক আৰু যুৱতীৰ বিবাহক যেতিয়া সামাজিক মান্যতা প্ৰাপ্ত হৈ যায় তেতিয়া তেওঁলোকে একেলগে থকা অনুমতিক পায়। ইজনে-সিজনক শাৰীৰিক তথা মানসিক সুখ পোৱা স্বাধীনতা পাই। তেতিয়া সিহতৰ শাৰীৰিক সম্ভোগক সমাজৰ অপৰাধ বা পাপৰ দৃষ্টিৰে চোৱা নাযায় বৰঞ্চ সমাজে নিজৰ সদস্যৰ সংখ্যা বঢ়োৱাৰ লালসাত সিহতক সম্ভোগ কৰাত প্ৰেৰণা দিয়ে।

অসংখ্য, সভদ্ৰ, অশিস্ট আৰু চৰিত্ৰহীন সদস্যাৰ তুলনাত সমাজৰ সেই আঙুলীত গণিব পৰা সদস্যই বহুত ভাল যিয়ে সমাজৰ হিতৰ কামনাই নহয় প্ৰয়াসো কৰে আৰু যিকোনো পৰিস্হিতিতে সমাজৰ পৰম্পক উলংঘন নকৰে।

সমাজৰ ওপৰতন মানৱ জাতিৰে নহয়, ৰাস্ট্ৰবেগ উন্নতি আৰু বিকাশৰ উত্তৰদ্বায়িত্ব আছে। ভাল, নিকা, চৰিত্ৰৱনা আৰু সুপৰিস্কৃত সমাজেই ৰাষ্ট্ৰৰ বিকাশ, নিৰ্মাণ, উত্থান আৰু সুৰক্ষাৰ আধাৰত হয়। সমাজে যেতিয়া ব্যক্তিক অধিকাৰ দিয়ে তেতিয়া এইটোও বিচাৰে সে অধিকাৰ প্ৰাপ্ত কৰা ব্যক্তিয়ও নিজৰ কৰ্ত্তব্যৰ গ্ৰতি জাগৰুক হওক আৰু তাক ভালদৰে পালন কৰে যেন।

সুখী বিবাহিত জীৱন

বিবাহ পিছত যুৱক আৰু যুৱতীয়ে এক নতুন জীৱন আৰম্ভ কৰে। কছুদিনলৈকেটো এওলোকে মিলন মাদকতাৰ এনে সীমালৈকে কব নোৱাৰা হৈ যাকে যে নিজৰ কথা গম নাপাই। তেওঁলোকৰ এনে লাগে যেন, তেওঁলোক যেন সপোনৰ জগতত বিচৰণ কৰি আছে কিন্তু যেতিয়া প্ৰাৰম্ভিক প্ৰেস আবেগ সমাপ্ত হ যায় আৰু তেওঁলোক স্বপ্ন জগতৰ পৰা ওলাই মৰ্যাখিৰ কঠোৰ জগতলৈ আহে তেতিয়াহে জীৱনৰ কঠোৰতাক চিনি পাই। তেওঁলোকে নতুন জীৱনক সুখী আৰু সমৃদ্ধ বনাবলৈ সংঘৰ্ষৰ লগত যুঁজিবলৈ লয়। তেওঁলোকে নতুম জীৱনৰ যি কল্পনা বিবাহৰ পূৰ্বে ভাবিছিল, তেওঁলক কাল্পনিক জীৱন আৰু বাস্তৱিক জীৱনত বহুত বেছি পাৰ্থক্য আছে। কেতিয়াবা এনেকুৱাত হয় যে বিবাহৰ পিছত ঘৰ-গৃহস্থীৰ সকলো কৰ্ত্তব্য, যেতিয়া বিবাহিত যুৱকৰ কান্ধতপৰে, সেই সময়ত তেওঁক নিজৰ পত্নী সহযোগ আৱশ্যকতা হয়। পত্নীৰ সহযোগেৰেহে তেওঁ নিজৰ পৰিয়ালৰ গাড়ীখন সুখ-দুখ, আশা-নিৰাশা, হাঁহি কান্দোনৰ বহুৰঙী পৰিবেশৰ পৰা আগবঢ়াই লৈ যাব লগা হয়। গৃহস্থ জীৱনত বহুত এনে পৰিস্থিতি আহে যে যদি দুয়োৰে দুয়োৰ প্ৰতি মৰম, স্নেহ, সহানুভূতি, নিজৰত্ব, বিশ্বাস আৰু নিস্থাৰ ভাৱ নাথাকে, যদি তেওঁলোকৰ গোটেই জীৱনটো এটা দুখদ স্বপ্ন হৈ পৰে। এই সকলো ভাৱ ইজনে সিজনৰ পৰা পাবলৈ তেওঁলোকে বহুত ত্যাগ দিব লগা হয়। প্ৰতিটো খোজতে সাৱধান হব লাগে। কেতিয়াবা এা সামান্য অসাৱধানতা বা উপেক্ষাই জীৱনত কটুতা আনি দিব পাৰে যিয়ে তেওঁলোকৰ দাম্পত্য জীৱনক দুখ আৰু অসন্তোষেৰে ভৰাই দিয়ে।

পতি-পত্নীৰ জীৱন তেতিয়াহে সুখী হব পাৰে যেতিয়া দুয়োৰে দুয়োৰ

প্ৰতি অটুট আৰ, অগাধ প্ৰেম থাকে। প্ৰেম এনে কোনো বস্তু নহয় যি এদিনতে জম হৈ যাব। পতি-পত্নী বিবাহৰ ইজনে-সিজনৰ সৰ্বথা অপৰিচিত থাকে। তেওঁলোকে ইজনে সিজনৰ স্বভাৱ, প্ৰকৃতি আৰু বিচাৰৰ বিষয়ে একেবাৰে একো নাজানে। এনে পৰিস্থিতত ভাৱাটোয়ে ফুলশয্যাৰ নিশাৰ প্ৰথম মিলনত ইজনে-সিজনক অত্যাকি প্ৰেম কৰাটো ভুল কথা। দুয়ো-দুয়োৰে প্ৰতি প্ৰেমৰ বিকশিত হোৱাত অলপ সময় লাগে। পতিয়ে প্ৰতি সময়ে পত্নীৰ প্ৰতি প্ৰেম প্ৰদৰ্শন কৰি থাকিব লাগে। প্ৰেমৰ প্ৰদৰ্শন কথাৰে নহয় বৰঞ্চ ক্ৰিয়াত্মক ৰূপোৰ কৰিব লাগে। পত্নীয়ে পতিৰ প্ৰেমক পুৰা বিশ্বাস কৰিবলৈ লব তেতয়াহে তেওঁ নিজৰ ভাৱক প্ৰদৰ্শন কৰিবলৈ লব নহলে ইয়াৰ আগতে নকৰে। কিছুমান পুৰুষে ভাৱে যে কথাৰ মাধ্যমেৰে প্ৰেম প্ৰদৰ্শিত কৰিলে প্ৰেমৰ গভীৰতা কমি যায়। স্ত্ৰীয়ে সেই মূল্যাংকন কৰিব নোৱাৰে। তেওঁ ইয়াক কেৱল দেখুওৱা বুলিহে ভাৱে। কিন্তু এই ধাৰণাটো ভূল। যিধৰণে পুৰুষে স্ত্ৰীৰ পৰা এইটো শুনিবলৈ উত্তাৱল হৈ থাকে যে 'মই তোমাক ভাল পাত' তেনেদৰেঁ পত্নীৰ কাণত পতিৰ মুখেৰে মমেৰে শুনিবলৈ চঞ্চল হৈ থাকে।

পত্নীক প্ৰতিক্ষণে আলিংগন কৰি থাকিব নোৱাৰি কিন্তু মৰমভনা কথাটো ৰাস্তাত কথা পাতিও কব পৰা যায়। পাতিয়ে অধিক সময় পত্নী সৈতে থাকিব লাগে আৰু মৰম সনা কথা পাতবি লাগে। তেওঁক প্ৰেম প্ৰদৰ্শন এক ধৰণেই নহয় বৰঞ্চ বেলেগ বেলেগ ধৰণ কৰিব লাগে। ইয়াৰ দ্বাৰা পত্নীৰ বিচাৰত অধিক প্ৰভাৱ পৰিব। যদি পতি-পত্নী ইজনে-সিজন প্ৰতি মন, বাণী, আৰু শৰীৰৰ দ্বাৰা নিজৰ প্ৰেম বাঞ্চা প্ৰকট কৰি থাকে, তেনেহলে তেওঁলোক দুয়ো দুয়োৰে বহুত কায চাপিব পাৰিব আৰু তেওঁলোকৰ দাম্পত্য জীৱন সুখেৰে ভৰি পৰিব।

ইয়াত কোনো সন্দেহ নাই যে পতিৰ ওপৰত পৰিয়ালৰ পালন-পোষণ আৰু তেওঁলোক সুখ তথা সমৃদ্ধ কৰিবলৈ ধনোপাৰ্জনৰ কৰ্ত্তব্য আছে আৰু পত্নীৰ ওপৰত ঘৰক সুব্যবস্থিত আৰু সুন্দৰ নোৱাৰ উত্তৰ দ্বায়িত্ব আছে। কিন্তু ইয়াৰ অৰ্থ এইটো নহয় যে পত্নীয়ে পতিক ধনোপাৰ্জনত সহযোগ নিদিয়ক আৰু পতিয়ে পত্নীক ঘৰুৱা কামত সহায় নকৰক। সাধাৰণতে স্ত্ৰীৰ মাজত ইমান শক্তি আৰু সামৰ্থ্য নাই যিমনা পুৰুষৰ পাত থাকে। ঘৰৰ সকলো কাম তেওঁ সকলে কৰাটো

কঠিন কথা। তেওঁ প্ৰতি সদায়ে এইটোৱে ভাবি থাকে যে তেওঁক কোনোবাই যেন ঘৰুৱা কাম সহায় কৰি দিয়ে, যদি কোনোৱা চুবুৰীয়া বা চুবুৰীয়া ল'ৰা ছোৱালী তেওঁৰ অলপমান কাম সহায় কৰি দিয়ে তেতিয়া তেওঁ সিহতৰ প্ৰতি সদায় কৃতজ্ঞ হয়। এনে পৰিস্হিতি পতিৰ খালী সময়ত যদি তেওঁৰ অলপ কামত সহায় কৰি দিয়ে তেতিয়া তেওঁৰ মনত পতিৰ প্ৰতি স্নেহ লগে লগে কৃতজ্ঞতাৰো ভাৱ জন্মে। তেওঁ এইটে বিশ্বাস্ কৰে যে তেওঁৰ পতিয়ে তেওঁক অত্যাধিক প্ৰেম কৰে, কাৰণ তেওঁ পতিৰ কামত সহায় কৰিব নোৱাৰে, হৈ কাৰণে তেওঁ পতিক সিমান স্নেহ দিব নোৱাৰে যিমান তেওঁক পতিয়ে দিয়ে।

যদি পতিয়ে প্ৰতিটো সময়ত নিজৰ কামতে ব্যস্ত থাকে আৰু পত্নীৰ সৈতে কথা পাতিবলৈ, তেওঁৰ ওসতে একান্তত একেলগে থাকিবলৈ যদি চব্বিশ ঘন্টাৰ অলপ মিনিটো নোখায় তেতয়িা স্ত্ৰীৰ মনত তেওঁৰ প্ৰতি স্নেহেইন নহয় আদৰ ভাৱো কমি যায়। পত্নী কেৱল শিশুক জন্ম দিয়াৰ মেচিন নহয়, তেওঁ কেৱল পতিৰ সহগামিনী আৰু সহভাগীও। পতিয়ে তেওঁ স্নেহৰ সৈতে সমানো দিয়াটো উচিত। তেওঁৰ সুখ-দুখক নিজৰ সুখ-দুখ ভাবক আৰু যেতিছয়ালৈকে স্ত্ৰীয়ে স্বীকাৰ নকৰে, তেওঁৰ সৈতে সম্ভোগ কৰিবলৈ চেষ্টা কৰিব নালাগে।

পত্নী কেৱল পত্নীয়ে নহয় প্ৰেমিকাও হয়। প্ৰেমিকা পঠাবলৈ তেওঁক পত্নী তুলনাত অধিক শ্ৰম কৰিব লাগে। সদায়ে উপহাৰ দি থকাটো, নতুন-নুতন বস্ত্ৰ-আভূযণেৰে তেওঁৰ সৌদৰ্য্যক আৰু ধুনীয়া কৰাৰ চেষ্টা কৰা আৰু তেওঁক প্ৰতি দিন সুন্দৰ আৰু আকৰ্ষক হৈ থাকিবলৈ প্ৰেৰণা দি থকাটো পতিৰ কাৰণে বহুতে দৰকাৰ। প্ৰতিজনী, স্ত্ৰীৰ এইটোৱে কামনা যে তেওঁ সদায় সুন্দৰ, আকৰ্ষক তথা ভৰা-যৌৱন দেখক যেন। পতিয়ে তেওঁ এই ভাৱনাক স্বীকাৰ কৰি থাকিব লাগে। যেতিয়াই কৰবাত বাহিৰলৈ যায় তেওঁক লগত লৈ যাব লাগে। তেওঁৰ ৰূপ-যৌৱনক প্ৰশংসা কৰি থাকিব লাগে। কিছুমান পতিৰ এটা ডাঙৰ দোষ থাকে যে তেওঁ প্ৰতি সময়ে নিজৰ পত্নীৰ কামত দেয়স উলিয়ায় থাকে। পত্নীয়ে লাগিলে কিমান ধৰ্য্যৰে আৰু পৰিশ্ৰমেৰে তেওঁৰ বাবে আহাৰ বনাওৱক, কাপোৰ ধোৱক, ইস্ত্ৰি কৰক, ৰেখনক মজাওৱক কিন্তু পতিদেৱে সেই সকলে কামতে কিবা নহয় কিবা সভাৱ উলিয়াইয়ে থাকে কাৰণ পত্নী কামত দোষ উলিয়াটো নিজৰ অধিকাৰ বুলি ভাৱে

কিন্তু পতিৰ এই অভ্যাসটোৰ এক ভয়ংকৰ পৰিণাম উপায়। পত্নীয়ে সেই সকলে কাম কৰাৰ পৰা বিৰত থাকে। পৰিণামস্বৰূপ ঘৰত অব্যৱস্হা হৈ পৰে। পতি মহোদয়ৰ অসুবিধা বাঢ়ি যায়। তেওঁ এতিয়া চাকা-ইস্ত্রি কৰা কাপোৰ নাপায়, সময়ত খাবলৈ পাহৰি নাপায়, ইয়াৰ বাবে সদায় কামলৈ যাওঁত দেৰী হয়। উপায় নাপাই কেতিয়াবাটো তেওঁ ভোকৰ পেটে, খেলিখেলি কাপোৰ পিন্ধিয়ে অফিচলৈ যায়। সদয় এন অব্যৱস্হাই জীৱনত বিহ ঢালি দিয়ে।

য'ত প্রেম থাকে তাত পৰস্পৰ কাজিয়া পেচালটো হয়ায়। যদি এই কাজিয়াক গভীৰতাৰে নলয় তেনেহলে এই কাজিয়া কিছু সময়ৰ পাছ নিজে-নিজে নাইকীয়া হৈ যায়। স্হৈকাৰণে পতি পত্নীৰ ছায়াৰে কৰ্ত্তব্য যে পাৰিবাৰিক কাজিয়াক অধিক মহত্ব নিদিয়ে যেন। তাক গভীৰ ভাৱে নপায় যেন। ভূল সকলোৰ হয়। ইয়াক বেছি গভীৰ সোৱাতকৈ পাহৰি পেলোৱাটো শ্রেয়।

দুখ আৰু সুখক ভাগ কৰি চলাটোৱে দুখী দাম্পত্য জীৱনৰ মূলমন্ত্র।

চেক্স ঃ সমস্যা আৰু সমাধান

প্ৰশ্ন ঃ মাহেকীয়া ধৰ্ম কি হয় ?

উত্তৰ ঃ ছোৱালী ডাঙৰ হৈ মা বনিব বিচাৰে, বনিবৰ বাবে মহেকীয়া ধৰ্ম সকাতা আৱশ্যক। মা বনিবৰ বা গৰ্ভ-ধাণৰ কৰিব লগীয়া হয়। গৰ্ভ গৰ্ভাশিয় বনে গৰ্জায় পেটৰ তলৰ ভাগত থাকে। গৰ্ভাশিয়ৰ মুখ যোনিত খুলে। এই গৰ্ভাশিয় মুখৰ পৰা প্ৰত্যেক মাহ কিছুমান ৰক্ত উলায়। এই ৰক্তক মাহেকীয়া ধৰ্ম বুলি কয়। এই ৰক্ত গৰ্ভাশিয়ত একেলগ হয়। গভাশয়ৰ দুয়ো আৰু দুটা ডিম্ব গ্ৰহ থাকে। ইয়াত ডিম্ব বনে। ডিম্বৰ অৰ্থ অণ্ডা। এই ডিম্বৰ লগত যেতিয়া পুৰুষৰ শুক্ৰৰ মিলন হয় তেতিয়া গৰ্ভ বনে।

প্ৰত্যেক মাহ ডিম্ব-এলিৰ পৰা হৈ গৰ্ভাশয়ত গৈ পায়। যদি তাত ইয়াৰ ভেট শুক্ৰৰ পৰা হৈ যায় তেতিয়া গৰ্ভ বনে, নহলে এইটো ডিম্ব বেয়া হৈ যায়। গৰ্ভৰ তৈয়াৰৰ বাবে গৰ্ভাশিয়ত ৰক্ত একহৈ যায়। যদি গৰ্ভ বনে তোয়াহলে ঠীকেই, নহলে এইটো ৰক্তও বেয়া হৈ যায়। বেয়া ৰক্ত, বেয়া ডিম্বক লৈ শৰীৰৰ বাহিৰত আহি যায়। ৰক্তৰ এই ধৰণে বহি অহাক মাহেকীয়া ধৰ্ম বুলি কয়, যিটো মাহত তিনি-চাৰিটা দিনলৈকে থাকে।

প্ৰশ্ন ঃ মাহেকীয় ধৰ্ম কেতিয়াবা আৰম্ভ হয় ?

উত্তৰ ঃ মাহেকীয়া ধৰ্ম কিশোাৰস্হাত আৰম্ভ হয়। সাধাৰণতে এইটো বাৰ বছৰ পৰা ১৬ বছৰৰ বয়সত আৰম্ভ হয়।

প্ৰশ্ন ঃ মাহেকীয়া ধৰ্ম জীৱন ভৰলৈকে থাকে নেকি।

উত্তৰ ঃ নহয়, এইটো জীৱন-ভৰ নাথাকে। সাধাৰণতে এইটো ১০-

১২-১৪ বছৰ বয়সত আৰম্ভ হয় আৰু ৪৫-৫০ ৰ বয়সলৈকে চলি থাকে। ইয়াৰ বন্ধ হোৱাৰ অৰ্থ হল স্ত্ৰী মা বনিব নোৱাৰে।

প্ৰশ্ন ঃ মাহেকীয়া ধৰ্ম চলি থাকিলৈ অসুবিধা হয়নেকি ?

উত্তৰ ঃ মাহেকীয়া ধৰ্ম কোনো বেমাৰ নহয়। ইয়াত ৰক্ত দুখ পোৱাৰ কাৰণে নুলায়। সাধাৰণতে ছোৱালী বিষ নহয়। হয়, কিছুক্ষণ ছোৱালী বা স্ত্ৰীক ইয়াৰ সময়ত ককালত বিষ হয়।

প্ৰশ্ন ঃ স্বপ্নদোষ শৰীৰক কিমান লুকচান কৰায় ?

উত্তৰ ঃ সাধাৰণতে স্বপ্নদোষ শৰীৰক লকচান নকৰায়, এইটো প্ৰকৃতিৰ ক্ৰিয়া। স্বথ্য শৰীৰত এনেকুৱা হয়। ইয়াৰ বিষয়ত অধিক ভাবিব নালাগে, আৰু ভয় খাবলগায় কথা নহয়।

প্ৰশ্ন ঃ সমলৈংগকি মৈথুনত কি বেয়া ?

উত্তৰ ঃ লৰা-লৰা আৰু ছোৱালী-ছোৱালীৰ মাজত বন্ধুত্ব থকা স্বাভাৱিক। কিন্তু সম্ভোগৰ বাবে বিপৰীত লিংগৰ ব্যক্তিৰ বাবে মনত আকৰ্ষণ হোৱাতো স্বাভাৱিক। যদি কোনো এনেকুৱা নকৰে তেয়া সেইটো অসামান্য হয়।

প্ৰশ্ন ঃ হস্তমৈথুন কি হয় ?

উত্তৰ ঃ যেনেদৰে এই শব্দত পম পোৱা গৈছে যে, ষ্ইয়াৰ অৰ্থ হাতেৰে কৰা মৈথুন হয়। ইয়ৰ পৰা কোনো ধৰণৰ হানী নহয়। ইয়াৰ বাবে লিংগক মুঠীত ধৰা যায় আকৌ সুবীক আগ-পিছ কৰে ইয়াৰ দ্বাৰ লিংগ লাগি থকা চামৰা আগ-পিছ হয়। এই ক্ৰিয়াত চামৰা শিহন মুনডৰ তলৰ ভাগক ঘৰ্ষিত কৰে। সেইটে সেই ঠাই হয় যিটো চুলে লিংগ উত্তেজিত হৈ যায় আৰু কামৰ চৰম আনন্দ পায়।

প্ৰশ্ন ঃ হস্তমৈথুন বহুত লুকচান পোৱাই নেকি ? হস্তমৈথুন কৰা ব্যক্তিৰ চেহৰো নিস্তেজ হয় নেকি ? সেইটো বেলেগ ধনে কিয় থাকে ?

উত্তৰ ঃ হস্তমৈথুন বহুত লুকচান নকৰে কিন্তু মানসিক গ্ৰন্থিৰ আৱশ্যকতা সৃষ্টি কৰে। হস্তমৈথুন কৰা ব্যক্তিৰ নিস্তেজ চেহেৰা কাৰণ তেওঁৰ ভয় আৰু মনত লাগি থকা অপৰাধ ভাবনা। হস্তমৈথুন কৰা ব্যক্তিয়ে ভাবে যে তেওঁ যি কৰিছে, সেইটো অপ্ৰাকৃতিক, পাপ হয়, হানিকাৰক হয়। এই ভাৱনাৰে গ্ৰস্ত তেওঁ শাৰীৰিক ৰূপেৰে হীন হৈ যায়। বাস্তৱত হস্তথৈনুনক লৈ এই ধৰণৰ ভৰা আৰু বুজা ভুল হয়। হস্তমৈথুনক লৈ যিকোনো ধৰণে হীনভাৱনা আনিব নালাগে।

প্ৰশ্ন ঃ স্বপ্নদোষৰ পৰা বাচিব পৰা কি উপায় আছে ?

উত্তৰ ঃ সাধাৰণ ভোজন কৰিব লাগে। টেঙা জলা তেল, মচলাজাতীয় খোৱা বস্তুৰ পৰা বাচিব লাগে। ৰাতি সাধাৰণ পেটত শুব লাগে। ৰতি পুৰা চাৰিটা বাত বিচনা এৰিব লাগে। কামোত্তেজক সাহিত্য, ফিল্ম আৰু বাতাবৰণৰ পা কম সম্পৰ্ক ৰাখিব লাগে। সেইটো চিন্তিত হব নালাগে।

প্ৰশ্ন ঃ স্তনক স্ত্ৰীৰ চেক্স অংশ হিচাপে গণনা কৰেনেকি ?

উত্তৰ ঃ নিশ্চয় স্তন স্ত্ৰীৰ প্ৰমুখ চেক্স অংগ হয়। ৰতিৰ বাবে স্ত্ৰীক তৈয়াৰ কৰাৰ কাম স্তনৰ বাবে গুণ থাকে। স্তনৰ প্ৰথম কাম স্ত্ৰীত ৰতিৰ আকৰ্ষণ সৃষ্টি কৰা আৰু সেইটো ৰতিৰ বাবে তৈয়াৰ কৰা। সংসাৰত কোনো এনেকুৱা পুৰুষ নাই যি স্ত্ৰীৰ উৰোজ দেখি আকৰ্ষিত নহয়।

সকলো ৰূপত স্ত্ৰীৰ স্তন পুৰুষক আকৰ্ষিত কৰে। পুৰুষৰ হাতৰ স্পৰ্শ পোৱাত স্তনত, আৰু সম্পূৰ্ণ স্ত্ৰী-শৰীৰত উত্তেজতাৰ সংচাৰ হয়। চুচুকক বুলায় স্ত্ৰী উত্তেজিত হব ধৰে অৰ্থাৎ সম্ভোগৰ তৈয়াৰী আৰম্ভ কৰি দিয়ে।

প্ৰশ্ন ঃ স্তনক হেচিলে বা মোহৰিলে স্ত্ৰীৰ কষ্ট হয় নেকি ?

উত্তৰ ঃ এইটো সচা যে স্তনত পুৰুষত হাত স্পৰ্শ কৰিলে স্ত্ৰী মহ

হৈ যায়, এইটোও সচা যে উত্তেজিতৰ সময়ত স্ত্ৰীয়ে বিচাৰে যে তেওঁ উত্তেজক হেচা দিলে আকৌ অভদ্ৰ-কঠোৰ পীড়াদায়ক ধৰণে কুচমৰ্দন কৰা বা স্তনক আচুৰা-টনা স্ত্ৰীক দুখ পাব পাৰে–শাৰীৰিক অসুবিধাও আৰু ভাবনাত্মকো।

প্ৰশ্ন ঃ স্তনত নীলা, নীলা শিৰ কিয় হয় ?

উত্তৰ ঃ স্তনৰ ভিতৰত গ্ৰন্থি থাকে। এই গ্ৰন্থিলৈকে শৰীৰক ৰক্ত থাকে। ৰক্তক লৈ যোৱা আৰু লৈ আনিবৰ বাবে স্তনৰ ওপৰৰ ভাগত ধমনিয়া আৰু নাড়ি থাকে। এইটোৱেই নীলা ৰঙৰ ৰূপত দেখে।

প্ৰশ্ন ঃ পোৱালী জন্ম হোৱাৰ কিমান সময়ৰ পাছত স্তনত গাখীৰ আহি যায় ?

উত্তৰ ঃ গৰ্ভাবস্থাৰ লগতে স্তন বাঢ়িব ধৰে আৰু গৰ্ভৰ তৃতীয় মাহত অলপ হালধীয়া ৰঙৰ দৰে পদাৰ্থ আহি যায় যাক কোলেস্ট্ৰম বুলি কয়। এইটো গাখীৰ পাতল হয়।

শিশুৰ জন্মৰ দুই-তিনি দিনত পাছলৈকে এই ওলাই থাকে। আকৌ আচানক স্তন গধুৰ হয় আৰু ভৰিা যায়। লগতে এইটো তৰল পদাৰ্থ সলনি হৈ গাখীৰ বনি যায়।

প্ৰশ্ন ঃ শিশুক স্তনৰ পৰা গাখীৰ খোৱালে স্তনৰ ৰূপ বেয়া হৈ যায় নেকি ?

উত্তৰ ঃ স্তনপান এটা বহুত সহজ ক্ৰিয়া হয়। ইয়াত স্ত্ৰীক শাৰীৰিক বিকাশত সহায় পায়। যেতিয়া শিশু মাৰ স্তনেৰে গাখীৰ খাই, তেতিয়া স্তনৰ স্নায়ু দ্ৰুতগতিত মৰহে আৰু এই মৰহন স্তনক স্বাভাবিক ৰূপত লৈ যায়।

প্ৰশ্ন ঃ শিশুক স্তনৰ গাখীৰেই দিব লাগেনেকি ?

উত্তৰ ঃ হয়, সৰ্বোত্তম এইটোৱেই হয়। যদি মাক অস্বস্থ নহয় আৰু তেওঁৰ স্তনত গাখীৰ আহিছে। স্তনপানৰ সময়ত গাখীৰ অহাৰ

পূৰ্ব, স্তনৰ পৰা এনেকুৱা এটা তৰল পদাৰ্থ বৈ যায় যিটো শিশুক কিছুমান ৰোগৰ পৰা বচায় স্তনপান কৰা শিশুৰ পেট সিমান বেয় নহয় যিমান ওপৰৰ গাখীৰৰ যোগে শিশুৰ হৈ থাকে। স্তনৰ গাখৰৰ এটা কিশেষতা এইটোও হয় যে তেওঁ সদায় সতেজ হয়। ইয়াৰ পৰা এইটো খাবলগীয়া শিশুৰ পেটত কোনো কীটাপুৰ যোৱাৰ আশংকা নাথাকে।

প্ৰশ্ন ঃ কেতিয়াবা-কেতিয়াবা স্তনৰ চুচুক (নিস্পল) ৰপৰা তেজ ওলাই আহে। এইটো বেমাৰ নেকি ?

উত্তৰ ঃ গৰ্ভাবস্হাৰ অন্তিম দিনত এনেকুৱা কেতিয়াবা-কেতিয়াবা হৈ যায়। কেতিয়াবা-কেতিয়াবা স্তনপান কৰোৱা মাতৃকো স্তনপানৰ আৰম্ভ দিনৰ পৰা এনেকুৱা হৈ যায়। কিন্তু এইটো কোনো ৰোগৰ লক্ষণ নহয়। ইয়াৰ পৰা কেৱল এইটো গম পাই যে তাত তেজৰ চাপ্লাই বাঢ়ি গৈছে।

প্ৰশ্ন ঃ বিৰ্য্য কি হয় ?

উত্তৰ ঃ বীৰ্য্য এটা আঠা জাতীয় তৰল পদাৰ্থ হয় যিটো পুৰুষৰ আন্তৰিক জনন-অংগত তৈয়াৰ হয়। লিংগস্খলত এইটো পদাৰ্থ বাহিৰত ওলাই আহে। ইয়াত বৈ আহি শুক্ৰাণু বাহিৰ আহে। এই তৰল পদাৰ্থ কোনো স্ৰাৱ আৰু বস্তৰ লগত মিলি বনে।

প্ৰশ্ন ঃ যদি বীৰ্য্যক শৰীৰৰ বহিৰত ওলাই লাহে, তেতিয়া কি হব ?

উত্তৰ ঃ এইটো এটা এ নেকুৱা প্ৰশ্ন হয়, যিটো লৈ পূৰ্বৰ পৰা মানৰ অসুবিধাত পৰিছে। বীৰ্য্যক পুৰুষৰ সত, চৰম তত্ত্ব, পৰম উৰ্জা, শক্তিৰ ৰূপ আদি বুলি কেৱা যায়। মানুহৰ এই বিচাৰ আছে যে বীৰ্য্য ৰক্ষাৰে শৰীৰ যৌবন বনি থাকে।

ডাঃ হেন্না স্টোন আৰু ডাঃ আব্ৰহম স্টোনে নিজীৰ কিতাপ 'মেৰিজ মেনুয়েল'ত এটা সঠিক উদাহৰণ দিছে। সেইটো জানি লোৱাতো প্ৰাসংগিক হব। পাছৰ বিয়াৰ মধ্যত অনিতা কমুনিটীত কিছুমান মানুহ এইটো পৰিণাম কৰিছে যে সেইটো স্খলন হব নিদিয়ে। এনেকুৱা তেওঁ এইটো ভাৱনাত কৰিছে যে সম্ভোগৰ পাছত গৰ্ভ ধাৰণৰ কস্ট নাহিব আৰু

তেওঁৰ শৰীৰত বীৰ্য্যৰ বচি থাকিলে তেওঁৰ শাৰীৰিক উৰ্জা বচী থাকিব। সেই মানুহৰ প্ৰয়োগ বহুত দিনলৈকে চলিছে। কিন্তু দুৰ্ভাগ্যবশত ইয়াৰ প্ৰয়োগৰ পাছত কোনোৱে এই অধ্যয়ন কৰা নাই যে বীৰ্য্য বচালে তেওঁক কি কি লাভ হৈছে। স্হৈকাৰণে এই বিষয়ত কিবা কোৱাতো কঠিন। আধুনিক ডাক্টৰৰ বিচাৰ পৰা বীৰ্য্যক খৰচ কৰিলে শৰীৰত কোনো ধৰণৰ লুকচান নাপায়।

প্ৰশ্ন ঃ যদি বহুত দিনলৈকে সম্ভোগ নকৰে তেতিয়া শুক্ৰাণু অধিক সশক্ত হয়নেকি ?

উত্তৰ ঃ বহুত দিনলৈকে সম্ভোগৰ পৰা বাচি থকা লোগ প্ৰথমে স্থলনত যিটো বীৰ্য্য ওলাই, তেওঁৰ শুক্ৰাণু কমজোৰ হয় আৰু মাজেমাজে সামান্য ৰূপেৰে সম্ভোগ কৰোতে মানুহৰ বীৰ্য্যৰ শুক্ৰাণু অধিক সক্ৰিম আৰু সশক্ত হয়। ইয়াৰ পৰা এইটো প্ৰমাণিত হয় যে শুক্ৰাণু নলিত কমজোৰ হৈ যায়।

প্ৰশ্ন ঃ বীৰ্য্য স্থলনৰ পৰা কমজোৰ আহি যায় নেকি ?

উত্তৰ ঃ নহয়, এনেকুৱা কোনো কথা নাই। বীৰ্য্যৰ শৰীৰৰ পৰা বাহিৰ ওলাই অহাত যি কোনো প্ৰকাৰে কমজোৰ নহয়, নাইবা শৰীৰৰ কোনো ভাগ বা অংগ বিকৃত নহয়। সচা কথাটো হল যে বীৰ্য্যপাতৰ পৰা শৰীৰত সুখানুভূতি হয় যিটো নিজে নিজে মনোবৈজ্ঞানিক প্ৰভাৱ ভালে আৰু ইয়াৰ পৰা আননদ বৃদ্ধি পায়, কুণ্ঠা সক্ৰিয় হৈ উঠে। ইয়াত এইটো কোৱাতো আৱশ্যক লাগে যে আমি সম্ভোগৰ দ্বাৰা হোৱা বীৰ্য্যপাতৰ কথা কোৱা নাই। বীৰ্য্য-স্খলন যিকোনো প্ৰকাৰৰ হয় সেইটো কোনো কমজোৰী নাহে।

প্ৰশ্ন ঃ জনেন্দ্িয়ৰ ওচৰ-পাজৰ ব্যক্তিৰ ভালদৰে চাফা কৰিব লাগেনে অথবা নালাগে ?

উত্তৰ ঃ ভাৰতত যি মানুহৰ ওচৰত নিজৰ উস্তৰা থাকে, সিহঁতে এই স্হানৰ চুলিক প্ৰায় চাফা কৰে। ইয়াৰ দ্বাৰা তাৰ জিলিকা সুন্দৰ চেহেৰা সম্ভোগৰ পূৰ্ব সম্ভোগৰ লগৰীয়াক উত্তেজিত কৰে।

প্ৰশ্ন ঃ জ্ঞানেন্দ্ৰিয়ৰ চুলিও ওকণি পৰি পাৰেনেকী ?

উত্তৰ ঃ লেতেৰাৰ পৰাসকলো হব পাৰে। যি মানুহে এই চুলিক পানীৰে ধুই চাফা নকৰে, তেওঁ এই চুলিত জুঁউত্তকণি পৰি যায়। সেইটো থকাৰ কাৰণে খজতি হয়। এই জুঁৰ সামান্য দৃষ্টিৰ দেখা যায়। এইটো দেখাত সৰু আৰু পাতল হয়।

প্ৰশ্ন ঃ সম্ভোগৰ পাছত কেতয়িাবা-কেতিয়াবা লিংগত জলা-পুৰা কৰে। ইয়াৰ পৰা ভাল হবলৈ কি কৰিব লাগে ?

উত্তৰ ঃ সম্ভোগ কৰাৰ পাছত 28 ঘন্টাৰ ভিতৰত কেতিয়া, কেতিয়াবা লিংগ মুনিওকা শুকাহি যায় আৰু তাত খজতিৰ লগতে জলা-পুৰা কৰে, কেতিয়াবা কেতিয়াবা লিংগৰ তলৰ ভাগত হয়, সেই ঠাইত চামৰাৰে লিংগ মুণ্ডৰে জড়িত থাকে। এইটো সুজন প্ৰায়ঃ সম্ভোগ ঘৰ্ষণৰ কাৰণ হৈ যায়। ইয়াৰ পৰা বাচিবৰ বাবে সম্ভোগৰ পূৰ্ব তেলৰ দৰে তৰল পদাৰ্থৰ আনবি লাগে। ইয়াৰ দ্বাৰা ঘৰ্ষণ সৰল হৈ যায়। জিলিকনিৰ বাবে মিঠা তেল, ক্ৰীম, ভেচেলীন বা লুব্ৰিকেটিং, জেলীৰ ব্যৱহাৰ ভাল হয়। কিছুমানে মুখৰ থু প্ৰয়োগ কৰি ভাল পায়।

প্ৰশ্ন ঃ চুম্বন কৰিলে কিবা ৰেমাৰ হব পাৰেনেকি ?

উত্তৰ ঃ হয়, যদি দুটা ব্যক্তিৰ কোনোবা এজনৰ এনেকুৱা আছে যিটো স্পৰ্শৰে বিয়পে, তেতিয়া দ্বিতীয় ব্যক্তিলৈ বিয়পিব পৰে। কাঁহ, দাঁতৰ বেমাৰ, জিভাৰ বেমাৰ আদি এই ধৰণেৰে দ্বিতীয় ব্যক্তিৰ বেমাৰ হব পাৰে, কোনো ডাঙৰ বেমাৰো হুসা আৰু বা থুৰ দ্বাৰা এটা ব্যক্তিৰ আনএজন ব্যক্তিক ধৰিব পাৰে।

প্ৰশ্ন ঃ জীৱনত চেক্সৰ মহত্ব কি ?

উত্তৰ ঃ জন্ম পা লৈ মৃত্যুলৈকে প্ৰত্যেক মনুষ্য দুটা প্ৰবৃত্তিৰে বান্ধ হৈ থাকে। এটা ভোজনৰ ভূমেৰে আৰু দ্বিতীয় চেক্সৰো ভুখেৰে। এই দুইটাৰে বচাৰ কোনা ৰাস্তা।

চেক্সৰ প্ৰবৃত্তি বা ভাৱনা কোনো এনেকুৱা বস্তু নাই যাৰ দ্বাৰা মনুষ্য আৱিস্কৃত কৰিছে। এইটো আমাৰ উপৰ প্ৰকৃতিয়ে ৰাখি থৈছে।

প্ৰকৃতি এনেকুৱা জানি বুজি কৰিছে যাতে মানৱ সমাজ চালি থাকিব। সেইকাৰণে চেক্সক প্ৰকৃতিয়ে সকলোতকৈ আনন্দদায়ক চাপত বনাইছে। সম্ভৱতঃ চেক্সৰ আনন্দতকৈ আৰু কোনো আনন্দ নাই। চেক্স সম্বন্ধতকৈ ডাঙৰ সন্তুষদায়ী আৰু কোনো সম্বন্ধ বহুত কমেই আছে। বিনা চেক্সৰ যিকোনো স্ত্ৰী বা পুৰুষ জীৱন পূৰ্ণ নহয়।

প্ৰশ্ন ঃ চেক্স তৃপ্তি সীমা কʼলৈ আছে ?

উত্তৰ ঃ চেক্স-তৃপ্তিৰ দুটা উদ্দেশ্য আছে ঃ বংশ চলোৱা আৰু প্ৰেম ভাৱনাৰ অভিব্যক্তি। বংশ চলবৰ বাকে যিটো চেক্স ক্ৰিয়া কৰা যায় সেইটো বহুত কম সময় লয়। কোনো ব্যক্তিৰ চেক্স-জীৱন সাত হাজাৰ ঘন্টা থাকে, কেৱল মাত্ৰ জননৰ উদ্দেশ্য থকা ক্ৰিয়া ইয়াৰ পৰা কেৱল দশ ঘন্টা পায়। কোৱাৰ তাৎপৰ্য্য এইটোৱেই যে শেষ সময়ত প্ৰেম-ভাৱনাৰ অভিব্যক্তিক কোৱা যায়।

প্ৰশ্ন ঃ সৰু লিংগ থকা পুৰুষ স্ত্ৰীক কাম-সুখ দিব নোৱাৰেনেকি ?

উত্তৰ ঃ নহয়, এ নেকুৱা নহয়। সম্ভোগৰ বাবে প্ৰস্তুত যোনিত যিয়েটা পেশীয় প্ৰতিক্ৰিয়া থাকে সেইটো অনুসাৰে যোনিৰ বাধা আৰু বিশেষক গৰ্ভমুখিকা বাহিৰত আহি যাবৰ বাবে চেস্টা কৰিব ধৰে। লিংগ যোনিৰ সম্মিলিত লিংগ যিমনা আগ বাঢ়ে যোনিৰ গৰ্ভমুখিকাও সিমানেই আগত অহাৰ তৎপৰ হব ধৰে। এনেকুৱা দশাও কেতিয়াবা-কেতিয়াবা যদি লিংগ বাহিত আহি যায় আৰু কেৱল শিহন মুণ্ড যোনিত অসুবিধা পেলই তেতিয়াও স্ত্ৰীক চৰম-সুখ প্ৰাপ্ত হৈ যায়। অনেক স্ত্ৰীক কামোত্তোজনাৰ সময় শিহনৰ অত্যাধিক প্ৰৱেশ কষ্ট পৰদান কৰিব ধৰে। বস্তুতঃ স্ত্ৰীক সম্ভগৰ সময়ত লিগৰ যোনিৰ বাধাৰে ঘৰ্ষণ কৰ যিমান ভাল লাগে। সিমানেই ভাগনাসাৰ ঘৰ্ষণ কৰে। ভগনাসা যোনৰি বাহিৰত যাত আৰ, যোনিৰ সামান্য গভীতা 31/2 ইঞ্চি হয়। এই ৰণে সম্ভোগৰ প্ৰাৰম্ভিক অৱস্থাৰ সময়ত 31/2 ইঞ্চিলৈকে যোনি-প্ৰৱেশ পৰ্যাপত থাকে। ইয়াৰ পৰা অধিক লিংগ প্ৰৱেশ সামান্য স্হিতিত কস্ট পায়। কিন্তু কামৰ পূৰ্ণ উত্তেজনতা যোনিৰ লচীলোণৰ

কাৰণ স্ত্ৰী সেই কষ্টকো সহ্য কৰে আৰু পুৰুষে ভাৱে যে স্ত্ৰীক বহুত দীঘল শিহনৰ আৱশ্যকতা হয়।

প্ৰশ্ন ঃ প্ৰাৰম্ভিক গৰ্ভবস্হাও সম্ভোগ কৰিব পাৰে নেকি?

উত্তৰ ঃ হয়, কাৰণ নহয়। আগতে এইটো মানিছিল যে গৰ্ভিণী স্ত্ৰীৰ লগত সম্ভোগ কৰিব নালাগে। কিন্তু এতিয়া এনেকুৱা মনাৰ কোনো কাৰণ নাপায়। হয়, যদি প্ৰথমে কেতিয়াবা গৰ্ভপাত হৈছে, তেতিয়া প্ৰাৰম্ভিক মাহত সম্ভোগৰ পৰা বাচিব লাগে।

প্ৰশ্ন ঃ গৰ্ভাবস্হাৰ শেষৰ দিনত সম্ভোগ কৰাতো সুনিশ্চিত নেকি?

উত্তৰ ঃ আজিকালি ডাক্টৰ এই বিচাৰধাৰাৰ হয় যে যদি গৰ্ভাবস্হা সামান্য হয়, তেতিয়া সম্ভোগ ক্ৰিয়া অন্তিম দেৰ-হুইমাহক এৰি চলাব পাৰি। অন্তিম ছয়ঃ বা আঠ সপ্তাহত এইটো আশংকা থাকে যে হেচাৰ কাৰেণ প্ৰসৱপীড়ী আৰম্ভ হোৱা নাই। লগতে আশংকাও থাকে যে সম্ভোগৰ দ্বাৰা কোনো ৰোগাণু যোনি অথবা গৰ্ভাশয়ত নাপায়। কিছুমান ডাক্টৰৰমতে যে গৰ্ভিণীৰ লগত সম্ভোগ কাৰ সময়ত লিংগক গভীৰতালৈকে প্ৰৱেশ কৰিব নালাগে অন্যথা ইয়াৰ পৰা গভাশয়ত দুখ পাব।

প্ৰশ্ন ঃ এইটো সম্ভৱনেকি যে কৌমাৰ্য্যত জিলী থাকোতেও বীৰ্য্য বা শুক্ৰাণু যোনী লৈকে পাইনেকি?

উত্তৰ ঃ হয়, কৌমাৰ্য্য জিলীত এটা পাতল-ছেদ হয় যাৰ দ্বাৰা মাহেকীয়া ধৰ্মৰ সময় সদায় উলায়। যদি যোনিৰ মুখৰ সমীপ বীৰ্য্য স্খলন হয় তেতিয়া এইটো হব পাৰে যে বীৰ্য্যৰ কিছুমান টুপল বা কিছুমান শুক্ৰাণু যোনিৰ ভীতৰত প্ৰৱেশ কৰি যায়।

প্ৰশ্ন ঃ বিনা সম্ভোগেৰে গৰ্ভ থাকিব পাৰেনেকি?

উত্তৰ ঃ আপুনি জানে যে গৰ্ভ ধাৰণ কৰিবৰ বাবে শুক্ৰাণু আৰু ডিম্বৰ মিলন দৰকাৰ হয়। ইয়াৰ বাবে সম্ভোগ আৱশ্যক হয়। সম্ভোগ পূৰ্ণও হব পাৰে আৰু অপূৰ্ণও। দুটা দশাত গৰ্ভ-ধাৰণ হব

পাৰে।

প্ৰশ্ন ঃ বলাৎকাৰৰ অৰ্থ কি?

উত্তৰ ঃ যেনেদৰে শব্দৰে জনা যায়, ইয়াৰ অৰ্থ হল যে কোনো স্ত্ৰী বা ছোৱালীৰ লগত বিনা ইচ্ছাৰে সম্ভোগ কৰা।

প্ৰশ্ন ঃ কোনো স্ত্ৰী বা ছোৱালীৰ লগত বিনা ইচ্ছাৰে সম্ভোগ কৰিব পাৰিনেকি?

উত্তৰ ঃ সেদ্ধান্তিক ৰূপেৰে এনেকছা সম্ভৱ নহয়। কিন্তু 'বিনা ইচ্ছা' মানে কি হল, এইটো ভাবিব লাগিব। 'বিনা ইচ্ছা' ও অনেক প্ৰকাৰে কৰা যাব পাৰে...আগত কিছু কোৱাৰ আগতে বালজাকৰ এটা কাহিনী শুনাওঁ।

কোনো চহৰত এজন কাজী আছিল। এাৰ তেওঁৰ ওচৰত এজনী তিৰোতা কান্দি আহিছিল। কৈছিল, 'হজুৰ, মোৰ লগত বেআইন হৈছে। পলাই মোৰ লগত বেয়া কাৰ্য্য কৰিছে আৰু মোৰ ইজ্জত লুটিছে।

কাজী উঠি ঘৰত গৈছিল আৰু এটা বেজি-গুলি লৈ আহে। কয় 'মই এই কেবজিটোক ধৰিছে। তুমি ইয়াত গুলি ভৰোৱা।'

স্ত্ৰীয়ে গুলি লৈছে আৰু সেইটোৰ আগতো চিধা আৰু পোন কৰি ললে। আকৌ তেওঁ কাজীৰ লগত বেজিত গুলি ভৰোৱাৰ চেষ্টা কৰে। কিন্তু তেওঁ সফল নহল, কাৰণ যেনেদৰে গলি বেজিৰ চকুত যাব ধৰে। কাজিৰ হাল হিলি যায়। তিৰোতাই বহুত চেষ্টা কৰে, কিন্তু সফল নহল। তেতিয়া কাজী ৰখি যায় আু পৰিণাম দি কলে যে 'কোৱা এতিয়া কাঢ়ি লোৱা· কোনটোক কয়, মই বিচাৰিও তুমি ছেদত গুলি ভৰাব পাৰিলোনেকি?'

তিৰোতাই বেজি কাজৰ হাতৰ লৈ লয় কলে, 'ক্ষমা কৰিব। চৰকাৰ, এতিয়া আপুনি গুলি ভৰাওক।'

কাজীয়ে গুলি ভৰোৱাৰ চেষ্টা কৰে। কিন্তু স্ত্ৰী বেছিক অলপ হিলাই দিয়ে। ইয়াৰ পৰা গুলি ছেদত গৈ নাপায়। কাজী হাঁহি হাঁহি গুলি ভৰোৱাৰ চেষ্টা কৰি থাকে তেওঁৰ চেহেৰাৰ পৰা এনে লাগিছিল যে যেনে সুধিছে যে বলপূৰ্বক কি হয়?

তেতিয়া অচানক তিৰেতাক এই ক্ষণত ৰখালে আৰু কলে, অহ মই ভাগৰি গৈছে ক্ষণ-ভৰৰ বাবে হাত হিলোৱা ৰখালে গুলি বেজিত গুচি গৈছিল। তিৰোতাই কলে; 'হজুৰ, এইটোকে কাঢ়ি লোৱা বুলি কয়।'

তেতিয়াহলে যেনেদৰে এই কাহদীৰ পা ধ্বনিত হৈছে যদি কোনো পুৰুষ বেয়া ধৰণে বলপ্ৰয়োগ কৰে আৰু ইমান দেৰিলেকে কৰে স্ত্ৰী হাৰি যায় আৰু পুৰুষ তেওঁক সম্ভোগ কৰি লয় তেওঁ সেইটোক বলাৎকাৰ বুলি কয়। ইয়াৰ লগতে এইটা কথাও যে যদি কোনো ছোৱালীক ভয় কৰি, ফুচুলাই, চালবাজী কৰি, কোনো প্ৰকাৰেৰে স্ত্ৰীৰ অনিচছাত তেওঁৰ লগত বিনা ইচ্ছাৰে মৈথুন কৰে, তেতিয়া সেইটো আইনমতে বলাৎকাৰেই আইনৰ অনুসাৰে আৰু এটা কথা হল সৰু ছোৱালী মৈথুনৰ বাবে অনুমতি দিব নোৱাৰে এনেকুৱা মনা যায়। তেতিয়া এই ধৰণে আৱশ্যকীয় ছোৱালীৰ লগত কৰা সম্ভোগ 'বে আইনী মৈথুন' বুলি কয় যিটো বলাৎকাৰৰ শ্ৰেণীত আহে আৰু অপৰাধ হয়।

প্ৰশ্ন ঃ এইটো সম্ভৱনে যে স্ত্ৰীক পূৰ্ণ তৃপ্তি নাপালে আকৌ তেওঁ গৰ্ভৱতী হব নেকি ?

উত্তৰ ঃ হয়, এইটো সম্ভৱ। এইটোও কব লাগে যে এনেকুৱা প্ৰায়ঃই হয় যায়। সম্ভোগত তৃপ্তি বা অতৃপ্তি বা পূৰ্ণ তৃপ্তি পোৱাতে একে কথা। আৰু গৰ্ভৰ নিৰ্মাণ দ্বিতীয় কথা তৃপ্তিৰ সম্বন্ধ শাৰীৰিক সংমিশ্ৰণেৰে আৰু গৰ্ভৰ শুক্ৰ তথা ডিম্বৰ মিলনত হয় অনেক স্ত্ৰী গৰ্ভ-ধাৰণ কাত অযোগ্য হয়, তাৰ বাদেও সেইটোৰ সম্ভোগত চৰ সুখ পায়। এই ধৰণে অনেক পুৰুষ অনেক পুৰুষৰ বীৰ্য্যত শুক্ৰ নাথাকে আকৌ সিহঁতে পূৰ্ণ তৃপ্তি প্ৰাপ্ত কৰে আৰু নিজৰ সংগিনীকো পূৰ্ণ তৃপ্তি প্ৰদানকৰি লয়। গৰ্ভ-ধাৰণৰ বাবে শুক্ৰক ডিম্বলৈকে পোৱাব লগীয়া হয়। পাৰিলে ইয়াৰ বাবে সম্ভোগো নকৰে। সেইকাৰণে কেতিয়াবা-কেতিয়াবা এইটোও শুনা যায় যে কেনো সম্ভোগৰতা স্ত্ৰীৰ সেই বস্ত্ৰ যত বীৰ্য্য লাগি থাকে, পিন্ধি লোৱাত কোনো এনেকুৱা দ্বিতীয় স্ত্ৰীৰো গৰ্ভ থাকি গৈছে যিটো সম্ভোগত ৰত হোৱা নাই।

ইয়ালৈকে কব পৰি যে প্ৰকৃতিয়ে স্ত্ৰীৰ লগত অলপ বেছি দোষ

দিছে। সেইটে এই ধৰণ পুৰুষ বিন সুখ পায় স্খলিত হব নোৱাৰে আৰু এই ধৰণে তেওঁ বিনা সুখৰ অনুভৱ কৰা সন্তানৰ বীজাৰোপন কৰিব নোৱাৰে যতনেকি স্ত্রীয়ে সম্ভোগৰ চৰম আনন্দ পোৱাৰ বিনা সন্তান ধাৰণ কৰিব পাৰে। ইয়াৰ পৰা এনেকুৱা লাগি যায় যে সম্ভোগ সুখ পুৰুষৰ ভাগ্যতেহে লিখা আছে। স্ত্রীক পালে পাব অন্যথা তেওঁলোক অভাৱতে থাকে। কিন্তু ঠীক এনেকুৱা নহয়। নিশ্চয় স্ত্রীকো সম্ভোগ পোৱাৰ আনন্দ সিমানে অধিকাৰী যিমান পুৰুষৰ। বাস্তৱত সম্ভোগ ক্রিয়াৰ কৌশলক শিকি আৰু কোনো শাৰীৰিক ৰোগ হেৱাত ডাক্টৰৰ সহায়তা সেইটো দুৰ কৰি স্ত্রী সম্ভোগৰ চৰম আনন্দক পাব পাৰি। যতনেকি কব লাগে যে তেওঁৰ চৰম আনন্দ পোৱাতো সত্য অৰ্থত পুৃষৰ বাবে চৰম আনন্দ হয়।

প্রশ্ন ঃ বেশ্যাৰ লগত সম্ভোগ কৰিলে বেয়া কি ?

উত্তৰ ঃ হয় বেশ্যাৰ লগত সম্ভোগ কৰাত এই কথাৰ ভয় সমানে থাকে যে কোনো ৰতি ৰোগ নহয়। সেই কাৰণে ভাল এইটোৱেই যে বেশ্যাৰ লগত সম্ভোগ কৰাৰ পৰা বচিব লাগে।

প্রশ্ন ঃ যদি কোনো বেশ্যাৰ ৰতি-গতি নহয় তেতিয়া তেওঁৰ লগত সম্ভোগ কৰি পাৰি নেকি ?

উত্তৰ ঃ ৰতি-গতিত বচাৰ দৃস্টিৰে তেওঁৰ লগত সম্ভোগ কৰিব পাৰি। কিন্তু কোনো দৃস্টিৰ পৰা বেশ্যাৰ লগত সম্ভোগ কৰাটো হস্তমৈথুনৰ দৰেই হয়। সম্ভোগৰ উদ্দেশ্য কেৱল বীৰ্য্যপাতেই নহয়। সম্ভোগৰ বাবে দুটাৰ লগত শাৰীৰিক আৰ, মানসিক বাপেৰে তৈয়াৰ হয় লাগে। ভাৱনাত্মক তাদাত্ময়ক থাকোতই সম্ভোগ ক্রিয়া পূৰ্ণ আৰু সন্তোষপ্রদ হয়। তেওঁ শাৰীৰিক আৰু মানসিক ৰূপৰেও পুৰুষৰ লগত তিনিটা কথাই নাথাকে। কেশ্যাৰ ফালে কোনো ভাবনাত্মক নাথাকে। তেওঁ শাৰীৰিক আৰু মানসিক ৰূপেৰেও পুৰুষও লগত দিব নোৱাৰে। পুৰুষক সম্ভোগৰ আনন্দ তেতিয়া পায় যেতিয়া তেওঁ বুজে যে তেওঁৰ মাধ্যমেৰে স্ত্রী সন্তুস্ট হয়। বেশ্যা কেতয়াবা কেতিয়াবা নিজৰ ৰতিসুখৰ বাবে সম্ভোগ নকৰে। তেওঁ পইচাৰ বাবে এই কামত লাগে। এই

কাৰণে গ্ৰাহক সমানে লাগি থাকে যে তওঁ এইটো সুখ পইচাৰে কিনিছে, নিজৰ পুৰুষৰ লগত নহয়। ইয়াৰ পৰা পুৰুষ গ্ৰাহকক ভাবনাত্মক সন্তুষ্টি নাপায়। শাৰীৰিক সুখো বেশ্যাই দিব নোৱাৰে, কাৰণ তেওঁ সম্ভোগত সমান ভাগ নলয়। তেওঁ মৰা মনুহৰ দৰে শুই থাকে, পুৰুষ যিটো বিচাৰে সেইটো কৰি বেলেগ হৈ যায়।

প্ৰশ্ন ঃ বিয়াৰ প্ৰাৰম্ভিক দিনত যি গভীৰতাৰে প্ৰেম জাগে, সেইটো দিনক দিনে কম কি হয়?

উত্তৰ ঃ ইয়াৰ চীধা কাৰণ এইটোৱেই যে প্ৰাৰম্ভত দম্পত্তিক কৌতুহল হয় আৰু শৰীৰত অধিক ৰুচি লয় আৰু অধিকৰ পৰা অধিক শাৰীৰিক মিলনৰ চেষ্টা কৰে। আকৌ লাহে-লাহে যি-যি শাৰীৰিক উত্তল কম হয়, এৰিব ধৰে।

প্ৰশ্ন ঃ বিবাহিত জীৱনক সফল বনাবৰ বাবে গিৰিয়েক পত্নীক কি কথাৰ ধ্যান ৰাখিব লাগে?

উত্তৰ ঃ বিবাহিত জীৱনত পূৰ্ণ সুখ আৰু সন্তুষ পাৰৰ বাবে গিৰিয়েক পত্নী যদি নিম্নলিখিক নুক্তৰ ধ্যানত ৰাখ থাকে তেতিয়া কোনো শক্তি নাই যে সেইটোক অভীষ্টত অসুবিধা সৃষ্টি কৰিব পাৰে–

- নিজকে ভালদৰে বুজা।
- নিজৰ জীৱ-লগৰীয়াৰ মহত্ব বুজা আৰু তেওঁৰ ভাল গুণ গোৱা।
- মনত ৰাখক যে বিবাহিতৰ লগত জৰিত থকা শৰীৰত এটা প্ৰাণ থাকে।
- শাৰীৰিক প্ৰেমৰ কলা শিকা।
- ভাল পিতৃ-মাতৃ বনাৰ তৈয়াৰী কৰা।
- নিজৰ পৰিবাৰক সুবুদ্ধিৰ পৰ নয়োজি কৰ।
- বিবাহিত জীৱনত সহনশীলতা অত্যন্ত মহত্বপূৰ্ণ নুস্খা হয়।
- বিবাহক এটা গছৰ পুলিৰ দৰে মুচক।
- যদি আৱশ্যক হয় তেওঁ সঠিক ব্যক্তিৰ পৰাপামৰ্শ লওক।
- নিজৰ জীৱ-লগৰীৰ পৰা যিটো বস্তুৰ আশা কৰে সেইটো আশা তোমাৰ জীৱন-লগৰীঁও তোমাক কৰে

- এজনে ইজনৰ আৱশ্যকতা আৰু ভাবনাক গুঁণ গোৱা।
- ক্ষমা কৰা শিকক যাতে বেলেগেও তোমাক ক্ষমা কৰি পাৰে।
- শসন কৰাৰ চেস্টা নকৰিব।
- তিৰস্কাৰ কৰাৰ চেস্টা নকৰিব।
- জীৱন লগৰীৰ কমজোৰী হাঁহিৰে নুৰাব।
- লগীয়াৰ প্ৰতি বিশ্বাসেৰে থাকক যাত তেওঁ তোমাৰ প্ৰতি বিশ্বাস থাকিব।
- নিজৰ সুখ-দুখ দুটাৰ লগতে বিলোৱা শিকক।

প্ৰশ্ন ঃ গৰ্ভ নিৰোধক বস্তুৰ সৰ্বশ্ৰেস্থ কোনোটো ?

উত্তৰ ঃ সচা কথা এইটোৱেই যে সামগ্ৰীৰ নিজৰ-নিজৰ ভাল আছে। ব্যৱহাৰ কৰিব লগিয়া মানুহে জানি যায়। কোনো-কোনোয়ে কনডম (টোপ) বা ফ্ৰেঞ্চ (পদাৰ)ৰ পৰা অশান্তি পায় অনেক লোগ এনেকুৱা পায় যিটো ইয়াক পচন্দ কৰে। কিছুমান স্ত্ৰীক টেবলতে (অলে পিলচ) খাই সুবিধাজন লাগে তেতিয়া বহুতে ইয়াৰ পৰা বাহিৰত থাকে। কোৱাৰ মানে এইটোৱেই যে এইটো উপভোক্তাৰ সুবিধা আৰু ৰুচিৰ ওপৰত নিৰ্ভৰ কৰে যে তেওঁ কোনটো বিধিক সৰ্বোত্তম বুলি ভাবে।

প্ৰশ্ন ঃ কনডমৰ প্ৰয়োগত সম্ভোগৰ আনন্দ কম হয় এইটো কথা সত্য নেকি ?

উত্তৰ ঃ একদম সত্য নহয়। সত্য এইটোৱেই যে ইয়াৰ প্ৰয়োগৰ পৰা ব্যক্তি সুৰক্ষিত অনুভৱ কৰে আৰু ফলস্বৰূপ 'গৰ্ভ থাকি যোৱাৰ ভয়'ৰ পৰা মুক্ত হৈ নিৰ্দ্ধন্ধ সম্ভোগ কৰে। লিংগত ইয়া ঠিয় হেৱাত যত লিংৰ সংবেদনশীলতা কিছুমান কম হৈ যাব তাত এই কাৰণে পুৰুষ স্খলন জল্দী নহয়। বিনা কণ্ডমৰ বিমান স্তৰ্ম্ভন হয়, কনডমৰ লগত সেইটো অধিক হয়। সেইকাৰণে এই পুৰুষক প্ৰিয় হয়। স্ত্ৰীও ইয়াত সুখী থাকে কাৰণ তেওঁ সম্ভোগৰ পাছত উঠি গা ধোৱা ঘত গৈ চাফা কৰিব লগীয়া নহয়।

প্ৰশ্ন ঃ শীঘ্ৰপত মানে কি ?

উত্তৰ ঃ শীঘ্ৰপতন চেক্সৰ এটা এনেকুৱা সমস্যা যাৰ সম্বন্ধ পুৰুষৰ

লগত থাকে।

শীঘ্ৰপতন মানে পুৰুষ শীঘ্ৰে তথা স্ত্ৰীৰ যৌন-সুখ প্ৰাপ্ত কৰাৰ আগতে স্খলিত হৈ যোৱা।

প্ৰশ্ন ঃ শীঘ্ৰপতন পুৰুষৰ চেক্স-জীৱনৰ এটা অসাধাৰণ কথানেকি ?

উত্তৰ ঃ সাধাৰণতে এইটো বুজা যায় যে শীঘ্ৰপতন পুৰুষৰ চেক্স-জীৱনৰ এটা অসাধাৰণ কথা।

এইটো বুজাৰ কথা যে পুৰুষ সোনকালে উত্তেজিত হৈ যায় আৰু স্খলিত হয়। ইয়াৰ বিপৰীত স্ত্ৰী দেৰীকে উত্তেজিত হয় আৰু দেৰিকে শান্ত হয়।

পুৰুষ যদি উত্তেজনা অনুভৱ কৰি ৰতিক্ৰিয়া আৰম্ভ কৰি দিয়ে তেতিয়া স্বাভাৱিক হয় যে সোনকালে স্খলিত হৈ যায়।

পুৰুষৰ দ্বাৰা স্খলিত হোৱাৰ এই অৱস্থাক শীঘ্ৰ পতন বুলি বুজিব নালাগে, যতনেকি প্ৰথমে স্ত্ৰীক তৈয়াৰ কৰি আকৌ তেওঁৰ লগত যৌন-সম্বন্ধ স্থাপিত কৰিব লাগে।

যি মানুহে ৰতিক্ৰিয়াৰ পৰা প্ৰথমে স্ত্ৰীক তৈয়াৰ কৰি লয় আৰু ৰতি কিছুমান মিনিট কৰি স্খলিত হৈ যোৱাক শীঘ্ৰপতন বুজে, এইটো তেওঁৰ অজ্ঞনতা হয়।

প্ৰশ্ন ঃ মোক মোৰ নৱবিবাহিতা পত্নীৰ পৰা সম্ভোগ কৰিব লাগে যিটো বাস্তৱত অক্ষৰ যোনি হয়। কৃপা কৰি কবনেকি যে প্ৰথম বাৰ এনেকুৱা ছোৱাললীৰ লগত সম্ভোগ কৰাতো সচাকৈ কোনো কঠিনতাৰ সৃষ্টি কৰেনেকি ? প্ৰথম সম্ভোগত সদাই ৰক্তস্ৰাৱ হয়নেকি ?

উত্তৰ ঃ যিটো অক্ষৰ্ত যোনি কুমাৰী ছোৱালীৰ বিবাহ কৰে তেওঁলোকৰ 35ৰ পৰা 40 শতাশ লৈকে এনেকুৱা হয় যাৰ পৰথম সম্ভোগত কুমাৰিচছদ ফটাৰ সময়ত কিছুমান ৰক্ত উলায়। 60 ৰ পৰা 65 শতাংশলৈকে কাৰ্য্য এনেকুৱা হয় যাৰ ৰক্ত একেবাৰে নুলায়।

এনেকুৱা বহুতো ঘটনা য কুমাৰিচছদৰ ফটাৰ পৰা তেজ ওলালে, সেইটোত কোনো বাস্তৱিক অসুবিধা নহয়। বহুত অলপ বটনতা এনেকুৱা হয় যত কুমাৰিচছদ বহুত ডাঠ হয় আৰু ফটাত বহুত সময় লয়।

এনেকুৱা কুমাৰিচ্ছদো সাধাৰণতে ইমান বিয়পি যায় যে সম্ভোগ সৰলতাৰে কৰিব পৰা যায়। কেৱল কিছুমান ঘটনা এনেকুৱা হয় যত ডাক্টৰ সহায় লৈ কুমৰিচ্ছদক কাটিব লগীয়া হয়।

প্ৰশ্ন ঃ কোনো গাভৰু ছোৱালীৰ প্ৰথমবাৰ সম্ভোগ কৰাত তেজ উলায়নেকি ?

উত্তৰ ঃ বহুতো ব্যক্তিৰ লগত এনেকুৱা হয় যে যিটো স্ত্ৰীৰ কুমৰিচ্ছদৰ বিষয়ত মুৰ্খতাপূৰ্ণ ধাৰণা ৰাখে।

বাস্তৱিকতা এইটোলৈ এইটো জিলিবা পৰ্দা যোনিৰ বাহীৰৰ ভাগৰ পৰা ডেৰ দুই ইঞ্চি ভিতৰৰ ফালে লাগি থাকে তথা ইয়াত ছেন্দা হয়। যৰ পৰা মাহেকীয়া স্ৰাব উলায় থাকে। কাৰোবাৰ জিলীত এটা দীঘল ঝিৰীৰ দৰে হয়, কাৰোবাৰ জিলীত কোনো সৰু সৰু ছেদ থাকে, কিন্তু অধিকাংশ কুমাৰীৰ এই জিলীত এটাহে ছেদ থাকে।

কোনো-কোনো স্ত্ৰী কুমাৰিচ্ছত এইটো ছেদ ইমান ডাঙৰ দেখা যায়ে যে তাত শিহন সোমই যায় তথাপিও জিলী নাফাটে। কুমাৰিচ্ছদন এই বিশিস্ট ৰচনাৰ কাৰণ এইটো সম্ভৱ যে কোনো স্ত্ৰী সম্ভোগো কৰে আৰু তেওঁৰ কুমাৰিচ্ছদো বনি থাকে। এনেকুৱা তেতিয়া হয় যেতিয়া তেওঁৰ কুমাৰিচ্ছদৰ হালী ডাঙৰ আৰু পিচল হয় আৰু তাত পুৰুষৰ শিহনৰ হেচাৰ লগতে যোনিত পিছফালে দা যায়। যেতিয়া কোনো কুমাৰিচ্ছদত কাৰা নহয় আৰু সেইটো শিহনৰ ৰাস্তাক ভেদ কৰি নৰখে তেতিয়া সেইটো ফটাৰ প্ৰশ্ন নুঠে। ইয়াৰ পৰিণাম এইটো হয় যে সম্ভোগ ক্ৰিয়া চলি থাকে আৰু কুমাৰিচ্ছদো সুৰক্ষিত বনি থাকে।

এনেকুৱা ছোৱালীও আছে যিটো দেখাত যাৰ শৰীৰত জমৰ সময়ৰ পৰাই কুমাৰিচ্ছদ নহয়। কিছুমান স্ত্ৰীৰ ভিতৰ এনেকুৱা সাধাৰণ ভাৱে কুমাৰিচ্ছদ হয় যে অলপ দিনত লাহে লাহে মৰহি যায় পূৰ্ণভাৱে লুকাই যায়। ইয়াৰ অতিৰিক্ত দৌৰি ফুৰি, শাৰীৰিক ব্যায়াম আদি কৰিলেও কেতয়িাবা কেতিয়াবা কুমাৰিচ্ছদ ফাট যায়। সম্ভোগৰ পৰা প্ৰায়ঃ এইটো ফাটি থাকে। যদি কুমাৰিচ্ছদ বহুত পাতল হয় তেতিয়া সেইটো ফাটিলত অনেকবাৰ ৰক্ত নুলায়।

সেই কাৰণে এইটো মানি চলিব নালাগে যে প্ৰথমবাৰ সম্ভোগ

কৰিলে কোনো গাভৰু ছোৱালীৰ শৰীৰৰ পৰা ৰক্ত উলাবই। লগতে যিকোনো গিৰিয়েকক এইটো মানি চলিব নালাগে যে যদি তেওঁৰ পত্নীৰ শৰীৰৰ পৰা প্ৰথম সম্ভোগৰ সময়ত ৰক্ত নুলায় তেতিয়া তেওঁৰ শীল ভংগ হয়। বাস্তৱত এই ৰক্ত-স্ৰাবৰ পৰা ছোৱালীৰ পৱিত্ৰতাৰ কোনো সম্বন্ধ নাই।

প্ৰশ্ন ঃ মোৰ আৰু মোৰ প্ৰেমিকাৰ আয়ুহ 21 বৰ্ষ মান হব। আমি সোনকালে বিবাহ কৰাৰ যোজনা বনাই আছিলো। আমি জানিব বিচাৰো যে বিবাহৰ দ্বিতীয় দিনা সম্ভোগ কৰাৰ সময়ত কুমাৰিচ্ছদ ফাটি যায় তেতিয়া আমাক সম্ভোগ ক্ৰিয়া চলি থাকিব লাগেনে অথবা সেই সময়ত বন্দ কৰিবৰ লাগে? সম্ভোগ কৰি থাকোতে স্ত্ৰীক কোনো ধৰণ হানি হব পাৰেনেকি? এই বিয়ক ভৰাবলৈ কিমান সময় লাগে?

উত্তৰ ঃ যেতিয়া স্ত্ৰীৰ লগত প্ৰথবাৰ সম্ভোগ কৰে কেতিয়া কুমাৰিচ্ৱদ নহলে ফাটি যায় বা বিয়পি যায়। যদি সেইটো ফাটি যায় তেতিয়া অলপ তেজ উলায়। এই ৰক্তৰ মাত্ৰা এক বা দুই চামুচৰ হয়। কিন্তু যদি ৰক্তৰ ওলোৱা চলি থাকে অথবা অধিক মাত্ৰাত উলাই যাই তেতিয়া বধুক ভয়ভীত হোৱাৰ দৰকাৰ নাই। সেইটো চাব লাগে যে যোনিৰ ৰক্তৰ কেনাটো স্হানৰ পৰা উলাইছে আৰু এটা সৰু চাফা কাপোৰ সেই স্হানত ৰাখি আংগুলীৰে হেচিব লাগে। এই উপায়েৰে ৰক্ত উলিওৱা বন্ধ হৈ যায়। কাপোৰক হৈ স্হানত খুববেছি 2 ঘটা থাকি দিব লাগে আৰু তাৰ পাছত অলপ চাফা পানীৰে থৈ বাহিৰত উলিয়াব লাগে যাতে আৰু ৰক্ত নুলায়। পিছ দিনা দম্পত্তি মৈথুন কৰিব পাৰে। যদি আকৌ ৰক্ত উলায় তেতিয়া এইধৰণে কাপোৰ ৰাখি হেচিব লাগে।

যদি শিহণৰ প্ৰৱেশ কৰাৰ সময়ত স্ত্ৰী অশান্তি লাগে বা পত্নী বহুত ভয়ভীত হয় তেতিয়া কিছুমান প্ৰাৰম্ভিক দিনত সম্ভোগ কাৰ সময়ত পুৰা শিহন তেওঁৰ যোনিত ভৰাব নালাগে। কিন্তু বিদ্বানৰ মতে এইটোও মত যে সম্ভোগৰ বাবে অধিক সময়লৈকে প্ৰতীক্ষা কৰিব নালাগে। বহুত দীঘল সময়লৈকে সম্ভোগ ক্ৰিয়াক গুৰুত্ব নিদিলে পত্নীৰ মনত চিন্তা আৰ, গিৰিয়েকৰ মনত নিৰাশা উৎপন্ন হব ধৰে।

প্ৰশ্ন ঃ মই সোনকালে নিজৰ বিবাহ কৰাৰ যোজনা বনাইছু, কিন্তু মোৰ সংগীনীয়ে এটা এনেকুৱা কথা কৈ দিলে যাৰ পৰা মই অসুবিধাত পৰিছে. তেওঁ কলে যে তেওঁক এই কথাত সন্দেহ হৈছে যে তেওঁক যৌন সম্বন্ধৰ পৰা বাস্তৱত সম্ভৱ হব পাবি, কাৰণ তেওঁৰ বিচাৰ পৰা তেওঁৰ যোনি বহুত সৰু- এনেকুৱা দশাত মই এই কঠিনতাৰ পৰা কিবা ধৰণে উলাব পাৰোনেকি ? যদি হয় কেনেকৈ ?

উত্তৰ ঃ এনেকুৱা বহুত কম হয় যে যোনি ৰলস্ত ইমান সৰু যে যৌন সমাগম হব নোৱাৰে। সাধাৰণভাৱেঃ স্ত্ৰীৰ যি ইয়াৰ আশংকা হয় তেওঁৰ যৌন অংগ বহুত সৰু তেওঁৰ মুখ্যতা দুটা আধাৰৰ হয় আৰু সেই দুটা আধাৰ ভ্ৰামক আৰু ভুল হয়।

1. এটা কথা এইটো যে পুৰুষৰ লাগি থকা শিহনৰ আকাৰৰ বিষয়ত যিটো বিবৰণ দিয়া যায়, সেই বহু অতিশয়োক্তিপূৰ্ণ হয়, অৰ্থাৎ যিমান তেওঁৰ বাস্তৱিক আকাৰৰ হয়। সেইটোত কোনো গুণে বেছিকৈ কোৱা যায়।

2. মানুহে এই কথাটো বহুত কম বুজে যে যোনি এটা এনেকুৱা অংগ হয় যিটো মাংপেশীৰে বনে আৰু সেইটোৰ আকাৰতৰ বহুত পৰিৱৰ্তন হব পাৰে। এইটো কথা কেৱল এইটোতে সিদ্ধ হৈ যায় যে ওেতঁ প্ৰসবৰ সময় ইমন বিয়পি যায় যে তাৰ পৰা হৈ শিশু বাহিৰত উলায় আহে। অতঃ যোনি শকত শকত শিহনকো সহজত সহ্য কৰিব পাৰে।

ইয়াৰ অতিৰিক্ত এটা অন্য সমস্যাও হয় যাৰ ওপৰত বিচাৰ কৰাতো আৱশ্যক হয়। এইটো সমস্যা নৱযুৱতীৰ সেই মানসি দশাৰ ওপৰত আধাৰিত হব পাৰে যাৰ অনুসাৰে সেইটো এই ভ্ৰমৰ চিকাৰ হয় যে বিবাহিত জীৱনত যৌন সম্বন্ধীত আৰু শিুৰ জম দিয়া সময়ত স্ত্ৰীক বহুত অধিক অসুবিধা হয়। এইটো ভ্ৰমণ তেওঁৰ মন শনা কথাৰ পৰা ধৰি লয় আৰু সেইটো কঠিনটাৰে উলিয়াব পৰা যায়। এই ভ্ৰমৰ বাবে স্ত্ৰী সুখী পত্নী হব নোৱাৰে আৰু সুখী মা। তেওঁৰ দাম্পত্য জীৱন ইমান দুখ হৈ যায় যিমনা তেওঁৰ অংগাত বাস্তৱিক বেয়া হোৱাৰ কাৰণ হয়। এনেকুৱা প্ৰতীত হয় যে আপোনৰ সংগীনী শাৰীৰিক ৰূপত নহয়

মানসিক ৰূপত দুখী হয়। তেওঁক কোনো ছোৱালী ডাক্টৰৰ পৰা নিজৰ চিকিৎসা কৰিব লাগে। যেতিয়ালৈকে বিবাহৰ পূৰ্বে এই ধৰণৰ যৌন কঠিনতাৰ পৰা মুক্তি নাপায়, তেতিয়ালৈ এইটো আশা কৰিব নোৱাৰে যে আপোনাৰ বৈবাহিক জীৱন সুখী আৰু সন্তুৰপ্ৰদ হব পাৰে।

প্ৰশ্ন ঃ মোৰ আয়ুহ 37 বছৰ আৰু মোৰ বিবাহ অলপ আগত হৈছো কৃপা কৰি থোক পৰামৰ্শ দিয়ক যে আমাৰ কেচুৱা জম হব পাৰেনে নোৱাৰে? ডাক্টৰৰ মতে যে মোৰ যৌনি, বহুত সৰু। মোৰ মাংসপেশী বহুত ডাঠ হয়। মোৰ ৰক্ত বহুত মন্দগতিৰে ক্ৰিয়া কৰে, মই দুখী স্ত্ৰী হয়। মোৰ প্ৰকৃতিও চিন্তা কৰিব লগীয়া। কৃপা কৰি মোক উপাগেী পৰামৰ্শ দিয়ক।

উত্তৰ ঃ আপোনাৰ সন্তান হব পৰে বা নোৱাৰে, ইয়াৰ নিৰ্ণয় আপোনাৰ ওপৰত নিৰ্ভ কৰে। কোনো ডাক্টৰ শাৰীৰিক ৰোগ বা অব্যবস্হাৰ সম্বন্ধতে পৰামৰ্শ দিব পাৰে।

কাৰণ আপুনি 37 বৰ্যৰ হৈছে, সেইকাৰণ যদি আপুনি সন্তান উৎপন্ন কৰিব লাগে তেতিয়া ইয়াৰ যোজনা সোনকালে সোনকালে বনাই দিয়ক। আমি সাধাৰণ কব পাৰি যে স্ত্ৰীৰ আয়ুহ 40 বৰ্যত কৈ অধিক ৰেছিল তেওঁৰ সন্তান নহয় আৰু যদি হলেও সেইটো অসামান্য হয়। সেই ধৰণে অসামান্য বিকৃত লিংগ থকা বা অন্য দোষ যুক্ত কেচুৱা যুৱতিৰ তুলনাত প্ৰৌঢ়ৰ অধিক হয়।

আপুনি যি সংকীৰ্ণতাৰ কথা কৈছে, সেইটে সম্ভৱতঃ বসিত প্ৰদেশত হয়। ইয়াৰ পৰা আজিৰ বৈজ্ঞানিক যুগত কোনো বিশেষ কঠিনতা নাহে। আপোনাৰ ৰক্ত সম্বন্ধী দোষক ভিটামিন 'কে'ৰ প্ৰয়োগেৰে ঠীক কৰা যাব পাৰি। সন্তানোদপাদকনৰ সম্বন্ধত নিশ্চয় কৰাৰ সময়ত আপুনি এই কথাটোক ধ্যান ৰাখিব লাগে যে আপোনাৰ প্ৰকৃতি চিন্তা কৰাৰ বিধৰ আৰু আপুনি সৰু-সৰু কথাহে ভয়ভীত হৈ যায়।

প্ৰশ্ন ঃ যি সময়ত মোৰ বিবাহ হৈছিল, সেই সময়ত মোৰ আয়ু 23

বৰ্ষৰ আছিল। যেতিয়া মই সম্ভোগৰ বাবে চেষ্টা কৰো তেতিয়া মোৰ এনে লাগে যেন মই মৈথুন কৰাত সৰ্বদা অযোগ্য হয়। ইয়াৰ বাবে আমাৰ বৈবাহিক জীৱনত অশান্তি সৃষ্টি হৈছে আৰু আমি চিৰদিনল বেলেগ হৈ গলো। এতিয়া মই অনা স্ত্ৰীৰ সৈতে প্ৰেম কৰো, কিন্তু মোৰ এটা ভয় আছে যে মোৰ লগত যেন আকৌ প্ৰথম বিবাহত হোৱাৰ দৰে নহয় যাতে। কৃপা কৰি মেক মাৰ্গ দৰ্শন কৰাওক।

উত্তৰ ঃ আপোনাৰ নিচিনা বহুত নৱযুৱক আছে যাৰ বিবাহ প্ৰথম ৰাত্ৰিত নিজৰ পত্নী সৈতে সম্ভোগ কাত অসমৰ্থ হয়। ই বহ কাৰণ বাবে হব পাৰে। ইয়াৰ ভিতৰত মুখ্য কাৰণ হল ভয়, অত্যাধিক উত্তেজনা অথবা এনেকুৱা অনেক কাৰণ। যদি ভয় বা চিন্তাৰ কাৰণে এনে হয় তেনেহলে তেওঁৰ মনত প্ৰথমে অসফলতা আৰ, তেওঁৰ ভয় বা চিন্তাৰ কাৰণে এনে হয় তেনেহলে তেওঁৰ মন প্ৰথমে অসফলতা আৰু তেওঁৰ ভয় বা চিন্তা ইমান বেয়াকৈ বহি যায় যে পিছৰ বাৰ যেতিয়া তেওঁ সম্ভোগ কৰিবলৈ চেষ্টা কৰে তেতিয়া মনে-মনে ভয় আৰু আশংকাৰে আৱৰি থাকে। পৰিণাম স্বৰূপে এইটো হয় যে তেওঁ দ্বিতীয় বাৰো সফলতাপূৰ্বক সম্ভোগ কৰিব নোৱাৰে। পিছলৈ তেওঁৰ মনত চিৰদিনলৈ ভয় বহি যায় আৰু তেওঁ চিৰদিনলৈ অসফল হৈ যায়।

এনে পৰিস্থিতিত কোনো লোকে নিজকে নপুসংক বুলি ভাবে কিন্তু আচলতে তেওঁলোক বাস্তৱক নপুংসক নহয় আৰু ভয়ৰ চিকা হয়।

যদি কোনো মনো বৈজ্ঞানিকৰ ওচৰত উচিত উপদেশ লৈ তাক ব্যৱহাৰ কৰে তেতিয়া এনে ধৰণৰ কঠিনতা ৰখা অসুবিধাৰ পৰা মুক্তি পাব।

প্ৰশ্ন ঃ মোৰ লিংগটো উত্থানৰ সময়ত যাওঁফালে বেকা হৈ যায়। মই সৰুতে বহুত বেছি হস্তমৈথুন কৰিছিলো, সেই কাৰণে চাগে এইটো তাৰ পৰিণাম হয়, মই বহু বৈদ্য আৰু চিকিৎসকৰ ওচৰত চিকিৎসা কৰাইছো, কিন্তু ফলাফল পোৱা নাই। কৃপা কৰি মোক সহায় কৰক, মই কি কাৰণ। মই এতিয়া অবিবাহিত।

উত্তৰ ঃ মই আপোনাক কেৱল এইটোৱে সমাধান দিম যে আপুনি শান্ত হৈ বহি থাকক। লিংগৰ ফালে চাব দৰাৰ নাই আৰু চিকিৎসা

লোৱাৰে আৱশ্যক নাই। বেকা হোৱাৰ কাৰণ হস্তমৈথুন নহয় আৰু এইটো একেবাৰে প্ৰাকৃতিক কাৰণত হয়। মই আপোনাক এতিয়াই কওয়ে এনে বেকা হোৱাটো নব্বৈ শতাংশ পুৰুষৰ লিংগ দেখা যায়, আৰু এইটোও মনত ৰাখক যে এনে হোৱাৰ বাবে পুংসত্ব শক্তিত কোনো কমি নাথাকে।

প্ৰশ্ন ঃ যি সময়ত স্ত্ৰীৰ ঋতু স্ৰাৱ হৈ থাকে, সেই সময়ত স্হান কৰাটো হানিকাৰক নেকী? যদি এন হয় তেনে হলে স্ত্ৰীক কিমান দিনলৈকে স্নান কৰিবলৈ প্ৰতীক্ষা কৰিব লাগে?

উত্তৰ ঃ প্ৰত্যেক দেশৰ স্ত্ৰীয়ে এইটো মানে যে ঋতুস্ৰাৱৰ দিনত স্নান কৰাতো হানিকাৰক হয়। প্ৰাচিন কালৰ বহুতে স্বাস্হ্য সম্বন্ধী নিয় এই দিনকেইটাত স্নানৰ নিষেধ কৰে। এনেকুৱা গম পোৱা যায় যে এই বিচাৰ ধাৰাৰ সম্বন্ধত মানুহৰ কিছুমান ভ্ৰম হয়। সিহঁতৰ বিচাৰৰ পৰাও দিনত স্নানকৰিলে দুটা হানি হব পাৰে। এটা হল ইয়াৰ পৰা ৰক্তস্ৰাৱত বাধা সৃষ্টি হব পাৰে, যৰ পৰা স্ত্ৰী যিকোনো ৰোগৰ চিকাৰ হব পাৰে, আৰু দ্বিতীয়তে এই দিন কেইটাত ৰক্ত-স্ৰাৱৰ কাৰণ গৰ্ভশিয়ৰ মুখ খুলি যায়। স্নান কৰিলে সেই যোনি দোবাৰত হৈ পানী গভাশয়লৈকে গৈ পাব পাৰে, যৰ পৰা শৰীৰত হানি পাব পাৰে।

এইয়া দুয়োটা বিচাৰেৰ শুদ্ধ নহয় আৰু কেৱল ভ্ৰমণপূৰ্ণ কল্পনতা আধাতিব হে হয়। ইয়াত কেৱল এইয়া শুদ্ধ যে যি স্ত্ৰীৰ ঋতু স্ৰাৱ এতিয়াহে আৰম্ভ হৈ ছেআৰু তেওঁ এনে ঠাণ্ডা পানীৰে পা ধুহছে যে ঠাণ্ডা কপিঁ আছে তেনেহলে তেওঁ ৰক্ত স্ৰাৱত প্ৰভাৱ পৰিব পাৰে. কাৰণ কপনিৰ প্ৰভাৱত শৰীৰৰ অন্য ভাগৰ দৰে যৌন তন্ত্ৰতো পৰিব। যদি টৈবত বহি বা ফোৱাৰাৰ তলত গৰমপানীৰে স্নান কৰা যায় তেতিয়া তেওঁৰ শৰীৰ বা ৰক্তস্ৰাৱত যিকোনো ধৰণৰ কোনো প্ৰভাৱ নপৰি সচা এইটোৱেই যে সেই সময়ত চাফ-চিকোন বিশেষ ৰূপেৰে আৱশ্যক হয়।

কিশোৰবস্হাত যেতিয়া সকলোতকৈ প্ৰথমবাৰ ঋতুস্ৰাৱ প্ৰাৰম্ভ হয়, কেৱল সেই সময়ত বিশেষৰূপেৰে সাৱধান হোৱাৰ আৱশ্যক হয় আৰু সেই সময়তে সেই কিশোৰীৰ অসাধাৰণ ৰূপেৰ চোৱা চিতা কৰাতো

হানিকাৰক হয়। এনেকুৰা কৰিলে সেই ৰক্ত-স্রাৱৰ অবধিক অত্যাধিক আৰু অনুচিত মহত্ব দিব ধৰে আৰু জীবন-ভৰ ঋতুকালত সেইটো এক প্ৰকবাৰৰ নিস্ক্ৰিয় জীৱন ব্যক্তি কৰিব ধৰে।

ঋতু স্রাব কোনো ধৰণৰ ৰোগ আৰু কোনো ধৰণৰ ৰোগৰ লক্ষণ নহয়। সেইটো কেৱল এটা সাধাৰণ শাৰীৰিক প্ৰক্ৰিয়া হয় সেইকাৰণে নাৰীৰ অংগৰ সাধাৰণ চাফাৰ অতিৰিক্ত এই ধৰণে প্ৰক্ৰিয়াৰ ফালে বিশেষ ধ্যান দিয়াৰ আৱশ্যকতা নাই। উচিত এইটোৱেই যে প্ৰত্যেক বয়স্ক স্ত্ৰী এই দিনত নিজৰ নিয়মিত দিনচৰ্য্যৰ কাৰ্য্যক যথাবত কৰি থাকে। এনেকুৰা দশাত ঋতু-স্রাৱৰ দিনত সাধাৰণ ব্যায়াম বা সদেৱ কৰিব লগীয়া দৈনিক কাৰ্য্যক কৰিলেও ৰজস্যালো কোনো হানী নহয়।

প্ৰশ্ন ঃ মই এইটো জানিব বিচাৰে যে পত্নীৰ লগত গৰ্ভাৱস্হাৰ দিনত যৌ সম্বন্ধ বনাব লাগে নে নালাগে? এই অবধিত যৌন সম্বন্ধীৰ পৰা বাচিব লাগেনেকি? ঘৰ পৰা গৰ্ভস্হ শিশক কোনো হানি নকৰে?

উত্তৰ ঃ গৰ্ভকাতল সাধাৰণভাবে সম্ভোগৰ পৰা চোৱাচিতা কৰা একেবাৰে আৱশ্যক নহয়। যদি স্ত্ৰীক বাৰে-বাৰে গৰ্ভপাত হৈ যায় আৰু ডাক্টৰে সেইটো এই দিনত সম্ভোগ নকৰাৰ উপদেশ দিয় তেতিয়া সেইটো চোৱা-চিতা কৰিব লাগে। প্ৰসৱৰ পৰা মুটামুটি চাৰিটা সপ্তাহ পূৰ্বলৈকে বিনা কোনো আশংৰ সম্ভোগ কৰিব পৰা যায়।

এই অবধিত যদি স্ত্ৰী সম্ভোগ কাৰ সময়ত চৰম উৎকৰ্ষৰ প্ৰাপ্ত কি লয় কেতিয়াও কোনে ধৰণৰ কোনো হানি নহয়। এইটো ঠীক হয় যে যি-যি দিনত অধিক বাঢ়ি যায়। তেতিয়া এই কথাৰ অধিকাধিক ধ্যান ৰাখিব লাগে যে সম্ভোগ কৰাৰ সময়ত পুৰুষ অধিক জোৰৰ প্ৰয়োগ কৰিব নালাগে। যাৰ পৰা স্ত্ৰীৰ পেটিত বোজা হব পাৰে আৰু শিহন অধিক গভীতালৈকে গুচি যায়, সেই আসনক সলনি কৰি লাগে। দম্পতিৰ বাবে আৱশ্যক হয় যে গৰ্ভাৱস্হাত সেই আসনৰ প্ৰয়োগ কৰিব নালাগে যাৰ প্ৰয়োগ সেইৱে সাধাৰণাৱে কৰি থাকে।

এই সাবধানিৰ অতিৰিক্ত আৰু কোনো কাৰণ নাই যাৰ আধাৰত গৰ্ভকালত সম্ভোগৰ পৰিত্যাগকৰে। কেৱল এই সতৰ্কতাক ধ্যানত

ৰাখি প্ৰসৱকালৰ পৰা মুটামুটি চাৰি সপ্তাহ পূৰ্বলৈকে বৈহ্যিক মৈথুন কৰিব পৰা যায়।

প্ৰশ্ন ঃ যদি গৰ্ভাৱস্থাত মৈথুন কৰা যায় তেতিয়া এইটো সম্ভৱনেকি যে শুক্ৰাণু মাকৰ শৰীৰ যায় আৰু কেচুৱা জন্মৰ পাচত সেইটো আকৌ গৰ্ভৱতী কৰি দিলে ? যদি ঋতু স্ৰাৱৰ অবধিত মৈথুন কৰা যায় তেতিয়া স্ত্ৰী গৰ্ভৱতী হব পাৰেনেকি ?

উত্তৰ ঃ যদি কেচুৱা উৎপন্ন হোৱা পৰা পূৰ্ব স্ত্ৰীৰ গৰ্ভাৱস্থা কাতল তেওঁৰ লগত মৈথুন কৰা যায় তেতিয়া সেই কেচুৱাৰ উৎপন্ন হোৱাৰ পাছত উক্ত মৈথুনৰ ফলস্বৰূপে কোনো অন্য সন্তান উৎপন্ন নহয়। স্মৰণ ৰখা, শুক্ৰাণু অধিকৰ পৰা অধিক দুই-তিনিদিনলকে জীৱিত থাকিব পাৰে।

সকলোতকৈ ভাল এই যে প্ৰসৱ হোৱা মুটামুটি চাৰিটা সপ্তাহ পূৰ্বৰ পৰাই গৰ্ভৱতী স্ত্ৰীৰ লগত মৈথুন বন্ধ কৰি দিব লাগে। ইয়াৰ পৰা যোনিক ভাল আৰু নিজেৰ হোৱাৰ চাঞ্চ পায়। যদি এই নিয়মৰ পালন নকৰি কেচুৱা উৎপন্ন হোৱাৰ কিছুমান সময় পূৰ্ব লৈকে সম্ভোগ কৰা যায় কেতিয়া নতুন গৰ্ভ থাকিব নোৱাৰে।

প্ৰশ্ন ঃ মোৰ পত্নী আৰু মই সপ্তাহত চাৰিৰ পৰা সাত বাৰলৈকে সম্ভোগ কৰে, কিন্তু যেতিয় তেওঁ ৰজস্ৰলা হয় আৰু সেই দিন কেইটাত নকৰে, কিন্তু এই দিনত আমাৰ দিগদাৰ লাগি থাকে। মোৰ পত্নীৰ মত যে মাহেকীয়া স্ৰাৱত বহুত দুৰ্গন্ধ মিলি থাকে অতঃ তই দিনত সম্ভোগ কৰিলে ৰোগ উৎপন্ন হব পাৰে কি? এই বিষয়ত আপোনাৰ বিচাৰ জানিব বিচাৰো।

উত্তৰ ঃ এইটো বিচাৰ একেবাৰে ভুল যে ঋতু-স্ৰাৱৰ দিন সম্ভোগ কৰিলে কোনো হানি হয়। বাস্তৱত মাহেকিয়া স্ৰাৱৰ ৰূপত, যি ৰক্ত উলায় সেইটো প্ৰকৃতি কচুৱাৰ ভোজনৰ বাবে প্ৰত্যে মাহ মাকৰ গভাশয়ত একত্ৰিত কৰি দিয়ে। যদি গৰ্ভ ৰখি নাথকে তেতিয়া ইয়াৰ দৰকাৰ নাথাকে। অতঃ প্ৰকৃতি এই ফালতু ৰক্তক মাহেকয়া স্ৰাৱৰ ৰূপত বাহিৰত উলিয়াই দিয়ে।

ঋতু-স্ৰাৱৰ দিনত স্ত্ৰীৰ শৰীৰৰ পৰা যিটো ৰক্ত-স্ৰাৱ হয়, সেইটো বহুত সেই মেলি কয়। ঋতু-স্ৰাৱৰ চাৰি পাচ দিনত মুঠ এক-ৰে টুশতাং পৰাই অধিক ৰক্ত তথা অন্য পদাৰ্থ বাহিৰত নলায়। ইয়াৰ পৰা আধাতকৈ অধিক সেই দিন উলায় যিদিনা স্ৰাব সকলোতকৈ অধিক হয়। কিন্তু এইটো কথা ধ্যান ৰাখিব লাগে যে প্ৰাকৃতিক ৰূপত এই কেইদিন স্ত্ৰীৰ মাজত সম্ভোগৰ প্ৰতি একেবাৰে ইচ্ছা নাথাকে, কিছুমান স্ত্ৰীয়ে এইকেইনিদ অস্বাস্থ্যৰ অনুভৱ কৰে অতঃ এই কেইদিন মৈথুন নকৰাটোৱে অধিক বুদ্ধিমানীৰ কথা হয়।

যদি তথাপিও আপোনাৰমনে নাজানে আৰু আপুনি আৰু আপোনাৰ পত্নী বহুতেই অধিক চেক্সী হয় তেনেহলে কপাহৰ সৰু টুকুৰাৰ চাৰিওফালে এফাল সূতা বান্ধি তাক যোনিৰ ভিতৰৰ ফালে গভীৰতালৈ থৈ দিয়ক আৰু সম্ভোগ কৰাৰ পিছত সুতাডাল টানি বাহিৰলৈ উলিয়ায় দিয়ক বা বিচনত কোনো টাৱেল পাৰি লওক যাৰ দ্বাৰা স্ৰাৱ উলায় যাত তাতে পাৰে। ইয়াতকৈও যদি অধিক সাৱধান হব বিচাৰে তেনেহলে কণ্ডমৰ প্ৰয়োগ কৰিব পাৰে।

প্ৰশ্ন ঃ ঔসত স্ত্ৰীৰ যোনিৰ গভীৰতা আৰু ইয়াৰ ব্যাস কিমান হয়? কোনো শিশুৰ মাফৰ যোনি ডাঙৰ হৈ যায় নেকী?

উত্তৰ ঃ প্ৰথমতে এইটে বুজি লওক যে যোনিৰ গভীৰত ক'ৰ পৰা আৰু কেনেকৈ জোখা যায়। যোনি আগ ভাগক ভগ বুলি কোৱা হয় য'ত লঘু আৰু বৃহদ ভগোষ্ঠ থাকে। লঘু ভগোষ্ঠ ভিতৰৰ সেই স্হানৰ পৰা আৰম্ভ হয় য'ত কমাৰীচছদ থাকে। এই স্হানৰ পৰা ভগৰ বাহিৰৰ কাষলৈকে অৰ্থাৎ লঘু ভগোষ্ঠৰ কাষলৈকে ভাগক প্ৰায় যোনিৰ 'কীপ' বুলি কোৱা হয় কাৰণ এই ভাগৰ সৃষ্টি কিছু-কিছু 'কীপ'ৰ নিচিনা হয় অৰ্থাৎ বাহিৰৰ কাষৰ বিলাক বহ আৰু ভিতৰৰ পৰা কোচ খোৱা।

যোনি প্ৰথম ভাগ অৰ্থাৎ কীপৰ দীৰ্ঘ ডেৰ-দুই ইঞ্চি তথা বাস্তৱিক যোনি দীৰ্ঘ তিনিচাৰে তিনি ইঞ্চি লৈকে হয়। এনেদৰে সম্পূৰ্ণ যোনিৰ দীঘ বা গভীৰতা পাচ-চাৰে পাচ ইঞ্চি হৈ যায় আৰু এই দীঘহি ঔসত

পুৰুষৰ লিংগৰো হয়। সম্ভোগ কৰাৰ সময়ত দৰকাৰ হলে। কঠিনতা আৰু পীড়াৰ অবিহনে ই সৰলতাৰে বহল হৈ যায়। যোনিৰ ওপৰভাগৰ সাধাৰণ পৃষ্ঠ দুই আঢ়ে ইঞ্চি লৈকে হয়। যিগৰাকী স্ত্ৰীৰে বহুত শিশু জন্ম দিছে আৰু ইয়াৰ পৰিণাম স্বৰূপে তেওঁৰ গৰ্ভাশয়ৰ তলৰ অংশত লুকাই যায়, যাৰ বাবে যোনিৰ গভীৰতা কমি যায়। সম্ভৱতঃ এই গভীতা আঢ়ৈ-তিনি ইঞ্চিত অধিক নহয় কিন্তু যিহেতু যোনিৰ দুয়া কাষ পিছল হয়। সেই কাৰণে সম্ভোগত কোনো বাধা নাহে।

প্ৰশ্ন ঃ কি এনে কোনা উপায় বিচৰা গৈছে নেকী যাৰ প্ৰয়োগেৰে স্ত্ৰীৰ স্তনৰ আকাৰ বৃদ্ধি হ পাৰে? এনেতো ইয়াক ডাঙৰ কৰা তেল আৰু ক্ৰীমৰ বহুত বিজ্ঞাপন ফিল্মী পত্ৰিকাত চপা যায়। অনুগ্ৰহ কৰি কওকাচান এই বিজ্ঞাপন কিবা অৰ্থ আছেনে এনেয়ে মানুহক মূৰ্খ বনায়?

উত্তৰ ঃ নাৰী স্তনৰ আকাৰৰ ওপত তিনি প্ৰকাৰৰ প্ৰভাৱ থাকে। প্ৰথম আৰু সকলোতকৈ মহত্বপূৰ্ণতো হৈছে। স্ত্ৰীৰ মাকৰ অথবা আইতাকৰ স্তন যদি সৰু হয়, তেনেহলে সেইকাৰণে তেওঁৰো স্তন সৰু হয়। যদি স্তন সৰু হোৱাৰ কাৰণ বংশগত তেনেহলে তাৰ ওপৰত কোনো উপচাৰ কামত নাহে।

দ্বিতীয় কাৰণটো হ'ল হ'ৰম'নৰ অভাৱ। যদি কোনো কাৰণে ডিম্ব গ্ৰন্থি সাধাৰণ ৰূপত কাম কৰিব নোৱাৰে তথা আৱশ্যক মাত্ৰাত আষ্ট্ৰিজেন দিব নোৱাৰে ইয়াৰ বাবেও স্তনৰ বিকাশ ৰখি যায়। যদি অষ্ট্ৰিজেন অভাৱৰ কাৰণে স্তন অধিকশিত তেনেহলে কিশোৰস্থাৰ উত্তৰাদ্ধত অষ্ট্ৰিজেনৰ প্ৰয়োগ লাভৱান হব পাৰে। বয়স্ক স্ত্ৰীৰ শৰীৰত ইঞ্জেকচনৰ দ্বাৰা অষ্ট্ৰিজেন দিব পৰা যায়। অষ্ট্ৰিজেন যুক্ত মলমো পোৱা যায় যাক স্তনত লগালে লাভৱান হব পাৰে। কিন্তু ইয়াৰ প্ৰভাৱ একদম অস্থায়ী হয়। ইয়াৰ প্ৰয়োগ বন্ধ হ'লেই স্তন আকৌ পূৰ্ব ৰূপত আদিহ যায়। স্তনৰ আকাৰ বৃদ্ধিৰ কাৰণে বিজ্ঞাপিত ক্ৰীম, মলম ওপৰতো ভৰসা কৰিব নোৱাৰি। এই বস্তুবোৰে লাভৰ ঠাই হানিহে কৰে গতিকে ইয়াৰ ওপৰত পইচা খৰচ কৰাটো ব্যৰ্থ হয়।

তৃতীয়তে স্তনৰ উতক যি স্ততনৰ গ্ৰন্থিয় ভাগ হয়, নিশ্চলাৱস্থাত ডাঙৰ নহয়। এইয়াটো সেই গ্ৰন্থিল উতকক ঘেৰি থকা মাংসৰ অংশ যিয়ে স্নৰ আকাৰ দিয়ে। কম ওজনৰ স্ত্ৰীৰ স্তনৰো সেই অনুপাতে সৰু হয়। যদি তেওঁ নিজৰ ওজন পাচ-ছয় কিলো বঢ়াই লয় তেনেহলে তেওঁৰ স্তনৰ আকাৰে সেই অনুপাতে বাঢ়ি যাব।

গৰ্ভধানৰ সময়ত বা সন্তান জন্মৰ পাছত যেতিয়া স্তনৰ পৰা গাখীৰ উলায় তেতিয়া গ্ৰন্থিল–উতক বাঢ়ি যায় তথা স্তনপান কৰোৱা সময়ত স্তন বহুখিনি ডাঙৰ হৈ যায়।

প্ৰশ্ন ঃ পুৰুষৰ শৰীৰৰ গঠনৰ ওপৰৰ তেওঁৰ যৌনাংগৰ উচ্চতা-থাকতৰ মাজত কিবা সম্বন্ধ আছে নেকী? মোৰ কথাৰ অৰ্থটো হ'ল যে ওখ, শকতৱাৰত মানুহৰ লিংগও দীঘল আৰু শকত হয় নেকী? পুৰুষৰ যৌনাংগৰ ঔসত কি হয়?

উত্তৰ ঃ শৰীৰৰ আকাৰৰ লিংগৰ আকাৰৰ লগত কোনো সম্বন্ধ নাই। যি তত্ত্বই পুৰুষৰ শৰীৰৰ আকাৰৰ নিৰ্মাণত যোগ দিয়ে, সেই তত্ত্বৰ লিংগৰ বিকাশত কোনো হাত নাই।

সাধাৰণতে, শিথিল অৱস্থাত লিংগৰ উচ্চতা প্ৰায় তিনি আৰু চাৰে তিনি ইঞ্চি হয়। উত্থান হ'লে ই সাধাৰণতে চাৰে পাচ আৰু ছয় ইঞ্চিৰ দীঘল হৈ পাৰে আৰু ইয়াৰ পৰিধি প্ৰায় চাৰে চাৰি ইঞ্চিলৈকে হৈ যায়।

এই কথাটো মনত ৰাখিব লাগে যে ভিন্ন-ভিন্ন কাৰণত পুৰুষৰ লিংগৰ উচ্চত আৰু শকত ত ভিন্ন-ভিন্ন সময়ত বহুত পাৰ্থক্য হয়। দ্বিতীয়তে এই কথাটো মনত ৰাখিব লাগে যিটো লিংগৰ আকাৰ ঔসততকৈও সৰু হয় আৰু সম্ভোগত কোনো কঠিনতা নাই। ই নিজেও আনন্দ প্ৰাপ্ত কৰে আৰু স্ত্ৰীকো মটোপ্টি প্ৰদান কৰিব পাৰে।

প্ৰশ্ন ঃ মোৰ যোৱা চাৰিমাহৰ পৰা প্ৰায় প্ৰত্যেক ৰাত্ৰি প্ৰদোষ হৈ থাকে। মই ভাৱো কেতিয়াবা-কেতিয়াবা এনেকুৱা হব পাৰে, কিন্তু

সদায় হব নোলায়। এই স্বপ্নদোষক এৰি মোৰ বাকী সকলো ঠীকে আছে আৰু স্বাস্থ্য ভাল তথা খেলাধূলাতা ৰুচি আছে। মোৰ যৌন অংগও সাধাৰণ হয়। মোৰ বয়স ওঠৰ বছৰ।

উত্তৰ ঃ টোপনীত শুই থাকোতে বীৰ্য্য খলিত হৈ যোৱা অৰ্থাৎ স্বপ্নদোষ সাধাণৰ কথা ইয়াৰ দ্বাৰা ব্যক্তিৰ কোনা হানি নহয়। যেনেকৈ কয়ে আপোনাৰ আয় বাঢ়ি যায় আৰু আপুনি পৰিপক্ক হৈ যাব, তেনেকৈ স্বপ্নদোষৰ সংখ্যাও কম হৈ যায়।-

এনে ধৰণে স্বপ্নত বীৰ্য্য সকলেতকৈ পথম সেই সময়ত স্খলিত হ য়ত নেকী ল'ৰা আয় প্ৰায় চৈধ বছৰত হয়। নে হলে এই স্খলন এই আয়তওক আগতে আৰম্ভ হ'ব পাৰে আৰু চিধ বছৰ পিছতো হব পাৰে। যদি যৌন গতিবিধ বহুত কম হয় তেনেহলে এইটো মাজে মাজে সময়ত এৰিও হব পাৰে অৰ্থাৎ ঔসতত প্ৰত্যেক দহ পৰা তিনিদিনৰ পিছত। ই প্ৰয় সেই সময়ত হয় যেতিয়া কামনা-বাসনা পূৰ্ণ স্বপ্ন দেখে।

এনেদৰে বীৰ্য্য স্খলিত হ'লে আপোনাৰ কোনো হানি নহয়। এইটোতো সাধাৰণ প্ৰাকৃতিক ক্ৰীয়া হয়।-

প্ৰশ্ন ঃ মোৰ লিংগত বহুত শিৰা-উপশিৰা আৰতি আছে। এই শিৰোবোৰ একদন তেনেকুৱা যেনেকৈ কোনো ব্যক্তিৰ হাতত থাকে। যি সময়ত লিংগৰ উত্থান হৈ থাকে, সেই সময়ত এই শিৰাবোৰক আৰু স্পষ্টকৈ দেখা পায়। মোৰ যিমান মনত আছে, মোৰ এইদশ সদায়ে এনে হয়। মই এই কথাটো বজি নাপাচ যে এনে কিয় হয়ঁ?

উত্তৰ ঃ লিংগত শকত শিৰো আৰৰি থকাটো এক সাধাৰণ আৰু প্ৰাকৃতিক কথা ইয়াৰ বাবে কেবানো ধৰণৰ চিন্তাৰ কাথ নাই। এই তথাকথিত শিৰাবোৰ শিৰা উপশিৰা হয় যাৰ দ্বাৰা লিংগৰ ৰক্ত হৃদয়লৈ ঘুৰি যায়।

শিৰাবোৰ আৰৰি কথাৰ অৰ্থটো হ'ল যে তেওঁলেকৰ কপাটিকতভোল্ভ দোষ হৈছে যাৰবাবে ধমনিয়াহৈ যিমান দ্ৰুত গতিৰে ৰক্ত পঠিয়াইছে, সেই গতিৰেই সেই শিৰাৰ মাৰ্গেৰে ওভটি আহিব পৰা নাই। অতঃ

কিছুমান শিৰা ফুলি যায় আৰু ইয়াৰ ভিতৰত কিছুমান টান হৈ পৰে। বহুতো পুৰুষৰ মাজত এনে দশা দেখা যায়। ইয়াৰ দ্বাৰা যৌন ক্ষমতাত কোনো বিপৰীত প্ৰভাৱ নপৰে।

প্ৰশ্ন ঃ মোৰ বয়স 21 বছৰ। মই আজিলৈকে কোনো স্ত্ৰী লগত সম্ভোগ কৰা নাই। কিন্তু মই যেতিয়া উত্তেজিত হৈ যাত তেতিয়া হস্তমৈথুন কৰি লও। এনেকৈ মই মাহত দহ-বাৰ বাৰমান কৰো। মই এই বেয়া অভ্যাসক যিয়ে মোৰ ইচ্ছা শক্তিক নষ্ট কৰিছে, কেনেকৈ আতৰাও ? এনে স্থিতিত মই সন্তান উৎপন্ন কৰিব পাৰিমনে ? এনেদৰে উৎপন্ন হোৱা সন্তান শাৰীৰিক ফালৰা পৰা বিকৃত হব নেকী ?

উত্তৰ ঃ আপুনি হস্ত মৈথুন প্ৰশ্নটোক লৈ চিন্তিত হব নালাগে। এইটো একেবাৰে নিৰাপদ। ইয়াৰ দ্বাৰা কোনো হানি নহয়। যি লেক অবিবাহিত হয়, তেওঁলোকৰ বাবে যৌন অনুভৱৰ পৰা মুক্তি পাবলৈ ই কোনো হানিকাৰক মাধ্যম নহয় আৰু ইয়াৰ পৰা কোনো স্বাস্থ্যৰ হানিও নহয়।

হস্তমৈথুনৰ সন্তান উৎপন্ন কৰাৰ আপোনাৰ ক্ষমতাৰ ওপৰতো কোনো বেয়া প্ৰভাৱ নপৰে আৰু আপোনৰ সন্তালো কোনো ধৰণৰ বিকৃতি নহয়।

যিহেতু আপোনাৰ প্ৰতিক্ৰিয়া একেবাৰে প্ৰাকৃতিক বা সাধাণৰ প্ৰতীক হয়, সেই কাৰণে আপুনি এই বিষয়ত কোনো ধৰণৰ চিন্তা কৰিব নালাগে।

প্ৰশ্ন ঃ এইটো কি সঁচা কথা নেকী যে শৰীৰ পৰা ওলোৱা বীৰ্য্যৰ প্ৰত্যেক টোপাল তেজৰ এশ টোপালৰ সমান ?

উত্তৰ ঃ নহয়, এইটে সঁচা নহয় যে বীৰ্য্যৰ এক টোপা তেজৰ শ টোপালেৰ বনা। বাস্তৱত বীৰ্য্য আৰু ৰক্তৰ মাজত এনে কোনো সম্বন্ধ নাই।

শৰীৰৰ পৰা ওলোৱা বীৰ্য্যৰ হানি এনে যেনেকৈ মুখৰ পা লেলাৱতী বৈ যায়। দুয়োৰে পুৰ্তী সতি সোনকালে হৈ যায়।

প্ৰশ্ন ঃ মোৰ বিবাহ হোৱা ছয় মাহ হ'ল আৰু যেতিয়াই মই নিজৰ পতিৰ সৈতে মৈথুন কৰো সেই সময়ত মোৰ যোনিটো পুৰা শকাই যায়

আৰু অত অলপো নমী নাথাকে। মোৰ মতে সাধাৰণতে অন্য স্ত্ৰীৰ সম্ভোগৰ সময়ত যোনিটো পিছলহৈ থাকে। আপোনা মতে সেই সময়ত যোনি তিতি থকাটো আৱশ্যক নেকী আৰু যদি আৱশ্যক তেনেহলে মই কি কৰো ?

উত্তৰ ঃ যেনেকৈ আপুনি কৈছে এনে কেতিয়াবা-কেতিয়াবা হয় যে যোনিৰ ভিতৰত উপস্থিত থকা গ্ৰন্থিয়ে আদ্ৰতা নেবে যাৰ বাবে যোনি মাগ তিতি থাকে আৰু লিংগ যোনিত সহজে প্ৰবেশ কৰিব পাৰে। যোনি এনেদৰে পিছল হৈ গলে সম্ভোগত কোনো-ধৰণৰ পীড়া নহয়, আৰু য'ত নেকী শুকাই থকা যোনিত লিংগ প্ৰবেশত পীড়াও হয় আৰু যোনিৰ কাষত লিংগই ঘৰ্ষণ কৰাৰ বাবে ছাল এখালে সম্ভোগো কষ্টদায়ক হয়। যোনৰি আৰ্দ্ৰ নোহোৱাৰা বহুত কাৰণ আহে। ইয়াৰ ভিতৰত এটা কাৰণ হ'ল স্ত্ৰীৰ কোনো সংক্ৰামক ৰো আছে। কেতিয়াবা সম্ভোগ কৰাৰ আগতে যদি পুৰুষে স্ত্ৰীক নিৰ পূৰ্ব ক্ৰীড়াৰ দ্বাৰা প্ৰ্যাপ্ত পৰিমাণৰে কামোত্তজিত কৰিব নোৱৰে তেতয়িাও যোনি শুকাই থাকে।

যি স্ত্ৰীৰ যোনি পূৰ্ব ক্ৰীড়াৰ ফলস্বৰূপেৰেও যদি শুকাই থাকে। তেওঁলোকৰ বা ডাক্তৰে তিলৰ তেল, বা ঘিউ ব্যৱহাৰ কৰাব পৰামৰ্শ দিছে, কিন্তু ইয়াৰ প্ৰয়োগেৰে স্ৰাৱ শুকাই যোৱাৰ আশংকা থাকে যাৰ দ্বাৰা গ্ৰন্থিৰ কাৰ্য্য ভালদৰে হবে নোৱাৰে।

যদি আপোনাৰ বাবে পিছলতাৰ প্ৰয়োজন তেনেহলে সকলোতকৈ ভাল পিছল বস্তুটো হ'ল থু। আপোনাৰ পতি উৎসাহিত কৰক যে তেওঁ লিংগ প্ৰবিষ্ট কৰাৰ পূৰ্বে নিজৰ থু আঙুলীৰে আপোনাৰ যোনিত আৰু নিজৰ লিংগত লগাই লয় যেন।

প্ৰশ্ন ঃ পুৰুষৰ বাবে এইটো আৱশ্যক নেকী যে তেওঁ স্ত্ৰীৰ সৈতে সম্ভোগ কৰাৰ পিছতে নিজৰ লিংগক চাবোন আৰু পানীৰে ধুই চাফা কৰাটো ?

উত্তৰ ঃ এনেদৰে লিংগক চাফা কৰাটো প্ৰয়োজন নাই, কিন্তু স্বাস্থ্য আৰু চাফ-কিচণতাৰ দৃষ্টিৰে এনে কৰাটো লাভদায়ক হয়। ইয়াৰ দ্বাৰা পুৰুষৰ সুখ-সমৃদ্ধিৰো বৃদ্ধি হয়।

প্ৰশ্ন ঃ মোৰ আয়ু 27 বছৰ আৰু মোৰ বিবাহ হোৱা পাচ বছৰ হৈ গ'ল। মই আৰু পত্নী দুয়োৱে চাকৰী কৰো সেইকাৰণে মোৰ পত্নীয়ে বিচাৰে যে আমি কেৱল শনিবাৰেহে ৰাত্ৰি সম্ভোগ কৰাটো। সেই ৰাত্ৰিত যেতিয়াই মৈথুন আৰম্ভ কৰা হয় আৰু মোৰ লিংগ পত্নীৰ যোনিত প্ৰবেশ কৰে তেতিয়াই মোৰ বীৰ্য্য স্খলিত হৈ যায়। এনে কিয় হয়? ইয়াৰ পৰিণাম এইটো হয় যে মোৰ পত্নীৰ চৰমোৎকৰ্ষ লৈকে কেতিয়াও নাপাইগৈ?

উত্তৰ ঃ এনে প্ৰতীত হয় যে আপুনি যে সপ্তাহৰ কেৱল এবাৰহে মৈথুন কৰে, ইয়াৰ বাবে আপোনাৰ ভিতৰত ইমান কাম ইচছা উৎপন্ন হয় যে আপুনি আপোনাৰ মৈথুন ক্ৰিয়াক বেছি সময়লৈকে ৰাখিব পোৱাৰে যে আপোনাৰ পত্নীয়ে চৰমোৎকৰ্ষৰ প্ৰাপ্ত কৰিব নোৱাৰে। যদি আপুনি আপোনাৰ স্বভাৱক অলপ পৰিৱৰ্ত্তিত কৰি লয় আৰু সপ্তাহৰ দুই বা তিনি বাৰ মৈথুন কৰিবলৈ চেষ্টা কৰে তেনেহলে আপোনাৰ নিঃসন্দেহ লাভ হব। এনে কৰিলে আপোনাৰ মনত ইমান বেছি হেচা নপৰে যে আপুনি সোনকালে স্খলিত হৈ যোৱাকৈ।

ইয়া অতিৰিক্তে আপুনি সম্ভোগৰ আমনত পৰিৱৰ্ত্তন কৰি এনে আসনক ব্যৱহাৰ কৰক যে আপোনাৰ পত্নীয়ে অধিক উত্তেজনা অনুভৱ কৰে যেন। ইয়াৰ দ্বাৰা আপোনাৰো লাভ হব।

প্ৰশ্ন ঃ যেতিয় মই নিজৰ পত্নীৰ সৈতে সম্ভোগ কৰে তেতিয়া মোৰপাচ মিনিটৰ ভিতৰতে চৰমোৎকৰ্ষ হৈ যায়। মৈথুনৰ এই সময়খিনিক বঢ়াবলৈ মই কি কৰিব লাগিব। এই শীঘ্ৰপতনৰ বাবে মোৰ বিবাহিত জীৱ নস্ট হোৱাৰ আশংকা আছে নেকী?

উত্তৰ ঃ যদি আপোনাৰ পাচ মিনিটলৈকে স্খলিত নোহোৱাকৈ সম্ভোগ কৰে তেনেহলে আপুনি অকিাশ মানুহতকৈ বহুত ভাল কাৰণ আপুনি তেওঁলোকৰ তুলনতা বহুত অধিক সময়লৈকে মৈথুন কৰি লয়।

ইয়াত কোনো সন্দেহ নাই যে আপোনাৰ পত্নীক উত্তেজিত কৰিবলৈ পাচ মিনিটৰ সময়খিনি বহুত কম হয়। আপুনি মৈথুনতকৈ আগত পূৰ্ব প্ৰণয় ক্ৰীড়া অধিক সময়লৈকে কৰিব লাগে যে লিংগ প্ৰৱেশৰ পূৰ্বে আপোনাৰৰ পত্নীৰ কামবাসনাক সম্পূৰ্ণ ৰূপে জাগ্ৰত আৰু উত্তেতি কৰাব লাগে। ইয়াৰ অতিৰিক্তে দ্বিতীয় উপায়টো হ'ল যে এনে ভিন্ন-

ভিন্ন আসনৰ ব্যৱহাৰ কৰক যিয়ে আপোনাক অধিক সক্রিয় ভূমিকা পানল কৰাত সহায় কৰে। ইয়াৰ বাবে আপুনি নিজৰ পত্নীক নিজৰ ওপৰত লৈ বিপৰীত ৰতি দ্বাৰা সম্ভোগ কৰিব পাৰে। ইয়াৰ দ্বাৰা আপোনাৰ সমস্যা বহুখিনি সমাধান হব।

প্রশ্ন ঃ মই নিজৰ পত্নীৰ সৈতে যৌন ক্রিয়া-কলাপৰ সম্বন্ধে কথা পাতি থাকোঁতা তেওঁ মোক ক'লে যে তেওঁ হেনো শুনি যে যদি পুৰুষে হস্তমৈথুন দ্বাৰা অথবা সোনকালে-সোনকালে মৈথুন কৰি বীর্য্য নষ্টকৰে তেনে হ'লে ই পিছলৈ টি.বি. বেমাৰী হয়। মই কব বিচাৰিছো যে ই এক বিচিত্র তথা মুর্খতাপূর্ণ ধাৰণা হয়। কওক যে, আমাৰ নেকি কায বিচাৰটো শুদ্ধ হয়।

উত্তৰ ঃ নিজে-নিজেই হস্তমৈথুন দ্বাৰা বা অন্য কিবা প্রকাৰেৰে বীর্য্য স্খতি কৰিলে টি.বি. ৰোগ নহয়। এই কথাটোৰ প্রমাণ প্রাণ আধা শতাব্দীতকৈও কম সময় পূর্বতে হৈছে যেতিয়াক পৰ আধুনিক ঔষধি বিজ্ঞানৰ সূত্রপাত হৈছিল। ইয়াৰ আগতেটো যৌন সম্বন্ধী পুকতকে ল'ৰা ছোৱালীৰ মন বহুত ধৰণৰ ভয়েৰেভৰি দিয়ে।

আপোনাৰ পত্নীয়ে এইটো মনত ৰাখিব লাগে যে সাধাৰণতে পুৰুষৰ স্ত্রীতকৈ সোনকালে প্রতিক্রিয়া হয় আৰু তেওঁক ভিতৰত কাম বাসনাও সোনকালেই আৰু বাবে-বাবে জাগৃত হয়। সদায় ৰাতি সম্ভোগ হোৱাটো একেবাৰে সাধাৰণ কথ। ইয়াৰ অর্থ এইটো নহয় যে ব্যক্তিক প্রয়োজনৈ ক অধিক কামী হওক। বেলেগ-বেলেগ ব্যক্তিৰ যৌন-আৱশ্যকতা আৰু যৌন ক্ষমতা বেলেগ-বেলেগ হয়। যি কথা এজন ব্যক্তিৰ বাবে অসম্ভব বা অসাধাৰণ প্রতীত হয়, সেইটোৱে বেলেগৰ বাবে একেবাৰে প্রাকৃতিক আৰু সাধাৰণ হয়।

অতঃ আপোনা পত্নীয়ে এই কথাটোৰ চিন্তা কৰিব নালাগে যে সোনকালে সোনকালে সম্ভোগ কৰিলে তেওঁৰ পতি মহোদয় কমজোৰ হৈ টি.বি.ৰ বেমীৰী হৈ যাব।

প্রশ্ন ঃ নৱযুৱা দম্পতিক সপ্তাহত সাধাৰণতে কিমানবাৰ সম্ভোগ কৰিব লাগে ?

উত্তৰ ঃ বিবাহিত দম্পত্তিৰ বাবে সম্ভোগ কৰাৰ কোনো সাধাৰণ

সংখ্যা নিৰ্ধাৰিত নহয়। যেতিয়াই পতি-পত্নীয়ে বিচাৰে তেতিয়াই সম্ভোগ কৰিব পাৰে। স্বাস্থ্য পতি-পত্নী ইজনে-সিজনৰ সহমমিতৰে যেতিয়াই বিচাৰ তেতিয়ালৈকে সম্ভোগ কৰিব পাৰে, তেওঁলোকৰ বাবে এই 'অতি'ৰ কোনো চিন্তা কৰিব নালাগে।

এই বিষয়ত অনুসন্ধান কৰাৰ পিছত জম্ম পাই যে বেছিভাগ নব-বিবাহিত পতি-পত্নীয়ে সপ্তাহত বহুত বাৰ সম্ভোগ কৰে কিন্তু নববিবাহিত দম্পত্তিৰ বাবে বিবাহৰ প্ৰথম বছৰত প্ৰতিদিনে এবাৰ মৈথুন কৰাতো কোলে অসাধাৰণ কথা নহয়। কিছুমান নৱদম্পত্তিয়েতো বিবাহ প্ৰাৰম্ভিক বছৰত প্ৰত্যেক ৰাতি, দুই-তিনি বাৰকৈ সম্ভোগ কৰে।

প্ৰশ্ন ঃ যৌন কাৰ্য্য আৰু শাৰীৰিক ওজনৰ মাজৰ কোনো মহত্বপূৰ্ণ সম্বন্ধ আছে নেকী।

উত্তৰ ঃ সম্ভোগ কৰি থাকিলে বা ব্ৰহ্মাচাৰ্য্যৰ পালন কৰিলে শাৰীৰিক ওজনত কোনো ভাল বা বেয়া প্ৰভাৱ নপৰে।

যদি শৰীৰৰ কোনো হ'ৰম'ন উৎপাদনক গ্ৰন্থি খেলিমেলি হৈ যায় তেতিয়া মনুষ্যৰ ওজনত বহুত বেছি প্ৰভাৱ পৰিব। এনেদৰে খেলিমেলিৰ যি ব্যক্তিৰ ওপৰত প্ৰভাৱ পাৰ, তেওঁৰ যৌন জীৱন বহুত অসন্তোসজনক হৈ পৰে। এনেধৰণৰ দোষৰ বাবে যৌন ক্ৰিয়াই নহয় বৰঞ্চ হ'ৰম'ন গ্ৰন্থিৰ খেলিমেলি কেতিয়াবা নপুংসক ব্যক্তি শকত হি পৰে, কিন্তু এই দুয়োটা কথা গ্ৰন্থি দোষৰ কাৰণে হয়।

প্ৰশ্ন ঃ যদি স্ত্ৰীয়ে সম্ভোগ নকৰে তেনেহলে তেওঁৰ ভৰি আৰু কঁকালৰ বিষ হয়। মৈথুন কৰিলে স্ত্ৰীৰ এনেধৰণৰ বিষৰ চিকাৰ হয় নেকী? এনে ধৰণৰ ধাৰণাৰ কোনো বৈজ্ঞানিক আধাৰ আছে নেকী?

উত্তৰ ঃ যেতিয়া কোনো যুৱতীয়ে নিজৰ কামবাসনাক চেপি ৰখাৰ বাবে বা মৈথুন ক্ৰিয়াত বাৰে-বাৰে অতৃপ্ত হৈ থাকে তেনেহলে তেওঁ বস্তি প্ৰদেশত কিবা সংকোচন হবলৈ লয় যি বাঢ়ি বাঢ়ি জগণনাংগৰ ফালে আগবাঢ়ি আহে। বহুত স্ত্ৰীয়ে এই বিষৰ অজুহাতৰে মৈথুনৰ পৰা বাছিৰ বিচাৰে, এইটো তেওঁলোকৰ অজ্ঞানতা। বাস্তৱত খোলাখলিকৈ মৈথুন কৰিলে এনে স্ত্ৰীৰ বচিত প্ৰদেশত সংকোচ, যৌন অভাৱ,

মাংসপেশীৰ সংকোচন তথা পেট আৰু কঁকাল বিষৰ পৰা ৰাহি পাই। স্ত্ৰীয়ে নিজৰ ভিতৰখন পাতল অনুভৱ কৰে।

প্ৰশ্ন ঃ যদি স্ত্ৰী-পুৰুষ টাৰ পানীৰ ভিতৰত স্নান মৈথুন কৰিলে কিবা হানি হয় নহয় নেকী?

উত্তৰ ঃ যেতিয়াই স্ত্ৰী-পুৰুষ দুয়োয়ে পানীৰ ভিতৰত শুই মৈথুন কৰিলে কোনো যানি নহয়। যদি পানী বহুত ঠাণ্ডা হয় তেনেহলে পুৰুষৰ লিংগ উত্থানত কঠিনতা হব পৰে। এনেও হব পাৰে যে প্ৰাণীৰৰ প্ৰভাৱত যোনি মাৰ্গত আৰু লিংগৰ উৰ্দ্ধ ঠাই উৎপন্ন হোৱা পিছল দ্ৰব্য (যি কামোৎজনাৰ সময়ত আহে) ধুই চাফা হৈ যায় যাৰ ফলস্বৰূপে স্ত্ৰী আৰু পুৰুষ দুয়োৰেই যোনিত লিংগৰ প্ৰবিস্ট হোৱাৰ সময়ত অলপ অসুবিধা হয় আৰু কিছু শুকান অনুভৱ কৰে। অতঃ যোনিৰ ভিতৰত তথা লিংগৰ উৰ্দ্ধত ডালডা ঘিউ ভালদৰে খনি লওক।

●●●